第三个千年思维

THIRD MILLENNIUM
THINKING

重新理解世界的思想、工具和方法

[美]索尔·珀尔马特(Saul Perlmutter)
[美]约翰·坎贝尔(John Campbell) _ 著
[美]罗伯特·麦考恩(Robert MacCoun)

彭相珍_译

中信出版集团 | 北京

图书在版编目（CIP）数据

第三个千年思维 /（美）索尔·珀尔马特，（美）约翰·坎贝尔，（美）罗伯特·麦考恩著；彭相珍译. —— 北京：中信出版社，2025.2. -- ISBN 978-7-5217-7223-4（2025.6重印）

Ⅰ.B80

中国国家版本馆CIP数据核字第2024Q130T4号

Copyright © 2024 by Saul Perlmutter, John Campbell, and Robert MacCoun
This edition published by arrangement with Little, Brown and Company, New York, New York, USA. All rights reserved.
Simplified Chinese translation copyright © 2025 by CITIC Press Corporation
ALL RIGHTS RESERVED
本书仅限中国大陆地区发行销售

第三个千年思维

著者：　　［美］索尔·珀尔马特　［美］约翰·坎贝尔　［美］罗伯特·麦考恩
译者：　　彭相珍
出版发行：中信出版集团股份有限公司
（北京市朝阳区东三环北路27号嘉铭中心　邮编 100020）
承印者：　北京通州皇家印刷厂

开本：787mm×1092mm 1/16　　印张：22.5　　字数：286千字
版次：2025年2月第1版　　　　印次：2025年6月第3次印刷
京权图字：01-2024-4717　　　　书号：ISBN 978-7-5217-7223-4
定价：79.00元

版权所有·侵权必究
如有印刷、装订问题，本公司负责调换。
服务热线：400-600-8099
投稿邮箱：author@citicpub.com

献给我们的子孙后代，
希望人类能够齐心协力、深思熟虑，
驾驭第三个千年的挑战和机遇。

推荐语

这是一本教人明辨是非和做决策的书。它不是直接告诉你什么是对、什么是错、什么是最佳选择,它是教你如何在有限的信息和不确定的环境中寻找答案和最优解,教你建立个人科学决断系统。这是授人以渔而不是授人以鱼,比任何直接灌输答案的书都高一档。因为每个人的价值观和面临的局面都不同,世界又在快速变化,建立一个这样的系统才是你的安身立命之本。世间大多数人浑浑噩噩地按照默认设定生活,少数人有意愿追寻一个答案,只有极少数开了眼界的聪明人才敢于建立自己的系统。我羡慕那些在大学时代就能学到这些知识和方法的人,他们有机会提前开悟,而不必被变成工具人。

万维钢
科学作家
得到 App "精英日课"专栏作者

这是一本着眼于未来,挑战我们对科学理解和决策过程现有认知的著作。三位作者通过介绍科学仪器的发展与使用,以及科学思维在现实决策中的应用，展示了一套系统的思维方法。它是对那些渴望通过科学和批判性思维来优化个人和社会决策方法，并希望在不确定性中找到方向的读者的一次启迪。

严飞
清华大学社会学系副教授

我们眼中的世界从未像今天这样混乱，各类群体也呈现出前所未有的非理性。本书抓住了决策的三个关键维度，即世界、社会和个体，给出了高效决策的三个要素：靠谱的专家、价值观考量，以及决策权委托机制。当信息如蝗虫般在低空掠过，我们该如何校准置信度？又该如何区分专业知识和情感？怎样避免陷入致命的代理人陷阱？在我看来，这本书给出的第三个千年思维技能是人工智能时代个体的基本素养。人类借助科学知识、社会网络，外加运气，让庞大、混乱的世界得以运行，在此基础上我们甚至可以让这个世界更牢靠一些，也更美好一些。对聪明的读者来说，这本书经典而前卫，值得放入书架。

老喻
公众号"孤独大脑"主理人

这是一部深刻且充满启发的作品，旨在帮助读者在信息泛滥的时代重建清晰的思考能力。通过三位作者跨学科的合作，这本书不仅探讨了科学、哲学和社会心理学的交会点，更为当下的个人和社会决策提供了具有操作性的科学思维工具。它用引人入胜的案例和轻松易懂的语言，揭示了复杂世界中的种种思维陷阱，并鼓励我们以科学的态度重新审视现实。这本书是照亮未来之路的明灯，也是通向理性、合作与共识的重要指南，适合每一位渴望在第三个千年找到方向的读者。

李尚龙
作家

我们的时代空前复杂，信息过载、思维极化，再加上生成式人工智能的便利使用，导致许多人渐渐丧失深度思考的能力和有效的判断力。这本书能够帮助人们掌握思考重大问题的方法并进行有效的决策。

张志学
北京大学光华管理学院教授

人类想要成功地度过下一个千年，就需要更有效的方法来帮助我们反思自己的思维模式，以及更理性地开展重大事项的商讨与辩论。幸运的是，这本书为我们清晰地阐明了前行的方向与道路。

菲利普·泰特洛克（Philip Tetlock）
著有《超预测》

一位诺贝尔物理学奖得主、一位颇具影响力的哲学家和一位心理学家，在这本书中联袂为你揭示如何在日常生活中运用科学工具。在这个充满不确定性和两极分化的世界里，这本思维指南的问世可谓恰逢其时。

亚当·格兰特（Adam Grant）
著有《重新思考》和《隐藏的潜能》

这本书为我们提供了一幅路线图，教会我们如何在日益复杂和嘈杂的世界中做出更有效的决策。如果你只有时间阅读一本关于如何更清晰地思考的书，这本书就是不二之选。

安妮·杜克（Annie Duke）

著有《对赌》

这本书讲述了在信息铺天盖地、错综复杂、相互矛盾的第三个千年，人们应该如何思考重大问题并做出有效的决策。

大卫·邓宁（David Dunning）

密歇根大学心理学教授
邓宁-克鲁格效应的发现者

本书堪称清晰思维的典范，提供了关于如何利用逻辑和证据解决最棘手问题的精彩论述。这也许正是治疗当代疾病的良药。

卡斯·R. 桑斯坦（Cass R. Sunstein）

哈佛大学罗伯特·沃姆斯利校级讲席教授
《屡见屡鲜》的合著者之一

对想要了解如何更好地驾驭这个信息过载的复杂世界的人来说，这是一本不容错过的好书。这本书引人入胜、内容丰富，强调了科学实践过程如何为个人和集体决策提供广泛适用的工具。这本书是宝贵的资源，为我们提供了应对人类和地球所面临挑战的诸多方法和启示。

伊丽莎白·布莱克本（Elizabeth Blackburn）博士，

诺贝尔生理学或医学奖获得者
《端粒效应》一书的共同作者

目 录

推荐序一　更多乐观，更多合作 _11
推荐序二　拥抱第三个千年思维，开启理性决策之门 _15
推荐序三　用科学思维为复杂时代寻求解答 _19
导言 _23

1
理解现实

第 1 章　决策判断 _002

决策是否高效取决于三个要素：来自靠谱专家的准确信息、对价值观因素的谨慎考虑，以及将决策权交到利益相关者手中的机制。

第 2 章　科学仪器与现实探索 _016

人们发明了科学工具和科学实验，其目的就是对现实进行三角测量，以帮助我们有效地应对互动性欠佳的困难。

第 3 章　利用因果之力实现目标 _037

在复杂难辨的情况下，我们对因果关系的理解几乎总是有缺陷的。

2

理解不确定性

第 4 章　向概率思维彻底转变 _056

培养校准自己给出的置信水平的技能，以及了解专家校准其置信水平的技能（或发现专家缺乏相关技能）是概率思维的核心内容。

第 5 章　过度自信和过度谦逊 _073

专家是否在其论断中提供了置信度声明，是区分真专家和伪专家的重要信息来源。

第 6 章　从噪声中提取信号 _087

人类的大脑会在随机的噪声中识别特定的规律，并赋予其意义。

第 7 章　看到不存在的规律 _103

人类的大脑特别容易将看到的噪声波动想当然地处理成信号。

第 8 章　两误相较，如何取其轻？ _119

决策阈值是一种基于价值判断的表达，即在特定情况下，我们更希望避免哪种错误。

第 9 章　统计不确定性和系统不确定性 _134

要获得精确可靠的测量结果（即确保信号清晰，避免噪声干扰），你需要针对性地采取不同的应对策略。

3
激进的"敢做能为"科学观

第 10 章　科学乐观主义 _150

人们总是会倾向于过早放弃目标，所以才需科学乐观主义来让我们保持机敏。

第 11 章　理解顺序和费米估算法 _160

每当你听到一个被传得沸沸扬扬的数据，或有人声称某因素比其他因素都更重要时，你就会想起这些工具。

4
如何查漏补缺、填补知识空白

第 12 章　为何"吃一堑"后很难"长一智"？ _178

"人类善于从经验中汲取知识"这一刻板印象早已根深蒂固。

第 13 章　科学也犯错？ _194

科学的错误可能是诚实之人的无心之举，也可能是有心之人的刻意误导和故意欺诈。

第 14 章　证真偏差和盲法分析 _217

人类天生擅长事后找理由，喜欢专注于恰好支持自身假设的分析，即便其他分析并不支持这些假设。

5
群策群力思维的力量

第 15 章　群体的智慧与疯狂 _236

　　如果一个群体在决策过程中缺乏清晰的原则或方法论的引导，那么最终的决策结果将由价值观和情感决定。

第 16 章　难解难分的事实与价值观 _250

　　即使存在激烈的争论，人们也能接受反思性决策方法，使得我们的推理变得冷静且清晰，进而促使各方参与决策的审查和讨论。

第 17 章　多方审议面临的挑战 _264

　　构建有效的算法系统以规避损害高效网络对话的不利因素，如信息茧房、身份归属标识的刻意强化，以及愤怒和仇恨评论的传播等。

第 18 章　为新的千年重塑信心 _286

　　我们亟须借助第三个千年思维工具来构建一个富有成效的信任关系网，进而创造一个由值得信赖的个人、专家、机构及网站组成的可靠信息源网络。

致谢 _303

注释 _307

推荐序一
更多乐观，更多合作

老有人说，科学、读书这些都没用，不如踏踏实实地生活；吃一堑，长一智，只有实践才能让我习得人生经验。这本书告诉我们，"工作经验经常被高估"，靠经验是学不到东西的，因为经验当中含有大量的噪声，人类的大脑又经常把噪声当作信息。比如，有的创业者对待团队特别苛刻，骂人骂得很厉害，但是他的运气很好，最近几年一直赚钱。这时候你问他管理经验是什么，他说骂人这个方法非常管用。等到经济周期过去了，行业开始走下坡路，他依然在使劲地骂人，结果发现再也不管用了。

有人要问，AI 时代还需要学习吗？什么问题 AI 不能回答？然而，如果你没有思考的能力，不仅别人给的答案，你不会去核查，而且连去确认的警惕心都没有，更没有能力去判断正误。

这本书最颠覆我认知的一点是，作者认为乐观主义是科学精神的一部分。这有违大多数人对科学的看法。科学不是纯粹的理性吗？不应该去除掉所有自欺欺人的东西吗？这里有一个事实，就是绝大部分人是没有能力长期认真钻研、思考一个难题的。研究表明，生活中

90%以上的人对于一下子想不明白的事会立刻放弃，3分钟都坚持不了。牛顿、爱因斯坦，哪一个不是殚精竭虑，一辈子在研究一个话题？支撑他们持续钻研下去、不断实现突破的，就是相信这事一定能够做成的乐观主义精神。

科学家所谓的坚持和其他行业有关系吗？作为管理一个区域的区长，你需要通过不断调整政策来接近最优方案，不能说一件事定了就懒得动了，这样的人认为世界是零和博弈——你拿走，我就没了。反之，乐观主义者会时不时地做调整，争取把蛋糕做大。要知道，世界本就不是零和博弈。人类时代的分界线就是19世纪70年代，在这之前是农业时代，基本上是你有我无的零和博弈。19世纪70年代以后，由于爱迪生、特斯拉这些人发明了"发明"这件事本身，世界的蛋糕变得越来越大，需求不断地被创造出来。

有人可能会说，如果我有一个问题想不出答案来，难道这辈子什么也不干了吗？就得死磕这个问题吗？不是，你可以停下来，去干点儿别的，但是你要把它视作中场休息。人们总是倾向于过早放弃。牛顿也并不是一直研究同一个话题，他中间还研究过炼金术、货币，对吧？但他的脑海里一直有微积分这事，就又回来了。

一个社会中一定有靠谱的声音和不靠谱的声音，健康的社会是最佳方案能够胜出的社会，这个过程也叫"真理胜出过程"。这个真理胜出过程有一个前提，叫作"共同概念体系"，意思是大家有共同的认知基础，比如数学、逻辑和常识。一件事在逻辑上如果推演不通，那肯定不行。违背常识的，比如太阳从西边出来，肯定也不行。

我们常常要面对的一个问题是事实与价值观的问题。比如说大家做预算，结论是这事得花10万元，这时候领导来了，说1万元就行，然后就会有很多人跟着说1万元也可以。这是领导胜出，不是真理胜出。

价值观冲突出现的时候，是最难沟通的。要有超越身份归属的能力，去寻找更多共同的价值观，然后采用多方协商的工具。

我们过去认为最优的博弈方法叫"一报还一报"：我诚信，你诚信，很好；我诚信，你不诚信，那我也不诚信，直到你诚信，我再诚信。但这本书的作者说，他们经过研究以后，通过计算机竞赛的方式，衍生出一种新的策略，叫"两报还一报"：我给你一次无心之失的机会，两次才认定你是故意的，我才会以彼之道还施彼身。

因为人有基本归因错误，就是我们倾向于认定他人的恶行是人性本恶，而自己的过失是无心之失，所以我们对别人更严苛，对自己更宽容。两报还一报的策略更宽容，这种博弈方式所达成的总体的收获会更大。博弈论也在不断进步，这是我之前没有想到的。

我们学习思维方式的目的是减少自我愚弄，我们最需要提防的人就是自己。我们太容易被自己洗脑，轻易相信大脑得出的结论。《第三个千年思维》一书自带自我质疑的属性，既体现了我们对信任的渴求，又成为信任之源。我们越是了解人类自身的弱点，就越能深刻认识到与他人通力合作才是有效的解决方法。毕竟，我们不是要与这个世界作战，而是要与这个世界上更多的人合作。

樊登

帆书 App 首席内容官

推荐序二
拥抱第三个千年思维,开启理性决策之门

在当今这个信息爆炸的时代,我们身处信息的汪洋大海,无尽的知识看似触手可及,实则会让我们在决策与判断时迷失方向。各种信息如潮水般涌来,令人眼花缭乱,我们在技术化、专业化、自相矛盾甚至被刻意扭曲的信息旋涡中挣扎,难以辨别其真伪,难以确定哪些信息真正具有启示性和价值。此时,《第三个千年思维》这本书宛如一座灯塔,为我们照亮前行的道路,引领我们穿越迷雾,走向理性决策的彼岸。

这本书由索尔·珀尔马特、约翰·坎贝尔和罗伯特·麦考恩三位杰出的学者共同撰写。索尔·珀尔马特因发现宇宙加速膨胀而荣获诺贝尔物理学奖,他将物理学的深邃智慧融入书中;约翰·坎贝尔作为哲学教授,以其对人类思维和价值观的深刻洞察为本书提供了坚实的哲学基础;社会心理学家罗伯特·麦考恩则凭借其对人类行为的研究,为我们揭示了思维背后的心理奥秘。三位作者的跨学科合作使得这本书兼具科学性、思想性与实用性,为读者呈现了一场知识的盛宴。

《第三个千年思维》的内容丰富多元,犹如一幅绚丽多彩的画卷。

它系统地探讨了科学思维在理解现实、应对不确定性、解决复杂问题及群体决策等诸多方面的应用。作者不仅深入剖析了人类的思维习惯和常见的思维陷阱，如过度自信、过度谦逊、看到不存在的规律等，还为我们提供了一整套实用的思维工具与框架，帮助我们从根本上理解现实，在纷繁复杂的可能性中找到正确的方向，齐心协力应对人类当前面临的各种挑战。

在这个充满不确定性的世界里，科学思维的价值越发凸显。它犹如一把钥匙，帮助我们打开通往理性决策的大门。作者强调的概率思维让我们学会在不确定中评估可能性，校准置信度，避免盲目乐观或过度悲观。通过对因果关系的深入探讨，我们能够更准确地把握事物的本质，避免陷入错误的因果推论。在面对复杂问题时，科学思维鼓励我们采用激进的"敢做能为"态度，运用费米估算法等工具将大问题分解为可处理的小部分，逐步找到解决方案。

群体决策是现代社会中不可或缺的部分，但往往容易受到各种因素的干扰。作者深入分析了群体思维的优势与劣势，为我们提供了有效的方法来引导群体决策，使其更加理性和高效。这本书通过丹佛子弹研究等实际案例，生动地展示了如何区分事实与价值观，如何在激烈的争执中采用反思性决策方法，让各方参与决策审查和讨论，从而达成更加合理的决策。

《第三个千年思维》不仅仅是一本关于思维方法的书，更是一本关乎人类未来发展的指南。它适用于各个领域、各个年龄段的读者，无论是从事科研工作的专业人士，还是学生、普通大众，都能从中学到宝贵的思维技巧，提升自己的决策能力。在全球面临诸如气候变化、大流行病、贫富分化等挑战的当下，我们比以往任何时候都更需要这些科学思维来指导我们的行动，凝聚全球人类的智慧和力量，共同应对挑战。

《第三个千年思维》这本书将帮助你在信息泛滥的时代保持清醒的头脑，做出明智的决策，成为一个更加理性、富有洞察力的思考者。阅读这本书，你将开启一场思维的变革之旅，掌握开启理性决策之门的钥匙，为自己的人生和社会的发展贡献更多的智慧和力量。让我们一起拥抱第三个千年思维，共同迎接更加美好的未来。

吴世春

梅花创投创始合伙人

著有《心力》《自适力》

推荐序三
用科学思维为复杂时代寻求解答

在当下社会,焦虑成为不少人的常态。无论是初入职场的年轻人,还是身处竞争激烈的行业的资深专业人士,抑或是经常面对投资、并购等复杂决策的企业家,每个人都在承受不同层面的压力与不确定性。前行的道路似乎越发曲折,许多人时常困惑于未来的方向与选择的意义。

正是在这种情势下,我遇见了这本书——《第三个千年思维》。它的三位作者——物理学家索尔·珀尔马特(诺贝尔物理学奖得主)、哲学家约翰·坎贝尔和心理学家罗伯特·麦考恩,从各自的领域出发,将科学家的思维逻辑提炼为可供普通人使用的工具。这些工具不仅源于严谨的科学方法论,更经过通俗化的阐释,为我们在复杂现实中寻找突破口提供了切实可行的路径。

一、应对职业焦虑:从追求完美到优化选择

许多职场人士的焦虑源于对职业前景的迷茫:行业是否会骤然转型?现有技能在未来是否仍被需要?在高速变化的时代,这些疑问如阴影般缠绕心头。

这本书中提出的"概率思维"给我带来了启示：科学家并不执着于寻找唯一的正确答案，而是理性分析各种可能性，权衡利弊，不断迭代优化。职业规划亦然，我们无须一次性找到"终极答案"。与其困在"万全之策"的追寻中，不如将注意力转向可执行的下一步，通过持续提升与积累，为未来创造更多可能性。当焦点从"必须找到完美方案"转移到"尝试更优选项"上，焦虑便能得到缓解。

对正忙于职业转型、帮助子女规划学业或筹备企业并购的人们而言，这种思维方式都有所裨益。与其惧怕不确定性，不如将目标拆解，制订阶段性计划，并用行动降低未知带来的风险。

二、复杂环境中的理性突破：投资与并购的实用启示

我从事企业投资与并购，对不确定性的认知尤为深刻：市场趋势、企业价值、整合方案……每个决策环节都充满未知，稍有不慎便会产生巨大的影响。过去，我常常深陷焦虑与迷茫。

《第三个千年思维》让我意识到，科学家的"分解问题"与"快速验证"策略对企业决策同样有效。面对一家待评估的企业时，我将问题分解为市场潜力、财务状况、团队能力等可量化的要素，并逐一验证假设。这种方法使不确定性减弱且可控性增强，也让我在纷繁复杂的市场环境中更为冷静、自信。

同时，"质疑与验证"的科学态度让我的决策流程更趋客观。过去，我容易被个人偏见左右，更愿意接受支持直觉的数据。在这本书的指引下，我学会了追根溯源、交叉验证信息，避免陷入证真偏差。在企业整合的后续阶段，我也因此能够更从容地应对各种突发挑战。

三、解决分歧：从对立到合作的路径

现实中，人际关系与决策过程常被不同意见与立场干扰。无论是在职场团队中，还是在家庭教育、亲子关系中，不同观点的碰撞时有

发生，常将情况复杂化。

书中关于"与持不同意见的人合作"的观点给了我深刻的启发：科学思维鼓励把分歧当作发现盲点、优化决策的契机，而非阻碍。换句话说，不同的声音不是问题，而是通往更优方案的潜在路径。在工作中，我们可以通过理性讨论消弭分歧，找到共同利益点；在家庭中，尊重他人观点的多元化，有助于形成和谐的家庭氛围。在这一过程中，我们不必牺牲各自的立场，而是要学会在目标一致的前提下求同存异。

四、科学乐观主义：直面挑战的持续动力

书中另一核心思想是"科学乐观主义"：相信通过正确方法与持续实践，问题总能迎来转机。这种态度帮助我在职场和人生中建立更坚定的信心。

对职场人士而言，乐观主义让我们专注于长期价值的积累。无论是技能提升还是角色转型，都需要时间与耐心。它提醒我们，与其立刻实现完美状态，不如一步一步前行，当每个小小的进步持续积累，就会渐渐靠近理想的彼岸。

对我个人而言，这种心态也为企业并购的长期整合带来正向推动力。再庞大的战略目标也能被分解为可执行的小步骤。在不断尝试、修正与迭代中，我不再轻易被短期难题击垮，反而更能在压力中保持韧性与清晰度。

五、科学思维重塑人生观

归根结底，《第三个千年思维》不是单纯的决策指南，它为我们提供了一种全新的看待世界的思维模式。面对职业焦虑、企业并购的复杂性，甚至家庭内部的意见分歧，我们都能从中学习理性、灵活的思考框架。

通过科学思维，我们学会在不确定中寻找可行的突破口，以事实与逻辑为依据，远离盲目的恐惧和不必要的偏见。同时，它也引导我们在与他人合作时更加包容与务实，从而在复杂的时代背景下开拓出一条更为清晰、稳健的发展路径。

无论你是刚踏入社会、正在寻找职业定位的年轻人，还是兼顾多重角色、渴望在中年阶段找到新平衡的专业人士，这本书都可能为你指点迷津。它是一个工具箱，也是一盏明灯，为我们提供了面向未来独特的思考角度和方法论。如果你正陷于困惑与焦虑，不妨从中寻求启示，或许你将由此开启全新的思考方向，找到更丰富的可能性。

袁希

水卢教育科技投资人

艺圆艺术创始人

导　言

在过去短短几十年的时间里，生活在网络化世界的人通过互联网获得了难以估量的信息。不管你对什么事物感到好奇，是某种特定疾病的治疗方案，还是如何制造太阳能发电机，又或者是马耳他的政治发展史，只需点击链接，信息就跃然眼前。然而这又好比一把双刃剑，有时候可用的信息过多，信息分类或辨析就成为难题。例如，社科数据库 ProQuest 自诩"不断增加的收录内容目前已涵盖……跨越了 6 个世纪的 60 亿页数字化资料"，这还只是传统纸质出版物的信息！互联网档案馆（Internet Archive）的"时间回溯机"（Wayback Machine）可追溯到 1996 年，它是一个关于网站和其他数字化物品的档案馆，拥有近万亿页的数字内容、数千万册图书和音频及近百万个软件程序。

海量数据和信息的存在，使人们越来越难以确定到底应该关注什么。在如恒河沙数般可轻易获取的各种高度技术化的、专业化的、自相矛盾的、不完整的、过时的、带有偏差的或刻意被扭曲的信息中，分辨出什么是有启示性和启发性的信息更是难如登天。某药物研究项目的赞助者是不是某家制药公司？那些所谓真实的产品评价是否都是人工智能系统自动生成的？统计数据是否遗漏了特定的人群或对象？那篇文章到底要表达什么意思？此外，在解读这些信息时，到底应该相信哪位专业人士的指导意见也变得越来越棘手。毕竟，现在自称专家的人也是鱼龙混杂，或许你最欣赏的专家并不能入我的眼。这些专家彼此意见不一，或者提出的观点别有用心，一旦跳出自己熟悉的狭隘领域和狭"专业"视角，或许他们并不如你想象的那么了解当下的世界或普罗大众的"真实生活"。我们又如何才能找到一个令人放心的、值得信赖的真专家呢？

无论是个人、群体还是整个社会，想要做出明智的决定、采取有意义的行动，或解决某个问题，"理解现实"是必要的前提。然而，在现实难辨且难以确定应该相信哪些专家的意见来搞清楚问题时，我们会倾向于采取其他策略，以拨开纷乱驳杂的信息迷雾，抵达真相的彼岸。于是，我们可能会"跟着感觉走"，自行决定要去"相信"什么，并寻找证据来印证我们所"相信"的"现实"；我们可能会以关系的亲疏远近为标准，选择为特定立场"站队"，甚至为捍卫自己的正确性不惜贬低与自己意见相左的人。我们选择向那些口吐"顺耳之言"的专家求知解惑，对那些提供或传递令我们感觉费解的信息的人，我们则选择抱团抵制，无论他们是科学家、资深学者、记者、团体领袖、政策制定者还是其他类型的专家。这些策略可能会帮助我们勉强应对日常或职业生活的需求，并提供一种令人欣慰的认同感或归属感，但它们实际上无法帮助我们看清事物的本质，或者做出正确的决定。为此，过分依赖它们很可能会导致极其危险的社会或政治后果。

在这样一个信息过载的时代，个人和社群如何才能在信息的汪洋大海中找到正确的方向？怎样才能避开困惑、远离心理陷阱，从纷繁驳杂的无稽之谈中筛选出合理有效的信息？我们如何与那些对信息的理解或价值观与我们相左的人合作，从而做出决策并解决问题？

近 10 年来，我们三个人（物理学家索尔、哲学家约翰和心理学家罗伯特）一直在密切合作开展一个项目，致力于培养学生们思考重大问题及在这个信息过载的时代做出有效决策的能力。我们的合作始于 2011 年，彼时已经出现了一种令人担忧的趋势，即决策的过程越来越缺乏深度思考并深受政治意见的左右。例如，2011 年夏天，围绕是否应该提高美国国债上限的辩论搞得好像一场歇斯底里的分裂，仿佛这不是一个简单的、务实的甚至可能是可检验的问题——哪种经济方案能最大幅度地提升美国的经济福祉。无论是赞成还是反对，大多数观点都表现出了对科学思想最基本原则的漠视或无知。受此触动，我们开始思考"先阐明后传授科学思维原则"的做法，有没有可能让人们的思维变得更清晰、论证变得更理性、合作决策过程变得更富有成效。

最终，我们在加州大学伯克利分校开设了一门由团队授课的跨学科"大创意"课程，旨在向学生传授自然和社会科学家用来理解世界的各种思想、工具和方法。我们设计这门课程的另一个目的是，向学生展示这些方法对每个人的日常生活多么有用，不管是独立工作，还是与人协作，它们都能够帮助我们做出合理的决策，解决我们面临的各种问题。这门课程一经推出便大获成功、广受欢迎，也得到越来越多大学教师的效仿和改编，这令我们倍感欣慰。[1] 当然，我们的学生也从中受益良多，他们似乎找到了重新思考世界的方法，并学会以新的方式做出个人层面的决策和解决社会问题，焕发出了创新的活力。学生们能够更好地探索想要解答的问题，评估信息和专业知识，并以团队和社会成员的身份参与合作，贡献自己的力量。他们释放的热情令我们备受鼓舞，并促使我们思考如何以新的方式分享这些思维工具，即让这种新的思维与合作方式惠及加州大学伯克利分校课堂之外全年龄段的学生和全体民众。

令我们日益担忧的是，整个社会仿佛逐渐迷失方向，这不仅使民众遭受了生活的磨难，也让社会本身错失了许多发展良机。这一切的祸端是因为我们缺乏有效的工具来理解当前可获得的海量信息，这些信息不仅庞大而驳杂，有时甚至自相矛盾。在我们搞不清楚问题的真相，或者这些问题需要依靠公众参与或政治来给出解决方案时，又或者各方根本无法就事实达成共识时，现实问题的解决就会陷入进退维谷的困境。尽管人类已经聪慧到十拿九稳地搞清楚火箭科学并成功登月，却仍不能找到明辨充满不确定性甚至相互冲突的诸多观点的方法，以确保能在必要时做出简单且合理的决定。

人类是如何成功登月的？作为一个能够思考的物种，人类是如何通过几个世纪的努力在越来越广阔的范围内显著消除贫困、延长个体寿命的？又是如何打造了这样一个神奇的世界（在这个世界中，大多数人都能够获得魔法般的通信能力，以及看似无限的信息）？推动人类社会的文明发展到当前水平的所有东西，为什么不能用来迅速地解决迫在眉睫的全球性问题，如大流行病、气候变化、极端贫困？为什么那些在过去行之有效的思维工具不能再为我们所用？

其中一个原因是，科学本身往往就是高度技术化的、不透明的、前后不一致的甚至相互矛盾的信息的主要来源，这些信息常常令人不知所措、迷惑困顿甚至愤怒不已。近年来，科学的公信力日渐式微。[2] 科学领域的成就往往令人们产生乌托邦式的期望，但它们都无法实现；一些科学成就也会伴随衍生社会层面、政治层面或环境领域的副作用。此外，由于各种各样的原因，科学已经沦为政治讨论中两极分化的标志。简而言之，科学正变得越来越难以理解，与负面效应的联系日益紧密，并且常沦为政治党派相争的话柄，这些原因导致很多人丧失了对科学家及"科学"本身的信心。[3]

科学的伟大之处在于面对人类提出的最令人费解的难题，哪怕它不能直接提供"答案"，至少也提供了"解题"的思路。千百年来，科学帮助人们解决难题、处理问题并让生活变得更美好。这是一种植根于人类诞生之初的探究文化，在评估错综复杂的世界中相互冲突的信息和区分已知和未知方面，它积累了数百年的经验。一路走来，科学家从成功和失误、突破性进展和惨败中吸取经验教训，不断完善应对新问题和解决新问题的工具。

科学领域提供的研究工具，其中一些是实物工具，比如测量工具与仪器，从六分仪到超级对撞机，再到量子计算机，等等，还有一些是思维工具，包括思维习惯、评估准则、思考方法、程序、标准、理念、原则、立场等。这些思维工具发挥着思维"黑客"的作用，使科学家能够在一个多语言、多文化的世界里更高效地工作，获得更大的成功机会，从而产生更可靠的结果。这些思维工具建立了可靠的参数，帮助我们评估信息，区分"所知"与"所信"，并鼓励我们找出自身思维的盲点，纠正自身的偏差，跳出自我的思维局限，并在问题看似无解时激励我们坚持不懈。它们还反映了几个世纪以来关于协作的重要价值及必要性的智慧，尤其是与"道不同者"的合作。尽管科学探索依然需要大量的试验与试错，但我们不必从头开始并至少可以避免重蹈覆辙——不再犯以前犯下的诸多愚蠢的错误。

尽管这些思维工具长期以来一直指导着科学家们的工作与研究，但其中很多工具在其他领域并不常用。我们相信这些工具可以并应该在其他领域得到应用，因为它们的适用性远远超出了科学领域的范畴，并可以在更广泛的领域和情境中提供帮助：无论是帮助人们尝试评估哪个领域的信息和专业知识更靠谱，或是如何面对不确定性时做出决策，还是如何有效解决影响个人生活的诸多问题，无论是从个人或集体角度，还是在全球范围内，它们都是行之有效的思维工具。事实上，我们相信，让更多人变得更善用这些思维工具，将是关乎人类和地球未来数年乃至数百年福祉的大事。想要确保我们在第三个千年内的生存与繁荣发展，我们就需要在第三个千年内形成新的思维模式。

眼下，我们在个人、职业和政治生活中面临诸多挑战，从医疗健康到商业决策，再到社会和环境政策，都要求我们权衡和思考非常专业的科学信息。本书将讨论这些信息"意味"着什么或"不意味"着什么，以及技术化信息可以在情感、道德、哲学或信仰层面回答或是不能回答哪些问题。然而，不管我们需要理解和处理的信息或试图解决的问题是否属于"科学"范畴，本书提供的科学思维框架都是有用的，因为它是从一个适用于日常生活的思维视角来考量人与人在一个复杂多变的世界中的互动。贷款攻读研究生学位是否明智？我是否应该报名参加有关胰腺癌治疗新方案的医学研究项目？什么干预措施能够最有效地解决孩子的学习障碍问题？我们居住的小镇是否应该批准使用除草剂，以解决外来水生植物入侵的问题？学校是否可以动用设施预算来安装太阳能电池板？我们居住的州县应出台什么政策来监管自动驾驶汽车？

科学提供的关键工具可以帮助我们厘清这些复杂的问题，并做出合理的决策。好消息是，理解和利用科学领域提供的诸多思维工具，并不要求你成为火箭专家或其他领域的科学家，因为我们真正缺少的一直是一个好的诠释，即一份简明扼要的解释，它应该能以通俗易懂的方式表述科学研究的方法，并阐明它们在日常生活中的实际应用，这也是本书的写作目标。为了做到这一点，本书的论述充分借鉴了三个不同领域的专业知识。

约翰从哲学的角度溯本追源并告诉我们，过去的人们是如何解决我们当前面临的种种问题与忧虑的，以及这些问题如何在我们身处的时代变得更新颖或更尖锐。他还提供了来自非科学领域的各方人士的诸多观点，透过这些观点，我们可以了解到科学研究在新闻报道中的表现形式。约翰有许多引人入胜的奇闻逸事亟待分享！（遗憾的是，本书的读者可能需要自行想象他讲述这些精彩故事时有趣的苏格兰口音了。）罗伯特则从社会心理学家的角度分析了人们的行为方式。他拥有公共政策和法律方面的丰富经验，参与了诸多现实生活中的社会决策事件。罗伯特曾帮助美国政策制定者就废除军队中有关性取向的"不问不说"① 政策，以及加利福尼亚州、华盛顿州和佛蒙特州的某些重要议题做出决策，并由此积累了许多案例。索尔与不同学科的科学家合作开展科学项目研究，既包括宇宙膨胀等宏大的星际科学课题，也涵盖了医疗传感器和气候测量等与现实生活息息相关的问题。他的目标是赋予被"神化"的科学世界以"人性之光"，转达科学家们的真实想法，他讲述自己亲历的科学研究，让非科学领域的人也能够从中找到共鸣。凝聚三方之力，我们希望本书能够以轻松有趣的方式，通过启迪思维的思想实验，利用来自世界各地的、贴近生活的诸多案例，向读者介绍与展示科学思维的要素。

本书的第 1 部分着重介绍科学文化和科学思维工具，以及它们在

---

① "不问不说"（"Don't Ask Don't Tell"）是美国军队有关同性恋的政策；为回避美国军队中同性恋的敏感话题，1993 年，时任美国总统的克林顿下了这条"不问不说"的政策，禁止军中谈论这一话题，更不许相关人员主动公开自己的同性恋身份。美国总统奥巴马上台之后，曾承诺要废除这一规定。——译者注

构建对现实的共同理解上所具有的实际能力，这种理解能够指导我们的现实决策。第 2 部分介绍了科学领域的概率思维，这是一种潜在的超能力，每个人都可以利用它来最大限度地在这个充满不确定性的世界中获得好处。第 3 部分则介绍了科学思维在解决牵涉范围广、错综复杂且棘手的问题时，为我们提供的"激进的敢做能为"——假如我们有幸可以选择拥有两种超能力，这就是必须拥有的第二种。在介绍这种科学思维的同时，这部分内容还介绍了使"敢做能为"变得切实可行的诸多诀窍。

在这些科学思维工具的加持之下，经历了思维的剧变之后，我们可以着手解决另一个同样棘手的问题，那就是如何将科学思维应用于混乱无序的决策过程，因为在决策过程中，事实与数据可能被价值观的拉锯、恐慌情绪的冲击及不同目标的冲突所操控。第 4 部分探讨了身为社会个体的我们的个人思维"误入歧途"的无数种方式，也提供了一些新颖的或是老生常谈的技巧，以帮助你避开这些思维陷阱。尽管这些技巧原本都是为科学研究领域开发的，但同样适用于每个人。本书的第 5 部分试图回答我们这个时代面临的最具挑战性的问题：我们学到了哪些理念可以在此基础上与他人（我们的合作伙伴、我们的团队、我们的社会和我们的世界）协作，齐心协力地解决问题，并成功地做到融合人类全部的理性智慧结晶与人性的诸多情感？

能否开发出更多切实可行、有理有据的方法，形成团结全球人类、携手共进的理念，或许将成为决定人类是否拥有"共同未来"的最关键因素。当下，人类共同面对着灾难性的气候变化、全球大流行病的威胁和贫富的极端分化。除了要解决这些决定人类文明生死存亡的大事件，我们可能还会遭遇其他毁灭性的灾难：一颗体型巨大的小行星可能会撞击地球，或者下一座巨型火山爆发产生的火山灰云可能会彻底葬送全球的航空产业，并造成农作物枯萎，继而引发全球粮食减产。但只要我们能够齐心协力，哪怕只凝聚部分群体的力量，充分运用本书提供的、奇妙无比的第三个千年（3MT）思维技能，那么无论是迫在眉睫的威胁，还是未来可能出现的灾难性情景，都不会令人感觉那么可怕。毕竟，只要我们勠力同心，就没有解决不了的大问题！

最后，聊聊本书的书名：我们刻意选择了"第三个千年思维"这么一个俏皮又略显浮夸的词，来描述我们在人类进入第三个千年时看到的人们开始使用的一系列思想和方法，因为它们看起来似乎卓有成效。尽管它们依然在随时间的推移而改变，还有着不同的源头和传统，但它们最主要的来源依然是当前科学领域的思维。为此，尽管本书论述的许多观点可能对部分读者而言耳熟能详，但我们并不会默认所有人都知之甚详，并将在后续章节中为每一种观点提供必要的背景介绍（如果你碰巧是这方面的专家，那么请你放心大胆地跳过自己早已烂熟于心的内容）。

通过将这些观点汇总在本书中统一论述，我们旨在阐明这些观点的相互融合已经为所有人指明了一条安全穿越这个错综复杂的世界、朝着光明未来前进的道路。我们也相信，这些理念同样适用于日常生活，因为不管是作为个人、父母或其他家庭成员，还是作为团队和组织，我们都需要分析令人目不暇接的信息，做出各种决策，开展各种规划与合作。此外，我们还认为人类自身的未来发展也将取决于我们将这些理念传授给他人的能力。因为即使身为本书的作者和教授科学思维的专家，我们也无法做到始终如一地避开最初激发了这些科学理念的诸多错误。也许在课堂上讲课时，我们相较于学生能更有效地避开这些错误，但在专业研究工作中，我们同样需要依赖一个由其他研究人员构建的完整而强大的科研文化，因为这些研究人员受过科学训练，能够察觉到这些失误和心理陷阱。同时，我们依赖于共同努力，致力于保持对彼此诚实。至于科学研究工作之外的其他问题，我们需要依靠你们——亲爱的读者，我们期盼诸位能从本书中学到帮助彼此避开谬误陷阱的技巧和方法。

在过去几年里，大家或许都已经意识到，社会中的两极分化已经达到相当骇人的程度。此外，我们对科学及科学专业知识的态度常常是有问题的，这种态度与社会两极分化现象之间存在出人意料的互动。如果我们想要形成切实可行的统一方案和共识，共同推动社会向前发展，就需要学会接受这样的现实——我们的思维中可能存在错误，并能以"反对意见"为镜，审视自身的失当之处。我们需要了解第二个千年末期涌现的对科学进步的失望情绪和反对思潮的根源，并想办法查漏补缺。

当然，没有哪本书或哪种单一的方法能够弥合所有分歧，人类社会的两极分化也不可能完全消失，但"千里之行，始于足下"，我们总要开始采取行动。我们坚信，只要我们能够借鉴科学领域的工具、思想和行事流程，并推动思想朝着第三个千年思维转变，那么科学文化便是一个可能孕育更光明未来的良好起点。

理解现实

第 1 章
决策判断

想象一下，你正愉快地与朋友一起在野外徒步，突然感觉到一阵剧烈的胸痛，你陷入了昏迷，等意识恢复时，你发现自己躺在医院里。当时只有两名年轻的实习医生在值班，他们正在讨论你的心脏 CT（计算机断层扫描）结果。你听到了他们的对话，意识到自己的心脏可能存在两个问题，棘手的是这两个实习医生也没办法确定到底是哪个问题。如果是问题 A，那么你需要接受心脏手术，也就是说，他们需要立刻为你做持续数小时的开胸手术，才能挽救你的生命。手术的并发症风险很高，有些甚至会危及生命，但如果不做手术，你就一定活不下来。不过，他们觉得问题 B 的可能性同样存在，如果是问题 B，你暂时只需要接受药物治疗，药物可维持你两三天的生命，给医生留出足够的时间进行后续的深入检查和监测。但如果他们判断错误，你的问题实际上是 A，那么只用药而不手术意味着你的心脏可能很快停止跳动。

这时候，这两个实习医生发现你醒了，他们问你考虑选哪个治疗方案。你告诉他们："我不知道如何决定！我现在已经命悬一线，请你们救救我吧！"他们又商量了一会儿，然后提供了两种决策方法：

首先，他们知道你是民主精神的虔诚拥护者，所以你可以选择民主的决策方式，即请小镇上的所有人——停车场管理员、普通民众、议会成员——来投票决定选择方案 A 还是方案 B；其次，你可以选择让知识最渊博、经验最丰富的医生来帮你做决定。

当我们需要就自己并不擅长的事情做出重大决定，或根本不知道正确答案是什么的时候，我们要做的第一件事就是决定咨询谁的意见，或者从何处寻求信息，以便为合理的决策提供最佳的信息依据。在决定选谁做政党代表人或哪里应该建设风力发电厂等重要情景中，大多数人的想法确实非常重要。因此在这些事项的决策过程中，民主方式的确大有可为。但在前面这个虚构的医疗案例中，应该没有几个人会觉得"尊重大多数人的意见"是决策最重要的考量标准，因为这时候真正重要的是决策的质量。因此，相信大多数人在咨询几位良医之后，便能做出比民主投票结果更好的医疗决策。

并非人人都是万事通，有些人对历史的了解可能比其他人更深刻，有些人对汽车领域的了解可能远超常人，还有些人是医学专家。如果说知识就是力量，那么拒绝各行各业的专家所掌握的专业知识就等同于削弱自身的能力。听从专家意见的一个重要原因就是：它让你能够做到自己想做的事情。

然而，我们对专业知识的需求也引发了三个棘手的问题。首先，如果我们不具备专业知识，又如何知道自己到底需要什么知识，以及判断谁才是相关领域内靠谱的专家呢？其次，假设我们已经找到可靠的专业知识来源，那么我们应该如何及何时适当地将决策的其他关键要素（比如价值观、情感和目标）纳入其中呢？最后，怎样才能确保做出的决策合法有效且尊重我们的个体自主权，即谁及为什么是他拥有最终决定权？下面，让我们逐一解读这些问题。

区分专家与伪专家

我们现在接触到的很多科学非常复杂，用来发展这些科学的数学模型更是大多数普通人根本无法理解的内容。一个人需要接受多年的专业培训，才能掌握这些数学知识。这可能导致一部分人选择盲从专家的建议或指导（例如"你看，你根本不可能理解这些数学公式，那就按照专家说的去做吧"），但也有一部分人意识到在特定领域内处于知识盲区的人会丧失话语权，于是他们绝不放过任何一个反权威的机会，拒绝听从专家的意见或建议。

在新冠大流行期间，这种尴尬的现象尤为突出。科学家们提供了很多建议，包括"不要戴口罩""一定要戴口罩""接种疫苗可以预防新冠病毒感染""接种疫苗可以减缓新冠病毒感染症状恶化"等，但真正明白这些建议背后的科学原理的人并不多，普通民众也不明白为什么专家的建议会随着时间的推移而变化，甚至有时候显得前后矛盾。很多人甚至无法明确说出"病毒"的确切含义，更不用说去理解专家建议的这些措施究竟能如何帮助我们避免病毒感染。在这种"无知者"的困境中，决策的"自主权"似乎演变成两种极端：你可以尝试拒绝所有相互矛盾的信息，或者在形形色色的专家中精挑细选，找出你最信任的人并听取其意见或建议。

在新冠大流行期间，（质量参差不齐的）信息过载造成的混乱，只不过是一个更普遍问题的现实表现，它表明关于可能存在实际意义的话题，我们可以获得海量且令人困惑的可用信息。如果你关心的话题需要专业知识才能理解，你应该从何处入手才有可能找到最可靠的信息？为什么你可以相信某些专家，而不是其他专家？

对于需要准确信息来支持的实际决策，我们必须考虑一项特殊的因素：你必须使用有效的信息来源。以农业为例，人类有着悠久的农耕历史，大约可以追溯至12 000年前。假设你决定投身农业，你可以通过不同的渠道来确定玉米的最佳播种期。你可以选择听从精神领袖的指引，又或者听信某个声称自己能够从星象中看出最佳种植期的占星师的话。在一个相对稳定的自然环境中，这两种方法都有可能奏效，因为这些精神领袖或占星师可能根据数代人的经验积累，已经总结出适应当地自然条件的农时指导信息。但科学的方法（即实验和观察）提供了无可比拟的强大优势，它可以带来更优质的种子、更高效的农作物灌溉方法，可以通过尝试不同的种植方法，观察出哪种方法的效果最好。不管你对精神领袖或星象的信仰多么坚定，但凡看到竞争对手地里的玉米长势旺盛、丰收在望，而你的玉米矮小稀疏、一副歉收的模样，这种信仰就难以为继了。

科学的伟大之处就在于它能够切切实实地发挥作用。没有人怀疑，科学已经以形形色色的方式影响我们日常生活的方方面面，从治愈病症的药物到入口的美味佳肴，从代步的汽车到无人可以戒掉的互联网，科学的力量已经成为毫无争议的事实。（实际上，我们现在面临的一个巨大挑战就是如何处理已经掌握的海量信息，毕竟关于科学能够实现的事情，人们已提出诸多狂野的设想，比如在疫苗中植入微芯片，又或者用电灯取代太阳。科学已经取得如此之多令人瞩目的成就，人们对其力量也深信不疑，以至于对许多人而言，科学能实现前述看似离谱的事情或许也不离奇。）

然而科学并非依靠魔法，而是有赖于理性的设计来发挥作用，它能够帮助我们避开那些诱人却纯属无稽之谈的虚幻想法。要克服与生俱来的诸多偏差并非易事，但科学家构思的一系列研究方法能防范其影响。这些"不掺杂个人情感"的方法意味着在你需要衡量不同的证据时，可以多多少少地执行一套机械化的程序，从而尽可能避免个人心理因素的干扰。这些科学研究方法在各学科中都很普遍，尽管它们在不同学科中有着不同的名称，但本质上大同小异。即便你还没有用过这些技术，起码应该对它们有所了解。它们的确是科学，但并非艰深的"火箭科学"；它们浅显易懂，不要求强大的数学能力，不管你是不是科学家，它们都能够帮助你理解科学家提出的观点。

以分子生物学家为例，贯穿其职业生涯的研究对象是人体内的特定蛋白质。然而，分子生物学家同样能够观察发展心理学领域的实验研究（比如儿童如何学习算术），并理解心理学实验设计的逻辑。这并不是因为从事分子生物学研究让他掌握了关于儿童学习曲线的专业知识，这也与他的数学能力无关，因为这项心理学实验可能并不涉及复杂的数学分析模型。真正的原因是，所有的科学实验——不管属于哪个学科——都会遭遇同样的问题，并且开展实验的所有科学家都存在同样的偏差，他们也都需要尽力避免类似偏差的影响。事实上，即便是没有接受过科学训练的人，要掌握这些科学研究方法也并不难。此外，这些科学研究方法在学术研究领域之外也是必不可少的，即使你只是需要就一些非常生活化的问题做出决策，比如给孩子吃什么或是否应该接种疫苗，它们都非常有用。

了解了这些科学研究方法之后，哪怕我们不可能复刻科学家做过的实验，不可能获得某个科学子领域的专业知识——毕竟这需要多年的培训——我们也能够借此判断自己看到的东西是令我们更接近真相，还是纯粹是迎合了自身偏差的生动想象。它们将让我们能够辨别专家与伪专家。因此，本书的一个主要目的就是让读者能够做到这一点：明确地理解和阐述科学思维的技巧和工具。

价值观的判断

然而，在大多数情况下，我们不仅要考虑事实，还要考虑其他影响因素。对于某些决定，比如查理·卓别林和麦氏兄弟谁更搞笑，或者搭配意大利面的红酱和青酱哪种更好，你可能会觉得自己根本不需要外部现实，全凭个人喜好就可以做出选择。因此，通常来说，尽管你需要事实，但它们并不是决定性因素。价值观、道德观、恐惧情绪和个人目标等都是影响这些决策的重要因素。

在医疗案例中，即使获得了同样的信息和知识的两位病人，也可能做出截然不同的治疗决策。现在，让我们回到前面那个突发心脏病的案例，你必须评估实习医生提供的所有证据，判断自身的情况到底指向问题 A 还是问题 B。在这种情况下，你还必须权衡对你来说什么是最重要的因素，而不同的人对风险有着不同的考量。你可能会想："尽管服用药物就可痊愈的可能性的确存在，但我不愿意承担因判断失误而丧命的风险，所以我还是乖乖地做手术吧。尽管手术存在并发症的风险，但这些风险都经过了试验和检测，不太可能会要了我的命。"或者你选择铤而走险，告诉自己："如果手术后的存活率也不高，我可不想经受开胸手术和术后恢复的痛苦，所以我宁可冒死尝试药物治疗的方法。"因此，风险的价值如何完全取决于个人取舍，医生的确可以告诉你两种不同选择的客观风险有多大，却不会替你决定两种风险在你心中的高低。

对孩子被诊断出患有癌症等重症的父母来说，这种两难选择尤为突出。他们可能根本无法接受让孩子接受激进治疗方案的想法，因为在运气好的情况下，这种治疗方案可能会奏效，但也可能导致无法承受的后果。他们也可能会坚持采用激进的治疗方案，因为与眼看着孩子的病情持续恶化相比，他们宁愿承担严重的后果。不同风险的分量几何，完全取决于孩子的父母，专家无法代替他们做抉择。除了患儿的父母，没有人能够决定孩子死于癌症的风险与孩子存活下来却需要终生承受激进治疗带来的永久性副作用的风险孰轻孰重。世界上并不存在复杂的数学公式或科学实验来告诉这些备受折磨的家长，到底应该如何权衡两者的利弊得失。

这里牵涉的一系列考量因素被我们称为"价值观"，它们与科学家试图进行的事实调查形成了鲜明的对比。一个人的价值观可能受原生家庭背景、所属的宗教团体、周围的人或事，或者读过的书籍的塑造和影响。每个人对特定价值观的理解和定义各不相同，并且一个人的价值观也并非一成不变。所有这些价值观因素都可能影响一个人在需要抉择时，对各种可能出现的糟糕结果的风险及可能带来的各种潜在好处的权衡判断。

当然，也有一些人专门研究各种牵涉道德的问题，尤其是现实生活中经常出现的问题，他们进行了大量的思考，熟悉各方权衡的因素，这些因素可能代表了相互矛盾的立场或观点。为此，医院和大学经常聘用这些人来帮助做出关乎人生的实际决策必然有一定的道理。每当我们在生活中遭遇道德方面的难题，往往会寻求父母、伴侣、牧师或老朋友的建议。然而，类似吸烟对健康的不利影响等客观问题方面存在的、公认的专家决策小组，在价值决策方面并不适用。

因为当决策的过程牵涉一个群体或社区时，情况就会变得异常复杂。人们不仅很难就事实达成一致意见（不过，如果你掌握了我们刚刚介绍的并将在后续章节中详述的科学思维工具，或许就能够确定可靠的信息来源），而且每个人有着各不相同甚至相互冲突的价值观，这也是需要纳入考虑范围的因素。我们将在本书的后续章节中重点讨论这一挑战。

全凭专家或权威人士做主？

因此，我们不仅需要可靠的、真实的信息来源，在权衡不同的选项时，还需要结合自己的价值观来考虑这些信息，努力理解不同的决策可能产生什么样的结果。那么到底谁拥有决策权呢？

在大多数现代社会中，人们都认为关乎自身权益的决策应由个人自主做出。但你是否思考过为什么你应该拥有对个人影响最大的决策权，这个问题恰恰是当前诸多争议的核心。

假设我们每个人都期望人生能够一帆风顺。大多数人可能仍对自己曾经犯下的错误、做过的追悔莫及的事情或把事情搞砸的糟糕决定记忆犹新，因为我们并不总是了解如何让事情进展顺利，不仅是涉及复杂信息的医疗方案选择，在其他许多领域也是如此。如果说你的愿望就是确保事情发展得顺风顺水，或许你就应该干净利落地将决策权拱手相让，交到专家手中。

这对大多数人而言可能是噩梦般的想法。可以想象一个全然由专家管理的社会：人们应该吃什么东西、什么时候吃、吃什么药、做什么手术、从事什么工作、参加什么社会团体、做什么运动、找什么样的对象谈恋爱都应该由专家来决定，即使他们总是能够做出"正确"的选择，这依然是一个令人窒息的地狱。我们都希望自己拥有忽略"专家"建议的权利，但拒绝专业人士的建议是不是不太理智？你可能会据理力争，表示"专家"也并不总是正确的，而且他们肯定不像你那么了解什么样的选择对自己最有利。你的想法或许是正确的，因为这个可能性的确存在。然而，你在一时冲动之下做出毁灭性选择的概率并不为零，并且"只有专家才有权做出影响你的未来的决策"让你过得更好的可能性也同样存在。那么，为什么将决策权全盘交到比自己更懂的专家手中会令人难以接受呢？

一个合乎情理的解释是，至少在民主社会中，我们从小就将自己视作自由人，拥有自主的权利和责任，并希望自己的这种自由得到承认和尊重。再回过头思考前面的医疗案例，如果你在心脏病发作后苏醒过来，面临着需要选择方案 A 还是方案 B 的艰难抉择，最终判断情况并做出决定的人一定是你，而不是一群陌生的医学专家依据检测数据和结果直接告诉你哪种方案对你最好。归根结底，决策权在你自己的手中。

在现实生活中，许多生死攸关的重要决策不仅关乎个人福祉，还可能牵涉另一个已经丧失决策能力的人的福祉。假设你的外祖母此刻躺在病床上奄奄一息，她已经昏迷不醒，完全依靠生命维持系统延续生命，而且当下的治疗手段也不太可能让她彻底恢复健康。在陷入昏迷之前，她把是否继续治疗的决策权委托给了你。那么，你应该在什么时候提出停止生命维持设备的运转？人工智能的狂热粉丝可能会建议你把决策权交给计算机，让它在权衡目前可获得的最佳医疗方案和统计数据后，给出不同结果出现的概率。之所以将这个重任交给计算机，是因为这可能涉及人力无法完成的复杂运算，以及有关外祖母当前身体状况的各种细节数据信息，还有当前最先进的医学知识。然而现实的问题是，在这种情况下，必须做出决定的人是你，是你的外祖母委托你决定是否终止治疗，因此你必须自己做出决定，不能将责任甩给一台计算机。你不能说："计算机说应该让外祖母安详离去，于是我拔掉了插管。"或许计算机可以提供相关的论据和各种参考因素，但你依然需要进一步理解和权衡这些信息，并做出最终的决定。身为一个自由且自主的人，即使你在做出最终的拔管决定之前，听取了很多来自其他人或计算机的意见，并表示认同，你依然需要自主权衡价值观的各方因素，尊重外祖母对你的信任，做出最终的决定。

很多人或许觉得，为自己做选择似乎有别于为年迈的亲人、身患癌症的孩子、无法自主表达意见的婴儿做选择，或者为动物、树木或无生命的物体做选择。以畜牧业为例，假设你经营着一家农场，并希望牲畜都能茁壮成长。关于如何饲养牲畜，不管是民间偏方还是科学方法，都已经存在数个世纪，我们当然希望农民和牧场主能够在经营过程中充分利用这些信息。然而，农民和牧场主在做出相关决策时没有征求牲畜的意见，这并不会令我们感到困扰，无论对错，我们都认为自己是自由的人类，而动物不享有类似的自由。因此，科学家围绕关乎人类生存的各项事务提供建议，与农场管理者决定是否应该给牲畜接种疫苗，就完全是两码事了。身为人类，我们承认其他人也是独立自主的个体，并希望他们给予我们同样的尊重（这就是我们代替年迈的亲人或年幼的孩子做决定时，感到无比痛苦和棘手的原因：我们希望能够直接征求当事人的意见，尽管明知不可能，但我们依然认为这是他们的而非我们的权利。但面对动物，这样的道德困扰完全不存在。）

在某些情况下，我们不仅需要代替不具备决策能力的个人做选择，还需要代表一个群体或社会的特定阶层做决定，并且这个决定将影响整个群体的利益。在前述心脏病发作的案例中，你不太可能选择民主决策的过程，但投票往往是确保社区成员能够参与和影响到自身利益决策过程的一种有效方式。参与集体决策过程时，我们可能必须同时考虑多种相互冲突的利益和价值观，以及哪些事实可靠、哪些专家值得信赖等不同的意见影响因素。在本书的后续章节中，我们将讨论一些科学方法，它们不仅可以确保群体能够齐心协力地评估信息的真伪，还能深思熟虑且有效地权衡不同成员的价值观，继而强化投票这一被视为民主决策过程的效力。

在一些特殊情况下，受决策影响最深远的群体反而没有决策权。这不仅包括前面提到的个体不具备或失去行为能力的情况，还包括以下情况，即某些被视作非常个人化的决定，其影响可能会超出个人范围。正是出于这样的原因，我们才明确要求摩托车驾驶员佩戴头盔，或授权国家公共卫生机构在大流行病期间代为决定何时暂闭学校。总而言之，除却这些特殊情况，我们默认个人或团体在大部分情况下拥有可能影响他们权益的决策权。

决策失败的三种模式

因此，决策是否高效取决于前文讨论的三个要素：来自靠谱专家的准确信息、对价值观因素的谨慎考虑，以及将决策权交到利益相关者手中的机制。一旦三大要素中的任何一个要素与其他两个要素失衡，那么便会导致决策的显著失败，然而我们心知肚明的是，此类严重的问题早已屡见不鲜。

例如，假设我们过分强调专业知识在决策中的作用，会导致什么问题？一些政治哲学家已经开始探讨这个问题的极端表现——智者治国，即一个人需要具备特定的教育背景或专业知识才能拥有投票权的社会，比如只有从高中毕业或持有大学毕业证的人才能投票，又或者每个人都拥有投票权，但受教育程度越高，拥有的选票数量就越多。[1]

显然，不管一个智者治国的社会拥有何等优势，它的弊端远大于其益处（我们将在后续章节中详述）。我们如何才能合理利用科学家的专业知识，又能避免赋予他们过大的权威？对大多数人来说，科学家并不会站在农场主的角度思考问题，我们也不希望被科学家视作毫无自主权的小绵羊。我们不希望科学家对我们施加的控制权是我们没有主动赋予的，并希望能够主导关乎自身的决策的评估过程。如果科学家想要左右我们的选择，他们需要说服我们，而不是越俎代庖，他们可以向我们解释他们发现了哪些事实，并展示他们在研究过程中为确保获得公正的结果而采取的做法，以便我们评判他们得出的结论是否令人信服。

这就意味着每个人，无论是科学家还是非科学家，都必须在一定程度上了解科学家得出研究结论时使用的科学方法。不出所料，这种意识对于我们发挥前文探讨的、选择优秀专家的能力也具有重要的作用。而且如前所述，这些并非不为人知的至高奥秘，而是每个人都可以学习和掌握的方法——这就是我们撰写本书的一个主要目标。

如果我们过度强调个人的自主权在决策中的作用，又会出现什么问题？当决策的三个要素之间的微妙平衡被视为非此即彼的选择时，就会出现这种失败模式，即"你要么把自主决策的自由交到技术专家手上，要么选择保留自由，拒绝专家提供的所谓的专业知识，并选择'自己埋头研究里头的门道'"。这可能意味着你要花数百个小时观看优兔（YouTube）视频，然后凭"感觉"做出选择。当然，这样做的问题在于我们凭感觉认为是正确的东西有可能是正确的，也有可能错得离谱。毕竟，我们自身的偏差会让我们倾向于相信那些看起来特别有魅力的人所说的话，或是那些与自身的偏差相符的说法，又或是那些将我们讨厌的人或事妖魔化的故事（我们将在下文中更详细地讨论

"偏差"这一主题)。简而言之，我们对自身的偏差往往视而不见，这就意味着当我们依据自己的常识判断什么是"真实的"时，很容易犯错，并且极容易犯致命的错误，这就好比一支遭遇敌袭时雷达完全失灵的军队，对于要防范什么样的攻击毫无头绪。

如何确保我们能合理地权衡集体和个人的价值观与决策过程中专家代表的专业知识？如果我们对这个问题的理解有误，并坚定地拒绝相关科学家参与有关价值观的讨论，那么另一种失败模式就会出现。当然，我们确实希望研究特定问题的科学家也能在"如何使用自身研究成果"这个问题上有所思考，即他们的研究成果到底该不该得到实际应用（以原子弹为例）。事实上，我们希望良好的科学教育能够鼓励科学家展开这种伦理思考，因为我们不希望科学家不计一切后果地开展人类基因组编辑或读取人脑思想等相关研究，无论其出发点是好是坏。因此，关于我们的目标，一个更贴切的表述是：我们希望能够将科学家关于事实结论的研究与他们在价值观方面的聪明才智一分为二，因为我们希望科学家能够提供事实方面的专业知识，然后再参与价值观的讨论。一位值得信赖的专家在建言献策的同时，应该能够帮助人们清楚地区分这两种不同的角色（事实与价值观）。

这里列举的三种失败模式显然并非详尽无遗，毕竟专业知识、价值观和自主权之间的微妙平衡可能会诱发各种各样的问题，并导致形形色色的失败模式。因此，不管是作为个体还是集体的一员，身为决策者的我们都需要时刻关注这种平衡以及决策的过程。有趣的是，专业知识也能在这方面发挥作用，尤其是了解社会决策过程（有时候是民主决策过程）所需的专业知识，以及探讨拟议政策对社会潜在影响所需的专业知识，往往本身就是另一种形式的科学思维，即社会科学的思想和成果。正如你将在本书中看到的，它们在如何推动共同决策方面提供了巨大的帮助。我们可以借此改进社会决策的方式，以确保平衡每个社会成员的喜好与利益。

在帮助人们重新认识之前仅粗略考虑过的价值和目标方面，这些专业知识也发挥着不可忽视的作用，因为厘清这些价值和目标并将其纳入决策过程不仅十分有益，还很有必要。例如，这些专业知识的用处可以明确体现在下列问题上：一项社会政策将如何在不同时间范围内产生不同的影响？相对于30年后（甚至30代人后）人口的切身利益，我们对当前人口的切身利益的重视程度如何？

归根结底，不管是个人的选择，还是社会层面的决策，都是一场豪赌。我们本质上不可能保证自己做出的选择永远是正确的，但我们在后续章节中讨论的科学思维方法有助于提升决策的正确率，尤其是概率思维的相关技巧。

我们在本章中讨论的所有观点都基于这样一个认知：存在一个对所有人而言都相同的单一事实，而且科学能够为人类探索事物的本质指明方向。既然外部未知的世界对每个人而言都是同一副模样，为什么我们要相信科学能够揭开其面纱呢？为什么我们要相信科学描述的那个令人惊讶的世界——微小的粒子和力、遥远的星系、电磁辐射、隐藏的动机和大脑血流的突然变化——是真实存在的，而且对所有人来说都是一样的？这是因为如果我们没有生存在同一个世界中，共同决策就不可能达成。这就是下一章的主题。

第 2 章
科学仪器与现实探索

众所周知，科学问题的立场会受到不同政见的影响。例如，在美国，关于气候变化对人类的危害问题，右派倾向于认为危害不大，左派则认为问题严峻；在放宽对私人持有枪支的管制问题上，右派的观点是放宽管制不会导致犯罪率上升，左派则持相反的观点。

人们会自然而然地认为，双方立场之所以对立，必然是因为一方对科学了解不足。你或许会认为站在你这一边的人懂科学，而对方一窍不通。假设事实如此，那么促使不同意见方就前述问题达成一致的方法或许是提升所有人的科学素养，然而社会科学家研究发现，在两个对立的政治阵营中，通常都不乏深谙科学道理之人，但仅凭向民众如实相告的做法在大部分情况下都不足以消除政治分歧。

正如我们将在本书后续章节中更全面阐述的那样，在这些颇具争议的热点话题上，我们选择立场的依据往往不是眼见为实的证据，而是基于个人的身份认同。事实上，由于自带艰深晦涩的属性，科学往往会被误用，沦为人类手中的武器，用来将证据化为攻讦敌方的利器，即想方设法地利用证据来宣扬自己信奉的理念，同时贬低对方的观点。如果你身处左派阵营，而你的亲朋好友都将智能设计视为"奇技淫巧",那么但凡你表露出一点点的认可——认为智能设计或有可取之处,都可能意味着付出高昂的社会代价。了解这样的逻辑之后,你就可以收集证据,以确认自己所属的社交圈子信奉什么样的理念。例如,如果你是左派,你所有的朋友都认为枪支管制不力将导致犯罪率和枪击死亡率居高不下,这时你若想就"私人持枪或许有助于遏制犯罪,或枪支管制收效甚微"这一观点同他们做一番探讨,就需要付出一定的代价;如果你是右派,也是如此。因此,只需稍加研究,你就能为自己所属的圈子支持的观点背书。

你可能会说这样做何错之有?就个人而言,如果你选择加入某个圈子并认同其观点,就会拥有更成功的社交、更融洽的人际关系,以及更轻松的生活。如果每个人都选择跟群体抱团和愉快地从众,那么还有谁会在乎你的观念是否"正确"?不管怎么说,与自己周围的群体保持一致,尊重帮助自己维持当下生活状态的"权力结构"[①],难道不是唯一的"正确"觉悟?难道还有超出它的"正确"概念吗?有没有这样一种可能,即不管我们忠于左派还是右派,实际上并不存在一个需要所有人都达成共识的所谓的唯一"真理"?

所谓的对与错,以及科学追求

事实上,很少有人能够真正地接受上述关于"真理"的说法,毕竟每个人都有自己的想法。不管你站在哪一边,都会认为对方是错的。在你看来,他们犯了十分严重甚至是极度危险的错误。一边是

---

① "权力结构"指的是一个社会或组织内不同个体、群体和机构之间力量与权利的分配关系,通常包括谁拥有决策权、资源分配权、法律权利等。——译者注

"论私人持枪之影响"等关系重大的问题，另一边是"喜欢什么歌曲，或选择什么口味的比萨"等日常琐碎的问题，人们对不同见解的宽容度必然无法相提并论。

尽管人文学科的一些学者认为科学本身不过是众多权力结构中的一种，但大多数科学家跟我们普通人一样，认为世界上的基本事实的确存在对错之分。实际上，在他们看来，科学研究的全部意义就在于找出客观上的对与错。科学家的确一直在试图论证一个独立于人类世界的外部世界的存在。在那里，是非和虚实既不依赖于人类社会的权力结构，也不依赖于人类对现实构成的期望。

比如，我们可以看一看科学家在科学研究工作中实际遵循的流程，本书后续的章节也将对其中的许多流程进行回顾（本章将介绍一个尽人皆知的典型案例）。这些工作流程证明，科学家并不是通过"强权即公理"的方式达成一致意见的。事实上，科学家的工作方式通常与死守自身陈规教条的权力集团的做法截然相反。科学的权威性恰恰来自永不停歇的自我怀疑。不管他们正试图论证何种观点的正确性，科学家经常会要求自己必须首先通过明确的流程和方法努力论证该观点的错误性。如果一种观点不能被证明有误，科学家反而会更加怀疑其正确性。令科学家欣喜若狂的很多重大突破都是因为有人挑战了权威，证明了该学科执牛耳者所信奉的观点根本不可能是正确的。

那些经历重重淬炼而幸存下来的科学思想之所以具有权威性，并不是仰仗有权有势之人的背书。这与一言不合就将质疑其信仰的人绑上火刑柱烧死，或大肆销毁不同思想见解的邪教的做法恰恰相反。在科学领域，质疑是备受欢迎的，这也从侧面说明科学本质上确实是一种社会现象，但它是一种追求真理、提倡相互协作而非威逼利诱的社会现象。这种科学的挑战和质疑的过程就如同抚养幼儿一般，需要整个社会的参与。

对这一点的论述暂告一段落，让我们先厘清本书将会反复提及和论述的一些重要问题。在本书中，我们描述的那些对第三个千年思维至关重要的概念、原则和操作方法都是当前得来不易的最佳科学实践，它们是科学家一直渴望做到的，或者说在此基础上持续改进而来的，而且实际上往往能够成功实践的做法。但人类在不断追求科学的路上难免会马失前蹄，我们能轻松地找到一些个体和组织在将这些科学实践不断改进至最佳状态的过程中遭遇滑铁卢的案例，甚至某项科学研究的整个子领域走向没落的例子也并不罕见。这些科学研究失败的原因有时候是对实践的错误理解，有时候是不良的动机，或是为达到目的而不择手段的错误思维。然而，科学家在谈论这些失败案例时并不会以此为荣，而是很快认识到它们都是会导致科学研究失败的做法。为此，我们在本书中提倡的是科学思维中促使人们不断追求完善、实现远大抱负的正能量，它将赋予我们的社会最佳的发展能力。当然，科学家也不敢保证他们总是能实现这些远大抱负，然而一旦他们梦想成真，科学就会实现长足进步。

此外，即使在一切顺利、最佳科学实践得到遵循的情况下，科学在探索外部世界的现实时仍处于"摸着石头过河"的懵懂阶段。世界的真相的确存在，但人类几个世纪以来为揭示这些未知真相而发展出来的科学理论和模型，通常只能被视为无限接近真相的揣测。不得不承认，人类目前拥有的各种科学模型通常是不完整的，它们最多只能提供粗略的指导，告诉我们一个大致的期待方向。有时候，我们会发现，仅针对某个特定领域内发生的事情，就存在许多不同的研究模型或理论，为了尽可能地揭示真相，我们会倾向于使用其中最有效的那个。

随着时间的推移，不断发展的科学理论和模型也在尽可能地接近真相。我们可以且往往已经在描绘科学图景方面达到了足够的精确度，这足以使我们在此基础上取得惊人的科学成就，这一点无须赘言。人们总是将科学领域的突破与成就视为理所当然的，所以当我们惊叹于诸多科学成就的同时，也会惊讶于当前科学技术的局限性。

对现实达成共识的几个步骤

然而，这就引发了一个问题：如果正反双方都能够提供充分的科学证据作为武器，维护自身的观点和立场，人们如何就"外部世界的现实中到底存在什么"达成一致意见？我们如何就现实的理解达成共识呢？

或许，我们对外部现实最强烈的感知来自身体的触觉：如果你用手拍打桌子，或用手指轻叩桌面，或在穿过黑灯瞎火的房间时撞到桌子，你就会非常确信桌子是真实存在的。因此，让我们先思考一下，人类最有可能对外部现实形成共同认识的途径，就是利用触摸、感受、握住、戳刺或推挤事物等直接触碰的方法，并观察其反应，以确定其存在。毕竟这个方法导致意见分歧的风险很低：人们通常不会因为"桌子是否真实存在"而分裂成两个阵营。

然而，直接触摸并非了解现实的唯一方法，如果用棍子可以捅戳到一样东西，大多数人也不会质疑其存在的现实。同样，尽管有时候论证的标准是"眼见为实"，但为了确保看得更清楚，我们也不反对使用矫正镜片。有时，即使我们需要用放大镜才能看清小虫子的样貌，我们仍然坚信自己触及了现实，就像不需要使用放大镜就可以裸眼看到的事物那样。

随着时间的推移，人类越来越擅长利用各种复杂程度远超眼镜或放大镜的媒介，通过它们，我们仍能强烈地感受到自己正在触及现实。如果你有随身携带智能手机的习惯，那么这些用来认识现实的媒介其实就在你的口袋里，触手可及。有了智能手机的加持，我们可以随时随地以一种更直观、互动性更强的方式，"看到"10年前人们只有在高级实验室内才能观察到的东西，而对一个世纪前的人来说，这些东西或许是无法想象的存在。与过去相比，我们在"体验现实"方面已经取得令人叹为观止的进步。

让我们从听觉的角度举个浅显易懂的例子：你可以在手机上下载一个应用程序，将手机变成一个声音摄谱仪，把你在唱歌、吹口哨、演奏乐器或吵闹时的声音进行可视化处理（见图2-1）。你先吹一声口哨，屏幕就会显示出一条线，你吹出一段音调更高的口哨，屏幕上的线就会上移。令人惊讶的是，当你唱出一个自认为是单一的音

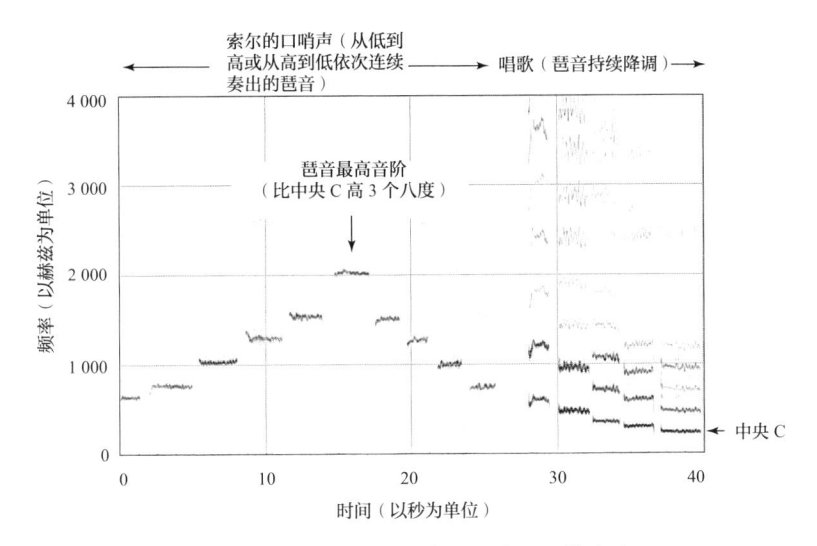

图 2-1　声音摄谱仪类应用程序显示的内容

符时，会在屏幕上看到一组由多条不同的线组成的和弦。当你唱出一个音调更高的音符时，所有的线都会一起向上移动。这会让你非常直观地认识到，你在唱歌时唱出来的并非单一的音符，而是一个由所有这些"泛音"组成的和弦，我们将这些高音称为"泛音"，它们通常与你要唱的音调混合在一起。

你可能还会发现，在发不同的元音时，会得到不同数量的泛音线。当你发出"啊"声时，屏幕上会出现很多泛音线；随后你发出"哦"声，泛音线会变少；接着你发出"咿"声，泛音线会进一步减少。花一点儿时间研究了这个应用程序之后，你可能会开始觉得这就是声音的现实。即使不了解其中的原理，你也会开始以一种不同的方式来思考声音的世界，毕竟你一直在使用它。[人类的听觉系统会将所有同时出现的相关音符（即这些泛音）处理为同一个音高，但大脑会根据检测到的同步音符的不同混合情况判断出不同的"音色"。这就是人们区分小提琴、长笛和男高音的一种方法，它们或许发出了相同的音高，但即使没有声音摄谱仪，人类的耳朵也能听出小提琴、长笛和男高音的不同之处。]

然而，并非所有的测量仪器都能够让我们产生"部分现实尽在掌握"的感觉。不管是推动椅子、敲击桌子，还是发出声音时查看仪器，其共同点在于它们能给人一种互动式探索的感觉。"互动式探索"这个术语来自科学哲学家伊恩·哈金（Ian Hacking），其背后的理念是：如果我们正在经历的事情会随着我们做出的行为或发出的信息相应地发生变化，我们就会更加相信自己亲历之事的真实性。例如，在你用球杆击球时，台球会滚动，于是你开始相信眼睛看到的那个滚动的圆形图像就是物理世界中一个有重量的坚实物体。仪器的显示屏或许比不上这种直接的互动式体验，但它也会对你的操作做出反应。在你吹口哨时，它会随着哨音的高低显示出一条向上或向下移动的线，在两个人同时吹口哨时，也会同时显示出好几条线。事实上，它甚至会让你开始相信一些之前并不知晓之物的真实性，比如你声音的音色表明，你认为是单一音调的声音实际同时包含了几个不同的音高。

如何通过互动式探索增强自己对现实的感知？一旦你开始思考这个问题，那么了解一系列通过仪器增强感知的例子就会变得很有趣（而且正如下文所示，这些例子也非常有说服力），因为这些案例提供了不同程度的互动性。让我们先来了解几个科学领域的案例，再看看日常生活中的几个例子。

体验过智能手机上的声音分析应用程序之后，我们还可以尝试一个技术含量特别低的实验（不需要用到智能手机，在家里就可完成）。你只需要一扇阳光可以直射的窗户和一张硬纸板，先在硬纸板上扎一个小孔，用它挡住窗户，确保只有一束阳光可以通过小孔照射进来。

然后，在光束经过的地方放一枚三棱镜，你就会看到阳光被折射分解成了一道彩虹。当你用 LED（发光二极管）手电筒的光线照射三棱镜时，会发现分解出的光线只有寥寥几种颜色，而不会像阳光那样形成完整的七彩。如果你能找到一个旧的荧光灯或白炽灯泡，其光线通过三棱镜折射后同样会变成不同颜色的线条，但也不是完整的七彩。LED、荧光灯或白炽灯发出的光被统称为白光，但其色谱构成似乎各不相同。我们可以从中学到什么？三棱镜的实验是否跟声音摄谱仪的实验一样具有互动性呢？

从某些方面来看，三棱镜对光的分解与声音摄谱仪对声音的分析相似。就像声音摄谱仪所显示的，人耳听到的单一声音似乎由许多不同的音调同时组成一样，三棱镜也让我们看到，看似相同的白光实际上由许多不同的颜色组成，它们融合在一起，形成了我们在日常生活中看到的白光。声音摄谱仪显示口哨的声音非常单纯，只有一个音调。我们也可以发现，通过三棱镜的 LED 光不会像太阳光那样分解成七种颜色。在进行分解不同光源的实验时，你可能会尝试说服自己：你眼中纯粹的白光实际上由许多不同的颜色组合而成，就好像耳朵听到的一个音调，原来是由许多不同的音符组合而成的和弦。因此，你也许会逐渐接受这样的观点，即现实世界的光与我们眼睛所能看到的光略有不同。

声音与光线这两个互动式探索案例的对比可能会让你感觉，使用简单的玻璃三棱镜比用手机应用程序直观得多，毕竟三棱镜是个看得见、摸得着的东西，不会令你胡思乱想，猜测应用程序中是不是存在你不了解的东西，或幕后有什么想要愚弄你的阴谋诡计。你坚信，从三棱镜中折射出的光线不过是复刻了射入三棱镜的太阳光。考虑到三棱镜结构的简单性，你敢断言它折射出的东西就是现实的真实再现，与"精于计算"的计算机程序员想展示给你看的东西有着天壤之别。

然而，与使用应用程序探索声音的构成相比，这种用简单的三棱镜探索光线构成的互动方式可能还存在一些令人不甚满意之处，因为我们无法像变换声音那样灵活地调整各种白色光源的输入。如果我们的眼睛能够像超人一样发射光束，随心所欲地改变其颜色构成，就好像我们能随意唱出高低变换的音调那样，也许就能让大脑更坚定不移地相信"白光实际上由不同颜色的光线构成"这一物理现象的真实性？归根结底，两者都是对现实的探索，区别在于一方的互动性更强，另一方的互动性则稍弱。

尽管如此，现实情况可能会更糟！相较于上述案例，当我们想了解自己身处的房间内的空气（我们不断吸进和呼出的空气）到底有多污浊时，又会发生什么呢？近年来，人们开始意识到空气质量已经变成十分严峻的环境问题。在你持续吸入氧气并呼出二氧化碳的过程中，房间里的空气会变得越来越"糟糕"，可能导致你大脑缺氧，令你难以维持清晰的思路。人们通常不会关注室内的空气质量问题，因为在一个大小合适的房间里，总是充斥着足够的空气，而且富氧的新鲜空气一直都在通过各种缝隙流进房间。但是，如果你跟很多人同时待在一个空气流通不畅的房间里，比如在大学的阶梯教室里上1个小时的课，那么室内空气的二氧化碳浓度就会激增，氧气含量会下降。研究人员曾对人们在不同二氧化碳浓度水平下的认知表现进行过测试。[1]当二氧化碳浓度小于等于800ppm①时，大脑的认知表现良好；当二氧化碳浓度达到1 000ppm左右时，大脑的认知表现开始变差；当二氧化碳浓度达到1 200ppm时，认知功能就会受到严重影响。很多通风情况较差的满员阶梯教室在1个小时的课程结束时，空气中的二氧化碳浓度基本达到了1 200ppm的水平。

现在，我们不妨购买一个小型监测器，它可以监测空气中的二氧化碳浓度（还可以监测温湿度，可谓物美价廉）。这样一台二氧化碳浓度监测器并不像某些设备那样具有高度互动性。如果你愿意，可以尝试对着仪器的进风口呼气，显示屏上的二氧化碳数值虽然会升高，但也只会持续1分钟左右。你不可能与它产生真正的互动，也很难确定它会对什么做出反应，因为我们无法确切地知道周围的空气中存在多少二氧化碳，不像我们可以使用声音摄谱仪来识别不同音符和乐器的音色那样。如果我告诉你，房间里的二氧化碳浓度在你进门后就有所升高，并且你的大脑功能也因此受到了影响，你实际上很难判断出

---

① ppm（parts per million）是二氧化碳浓度的单位，即100万体积的大气中所含二氧化碳的体积数。——译者注

前后的变化（当然，你的大脑功能因二氧化碳的高浓度变得越差，就越难精确判断室内的二氧化碳浓度）。

结果就是，我们很难判断监测器显示的二氧化碳浓度数值到底"有多真实"，但也只能相信它。哪怕事实上监测器给出的数值是外星人从外太空发送给我们的信号，而外星人在看到有人对着进气口呼气时就相应地把数值调高。当然，我们可能不会相信这么离谱的猜测，但也应该清楚地意识到二氧化碳监测器并不像前面讨论的科学仪器（声音摄谱仪和三棱镜）那样，与现实有着直接的联系。

最后一个例子可能尤其值得深思，因为它充分表明纸笔这种极其简单的、根本称不上高科技的工具却能帮助我们显著地延展感官认知。1854年，伦敦爆发了严重的霍乱，人们对疫情的源头一无所知。在调查过程中，医生约翰·斯诺[①]尝试在地图上标注感染者的死亡情况。他在每一处出现霍乱死亡病例的地点都画上一个小点，随后发现这些点集中在一个特定区域，而在离这片区域越远的地方，霍乱致死的人数就越少。斯诺最终发现，死亡病例集中的地区有一口井和一个水泵，附近居民都在此处取水，而那口井已经被病菌污染。他卸掉了水泵的把手，确保没人可以从井中取水后，死亡人数逐渐回落了。

你可以把它看作前文提到的为理解现实而进行的一项互动式探索，这也是人类用一种科技含量较低的技术来弥补自身不足的真实例子。人类记住诸多事件发生地点的能力随着时间的推移逐渐减弱，所以伦敦的居民起初并没有发现霍乱死亡病例出现地点背后的规律。然而有了纸和笔的帮助，斯诺可以记录下事件的相关信息，消除人类记

---

① 约翰·斯诺（John Snow）是英国麻醉学家、流行病学家，被认为是麻醉学和公共卫生医学的开拓者。——译者注

忆的局限性，突破大脑在处理大量空间数据能力方面所受的制约。在感知现实发生的事件时，这些工具使人们能够进行超越个人感官局限的探索，做到一些原本看似不可能的事情。

继约翰·斯诺之后，人类一直在寻求越来越多的方法延展自身的感官能力，突破人体的极限，并借此触摸到了更多的世界真相。借助科学仪器，我们能够与被它们探测到的现象互动，这也在我们心中催生出一种更强烈的感觉，即琳琅满目的科学概念和名称并非凭空捏造。不管我们赋予其什么名字，它们都会给人一种有形的、真实的感觉，并且这些现象的真实性并不会引发争议。

超越人体感官的现实：科学工具的测试

所有动物（包括人类在内）在探索现实世界方面都存在局限性，前文描述的诸多科学仪器恰恰可以弥补人类在感知世界方面的不足。人类最本质的弱点是人体的感知并不能完整地告诉我们发生了什么，因此我们才需要校正工具。比如，近视眼需要借助眼镜才能看清事物；要想看到非常遥远的东西，比如遥远的星系或行星，我们需要望远镜；要观测细胞等非常微小的东西，我们需要显微镜。很多人根本听不出单音和和弦的区别，前文提到的声音摄谱仪可以将复杂难辨的声音拆解成不同的成分，令人一目了然，这是大多数人在没有辅助工具的情况下根本做不到的事情。此外，我们通常把太阳光视为无法分解的白光，但三棱镜让我们能够分析太阳光的复杂性，发现它实际上由不同颜色的光线组成。

然而，我们用来分析周围环境时使用的各类仪器被人们普遍接受却是来之不易的奋斗成果。以电能为例，要了解电流，我们可能会习惯性地使用各种测量仪器，比如电压表、电流表等，人们对这些仪器早已熟悉，因此理所当然地认为它们的功能仅限于其外包装上标注的使用范围。我们会说，包装上明明白白地写着"电压表"三个大字，它的作用肯定就是测量电压。但我们往往忘了，这些仪器的存在本身就是伟大的科学成就。如果说仪器本身似乎成了人们了解现实情况的唯一途径，那么我们该如何确定这些仪器究竟在测量什么呢？

以一个著名的历史事件为例，1609年，伽利略首次借助望远镜观测宇宙。在第一次将望远镜对准茫茫夜空时，他进行了许多基本的天文观测。没有望远镜，这些观测就不可能实现。例如，他发现木星的卫星始终围绕着木星运行。在此之前，《圣经》宣称的真理是：所有天体都围绕着地球旋转。毫无疑问，伽利略的颠覆性观测结果必将掀起轩然大波。

批评者很快跳出来反驳，称伽利略所证明的不过是"一些非常奇特的光斑，只要你将几块透镜以某种特定的方式装进一个小管子，它们就会呈现在你眼前"。他们声称，作为一种探索外部世界的方式，望远镜的观测结果不具备有效性。[2] 那么，你又将如何证明望远镜的确是发现世界真相的有效工具呢？

正如我们在前文指出的，科学领域处理类似挑战或质疑的方法，与诸如邪教或伽利略案例中代表反方的一些宗教团体之类的权力组织或机构所采取的方法，是截然不同的。这个经典的历史案例也鲜明地展示了二者的区别。邪教和以权力为基础的宗教团体通常都会固执地认为他们所发现的真理都是不可撼动的，而且大量史料表明他们经常试图利用各种各样的强制手段迫使人们认同其观点。比如，1633年6月22日，天主教会向伽利略展示了宗教裁判所使用的各类刑具，胁迫他承认"所有天体都围绕着地球旋转"的宗教宇宙观。

  与这些恶棍不同，科学家通常不会诉诸武力，他们会欣然接受质疑，并反问自己是不是真的弄错了。重要的是，科学家会使用客观的技术和精心设计的方法检验自己所用的理论的正确性（我们将在本书后续章节详细介绍其中的许多技巧）。不过，科学家为了辨别对现实的某种观察是否准确而提出的诸多问题，大家早已耳熟能详，例如：进行了多少次观察？不同的观察者是否得到了相同的结果？对于正在使用的科学仪器，我们是否了解其工作原理？我们是否有理由相信这些仪器能够/不能够识别我们正在研究的现象？

  因此，在这个经典的历史案例中，伽利略能够多次得到同样的观测结果就有力地证明了这些观测结果的可靠性。当然，在同他人分享自己的发现时，有一个严重的问题摆在了伽利略面前：因为最早的望远镜是用一副眼镜片制成的，其质量还不足以确保远距离成像的稳定（并且视觉本身就比触觉更具误导性）。因此，伽利略开发了一些新技术，并成功让望远镜的成像变得更优质、更精确。但为了让人们信服，他必须向其他研究人员提供足够数量的望远镜，以确保其他人也可以"眼见为实"。一段时间之后，足量的望远镜被生产出来，几乎所有人都可以开始测试望远镜的功能，即将极远处的物体（比如远处田里的奶牛）拉近到肉眼可辨的程度。但这只不过是伽利略实现其伟业的一个楔子，他的计划是要证明，尽管遥远宇宙中的天体和地球看起来如此不同，但它们其实包含着几乎相同的物质种类，并遵循着几乎相同的物理规则。在此之前的几个世纪里，人们普遍认为天堂的光辉必然与地球上的截然不同，但伽利略提出的"惯性定理"既适用于地球又适用于其他天体的观点，为牛顿发现万有引力定律奠定了至关重要的基础。

站在已知科学的肩膀上：木筏和金字塔的搭建

因此，世界上并不存在某种单一的"万全之法"——可以用来验证伽利略观点的真实性。相反，有的只是一张相互促进的科学思维网络，其中的每一个节点问题都可以独立地进行检验（比如"我们对折射的理解是否正确""不同观察者得到的结果是否相同"）。我们可以用科学构成体系中的两个经典比喻来解释这个逻辑，即木筏和金字塔。

1947年，当探险家、民族志学者托尔·海尔达尔（Thor Heyerdahl）乘坐他完全按照古代印第安人木筏的式样复制而出的"康提基"号从秘鲁前往波利尼西亚时，他的船员预测建造木筏的轻木可能会在旅途中被海水浸透，于是他们带上了备用的轻木。这样一来，如果木筏上的轻木因被水浸透而失去浮力，他们就可以将其拆下，换上提前储备好的干燥的轻木。不过，他们当然不能同时拆除并更换所有轻木，因为同时拆掉几根将导致整个木筏分崩离析，所有人都会因此葬身大海。[3]

用"康提基"号木筏来隐喻科学证明模式纵横交错的运行原理十分贴切，它可以被用来证明某种科学仪器（比如望远镜）的有效性，并且它提供的信息也符合我们的预期。假设你决定抛弃对所有事物的现有认知——不接受现存的任何知识，并试图从头开始构建人类所知的一切信息，包括从如何判断抗生素能否治愈某人的疾病、如何确定某种皮肤斑点是否为麻疹的症状，以及如何知晓天体在夜空中的运行轨迹，等等——然后从头开始证明我们目前相信的一切，比如哪种疫苗对哪种疾病有效，这无异于拆掉组成木筏的所有轻木，从头开始搭建。结果是什么？由于缺乏足够的时间和材料，我们会被海水吞没。所以，最具可行性的做法是，我们需要在保持大部分已知信息不变的情况下，逐一测试每个命题的正确性，再循序渐进地丢弃和替换那些"不合格"的想法。以人类目前所掌握的大部分医学知识为例，关于某种疫苗是否真的能够预防特定的疾病，我们是可以回头审视一番的。同样，就每个已经获得认可的医学命题，我们都可以在保持其他医学背景知识不变的情况下，回溯和重新评估其正确性。

除了木筏，金字塔也是一种十分形象的比喻。我们可以把科学视作一种层级化的组织结构，即高层级的知识需要建立在低层级知识的基础上。这与木筏式的知识更新结构截然不同，因为在该结构中，我们并不会认为某些木头的作用比其他的更重要。但在金字塔结构中，所有更高层级的科学都需要最基础的科学信念来支撑，而且我们不能质疑底层信念的真实性，否则整个科学体系都会被颠覆。

尽管上述两者都不能百分之百令人满意，但木筏的比喻的确更符合目前大多数人看待科学时秉持的谨慎、怀疑和发展性的态度，即没有什么命题不能被质疑，也没有哪个命题不能被抛弃或取代。然而，在尝试颠覆已有的科学结论时，我们不能忽略所提问题的"局部"性质，就好像我们每次只能检查和更换一根轻木那样，只有在保持其他观念不动摇的情况下，我们才能合乎情理地质疑和回答关于任一命题的真实性问题。当然，每个命题都可以被质疑，就好像木筏上的每一根轻木都可以被检查和替换那样。

木筏的比喻还抓住了科学研究的另一个精髓：组成人类科学认知世界的每个元素就如同木筏上的每一根轻木，只有依靠与之相连的其他轻木（即其他科学元素）才能获得足够的强度。我们之所以相信某项科学研究，是因为有其他许多要素共同为其提供支撑。从这个意义上说，我们正在使用三角测量检验每个科学命题，即通过多种不同的证据来验证并确认其他科学证据的可信度，这就是科学木筏发挥作用的方式。正如我们即将看到的，三角测量是我们能够掌握真实的外部世界并对物理现实保持共同理解的关键方法，即使是在我们无法通过用拳头敲击桌子（或用脚趾猛踢桌子）之类的方式获得直接的、互动式接触的情况下，它也会给我们带来"真实"的感受。

因此，当以三角测量的方式使用科学仪器来研究日光的光谱构成时，我们通常不会只依赖一种结果。如前所述，人类发明出了丰富多样的科学仪器，每种仪器又都有五花八门的使用方式。通过利用不同仪器及其不同使用方式得到的观测结果，我们就能对感兴趣的现象进行三角测量。

无法进行互动式探索时，如何基于现实做出决策

这对我们在如何决策，尤其是需要与他人或整个社会共同决策方面，有何启示？其中最重要的一点启示或许就是让我们意识到，在我们认识共同且共享的外部现实的过程中，这些延展了人体感官的感知范围的实用科学仪器显然成为一大助力。在使用过所有这些科学仪器，并试图了解关于声音、光线或霍乱的科学知识后，我们便会发现自己很难再说出下面的话来："好吧，也许LED灯光和太阳光会因人而异，在你面前显现的是这般模样，在我面前却呈现出另一副光景。"恰恰相反，我们或许更愿意分享实验笔记，相互展示仪器的测试结果，并致力于共同理解一些东西。比如找出霍乱暴发的关键诱因，并在更理想的情况下利用这些共识对外部世界施加有效影响，例如阻止人们饮用被霍乱弧菌污染的水。

这些与外部世界的直接互动虽然借助了科学仪器，但可以让我们

在粗略认知外部世界的过程中保持一些信心，就像摸黑穿过房间时，身体的感官功能赋予了我们一定的底气，让我们相信自己不会径直撞上坚硬又沉重的桌子。高效的互动式探索积累得越多，我们就越能树立信心，相信自己必能了解到这个世界的重要真相，并采取相应的行动。不管是个人、团体还是社会，我们都可以对这些关键的知识碎片报以信任，因为它们能使我们在解决问题或创造机会时具备更高的效率，甚至更高的成功率。

我们还必须认识到，人类当前对现实的探索依然困难重重。假设我们能够自由操控自己的输出（即做出的行为或发出的信息），并观察到现实世界的回馈和反应，那么我们与现实之间就能产生最亲密的互动。然而，在某些情况下，由于我们无法随心所欲地操控自己的输出并收到来自现实世界的反馈，人们会在同现实世界的互动过程中处于劣势地位，却又必须对这个世界做出决策。如此一来，我们与现实的互动就变得更加不可信。关于这一点，我瞬间就想到了各种各样的例子。比如在医学领域，医生需要面对的系统（即人体）有着极其惊人的复杂性，虽然医生可以直接与之互动，但他们并不能随意尝试未经验证的治疗方案。况且，医生也很难随心所欲地控制治疗过程中的诸多变数。更糟糕的是，有些变数很难用肉眼观察到，比如微小的细菌。在国家层面，也许一个国家的外交政策同样面对类似的、错综复杂的体系，由于试错风险实在是太高，以至于人们最不想做的事情就是在这方面"随意处置"。（也许可以这样说，任何涉及人类的系统都可能存在惊人的变数！）

事实上，这两个例子都说明，另一种因素使你难以通过互动确定自己是否正在处理现实中的问题或挑战——那些无法重新来过、只能做一次的情况。有些基于时间尺度的现象，人类已经十分擅长与之互动，而同前者大相径庭的另外一些基于时间尺度的现象，则是身为宇宙学家的索尔（本书作者之一）重点关注的对象。对人类最友好的互动时间尺度是自己的输出能得到即时反馈，尽管很多情况下我们可能得等上两天，才能看到仪器屏幕上出现回应。一旦开始谈论时间跨度长达数年或数十年的事情，虽然我们还能耗得起，却会失去直接互动的心思。当面对需要几个世纪甚至上千年才能出现的现象时，你就很难相信自己收集的证据正在帮助你接触现实。当然，这并不意味着互动性不可能存在（我们稍后会讨论这些情况），而是我们的输出与外部反馈之间的延迟时间过长，以至于我们很难确定最终的反馈到底是不是我们之前的输出所产生的结果。以气候变化为例，其漫长的时间跨度显然对人类的决策能力造成了严重的不利影响。

当下，全球各国在气候问题上所做的决策将在未来很长一段时间内影响地球生命的发展轨迹。关于这些决策产生的后果，我们无法立即得到大自然的反馈。即便我们决定减少二氧化碳排放量，也不能在短时间内等到地球环境出现明显的反应。同样地，就算不减少二氧化碳排放量，我们也不可能在短期内观察到它们对气候环境造成的影响。我们与整个地球气候系统的互动感太少，人类输出与自然反馈之间的时间跨度又太大。因此，这既是一个科学问题，也是关乎政治和政府的问题，而且只要时间跨度足够大，我们就会知道，除了我们正在操控并期望看到其反应的特定变量，其他许多变量也可能在其中发挥作用。

我们列举这么多的案例并不是为了证明不存在任何现实，而是要表明有许多问题会导致我们难以确定事物的现实，这就给不同的意见留出了争议的空间，但科学并不会知难而退。恰恰相反，人们发明了更多的科学工具和更巧妙的科学实验，其目的就是对现实进行三角测量，以帮助我们有效地应对互动性欠佳的困境。倘若条件理想，它们就能够在更复杂的情况下，帮助我们形成对现实的共同理解。如果两个人或两个群体对世界的真实情况有不同的看法，我们不能假装置身事外。此外，如果我们真的想搞清楚现实中难以直接把控的方面，就更需要主动找到对现实有不同看法的人，以协助我们对世界的真实情况的认知开展三角测量，毕竟我们可能会因当局者迷而无法看清自己可能出错的地方。正如本书第 10 章将讨论的那样，通过采取旨在将实验方法与迭代改进相结合的策略，我们可以尝试在更艰难的环境中寻得互动式探索的最佳效果。

关于如何利用三角测量和互动式探索来构建关于现实的共同理解的诸多故事，清楚地提供了下面两个问题的答案：世界是由什么组成的，什么样的因素正在造成什么样的影响？在下一章中，我们将重点探讨"因果关系"这一命题，因为我们在现实世界中进行决策和规划时，它往往发挥着十分关键的作用。

篇末趣味任务

你可以跟他人一起尝试完成下面这个有趣的思想练习，然后便会知晓人们对现实已经形成多大程度上的共识。请认真思考下面列出的每一项概念，并要求对方也这样做。基于合理的推论，你认为其中哪些是真实存在于现实世界中的事物、哪些是我们虚构出的想象元素？

- 你眼前看到的物体；
- 透过玻璃看到的物体；
- 透过放大镜看到的物体；
- 通过显微镜看到的物体；
- 致病菌；
- 通过比较进入实验仪器的粒子所测得的质量和能量与离开仪器的粒子的质量和能量，推断其存在的物体；
- 时间长度——"5个小时的时间间隔"；
- 重力；
- 灵魂；
- 光线本身与被光线照亮的事物；
- 饥饿；
- 浪漫的爱情；
- 美；
- 经济学中的通货膨胀；
- 人们对歌曲《昨日》(Yesterday) 的偏爱；
- 利他主义；
- 灵感。

我们很喜欢这个思想练习，因为它充分地说明了科学和哲学一样，都是一门艰深但充满乐趣的学科！（当然，我们假定你与你的同事跟我们一样，很难完成这份清单中列出的所有项目。）

第 3 章
利用因果之力实现目标

科学可以改变我们对世界的常规认知。除了那些显而易见的特征,比如山川与河流、桌子和椅子、人类和宠物,我们现在还认识到,世界上还有许多人类肉眼无法直接观察到的重要事物,比如生物细胞、基本物理粒子,以及大陆板块缓慢但不可阻挡的运动。然而,科学并不仅仅是确定构成物质现实的元素种类,比如动物、植物和矿物,还需要弄清楚它们是如何相互影响、相互作用的。

因果关系就成为人类推动和改变世界的油门和方向盘。如果人类不了解因果关系,就只能充当万事万物的观察者,无法思考如何参与、利用、操控或改造事物,进而改变人类自身的生存和发展能力。比如,当人类将岩石打磨成薄片后,它就会变得锋利。又比如,我们可以通过拥抱让哭泣的孩子恢复平静。但是,我们如何才能了解这些油门和方向盘?如何不仅仅作为观察者,还能以参与者和塑造者的身份真正认识这个世界呢?

本章将探讨在人类试图找出事物因果的过程中,纷乱驳杂的现实世界引发的种种难题,以及科学为人类提供了哪些解决问题的方法。我们认为,许多读者应该非常熟悉"相关性并不意味着因果关系"这句话，因为诸位多多少少都在高中的科学课或者大学的哲学课上听过它。然而，就"如何明确相关性与因果关系的区别"形成一致理解却是一个值得仔细商榷的问题，因为对二者区别的理解将促使我们发现撬动和改变世界的杠杆。我们的目标就是让所有人在这一点上达成共识，如此一来，我们就能首先在"什么原因导致了什么结果"这一问题上达成一致理解，然后再解释我们如何利用这些因果关系来达到预期目标。

相关性和因果关系的异同

假设科学家对某些国家的公民进行了一项健康调查，他们想要知道哪些行为有诱发骨质疏松的风险。调查发现，在所有受调查者中，每天饮酒量在两杯以上的人患骨质疏松症的可能性更高。[1] 读完他们的调查结果之后，你心中十分不安，想知道这是否意味着你必须减少每天的酒精摄入量。事实上，这份调查结果并没有明确地说明这一点。饮酒量与骨质疏松之间可能存在的一种关联是：每天饮酒超过两杯的人往往也有久坐不动的生活习惯，而这恰恰是导致骨质疏松的真正原因。在这种情况下，只要你能够做到每周进行几次快步走锻炼，或者完成一些轻度力量训练，就可以保持当下的饮酒习惯。当然，还有一种可能，即酒精本身就会导致骨质疏松，这样的话，倘若你想避免骨质疏松，就要严格限制酒精的摄入量。所以，诱发骨质疏松的真实原因到底是什么？我们该如何确定呢？

为什么因果关系的确定如此棘手？因为你首先会注意到的是两个因素的相关性，例如饮酒过量的人更容易骨质疏松，但难就难在二者之间的相关性可能存在多种不同的因果结构。比如，你可以思考下面这些可能的因果关系是否成立（见图3-1）。

模型 A：没有观察到关联性

饮酒　　　　　　　骨质疏松

模型 B：饮酒过量是骨质疏松的一个诱因

饮酒　→　骨质疏松

模型 C：骨质疏松是饮酒量增加的一个诱因

饮酒　←　骨质疏松

模型 D：骨质疏松和饮酒量的多少是久坐不动的生活方式的两种表现

久坐不动的生活方式　→　骨质疏松
　　　　　　　　　　→　饮酒

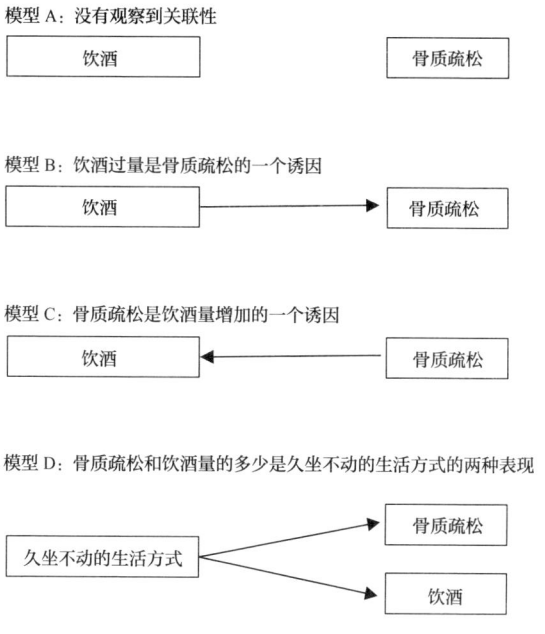

图3-1　饮酒量与骨质疏松之间的相关性

这些模型描述了饮酒量与骨质疏松之间可能存在的因果关系。根据模型A，上述两个因素毫无关联，或二者之间的相关性小到几乎可以忽略不计，但研究数据已经排除这种可能性。后面三种模型都是存在一定可能性的解释，但我们并不知道哪种是正确的。

在涉及行为与疾病状态之间的相关性时，很多人都倾向于认可模型B的解释。在这个模型中，酒精会增加骨质疏松的风险。因此，如果你想要降低罹患骨质疏松的风险，就应该减少酒精摄入量。事实上，减少饮酒量可以给你带来多方面的益处，然而如果你认定饮酒的习惯并不会引发健康问题，那么你可能就需要更多的支撑性证据，才愿意根据二者之间的相关性减少饮酒量。

根据模型 C 的假设，饮酒量与骨质疏松之间也是因果关系，但与模型 B 的恰恰相反。在这个例子中，骨质疏松会导致你摄入更多的酒精，这样的因果关系看似牵强，但并非绝无可能。事实上，如果我们把这里的"骨质疏松"替换成"失业"，那么模型 C 看起来就会比模型 B 更合理（或许失业、骨质疏松和饮酒三者之间确实存在一定的联系）。

最后的模型 D 表明研究人员观察到的相关性不是直接的因果关系，或者骨质疏松和饮酒之间不存在相互影响的直接因果关系。相反地，两者之所以存在关联性是因为它们都由第三个变量（"久坐不动的生活习惯"）引起。按照模型 D 的逻辑，你可能仍然想要减少饮酒量，但不应该指望它帮你降低骨质疏松的风险。为了提升骨骼的健康度，养成积极锻炼身体的良好生活习惯才是更有效的方法。需要注意的是，骨质疏松和酒精摄入量增加的共同诱因不一定是"久坐不动的生活方式"，因为还可能存在许多合理性很强的第三方因素（比如食品防腐剂、氡、污染、外星生物），研究人员可能需要花上几十年的时间，才能找出其中最重要的因素。[2]

那么，我们如何才能确定到底是哪个模型最准确地描述了饮酒与骨质疏松之间的关系呢？科学探索和研究的主要任务就是研究类似的问题。请注意，对这个问题进行探索的前提是，我们已经观察到二者之间的相关性。要做到这一点，我们需要有效地测量每一个变量，以确保我们能够使用统计学的方法来确定变量之间是否相关，并确定一个因素的水平会随着另一个因素的上升而上升、下降而下降。

举个例子，在过去的 200 年里，英国的面包价格始终稳步上升，威尼斯的海平面也是如此。[3] 我们觉得，不会有博士生愿意冒着牺牲职业生涯的风险去研究二者之间的相关性，因为这的确看起来不太合乎常理（我们将在本章的后半部分详细讨论"合理性"的含义）。世界上两个因素同时发生变化的情况多到数不胜数，而试图找出任何可能将它们联系起来的因果关系，往好了说是创造力丰富，但有极大的可能是纯属搞笑。在互联网上搜索"Spurious Correlations"（伪相关）这一关键词，你会发现一个包含了数十个类似案例的网站。例如，根据该网站搜集的数据，2000—2009年，美国人均奶酪消费量一直在稳步上升，同样地，被床单缠住以致殒命的人数也在稳步上升。

回到前文的例子，假如威尼斯是英国的小麦主产地，那么威尼斯地区海平面的上升理论上可能会导致英国的面包价格上涨，但我们都知道事实并非如此。即便二者的因果关系颠倒，我们也很难想出充分理由来论证，为什么英国的面包价格上涨会导致威尼斯的海平面上升。但其中存在两种更合理的可能性，一种类似模型D——可能存在造成这两个变量同步变化的第三种因素，比如说某种大陆性气候类型。还有另一种可能，即我们在样本数据中观察到的显著相关性纯属偶然，如果我们再抽取新的样本数据，就不太可能观察到同样的相关性。换句话说，我们选取的样本数据误导了我们，二者之间正确的关系模型应该是模型A（即"毫无关系"）。

为了排除"毫无关系"的可能性，研究人员使用了统计学的方法，以确定在这组数据中观察到的纯粹因每个变量的随机变化形成的相关性是否高于我们的预期。当科学家表示某种关系具有"统计显著性"时，其所指的就是上述相关性，而非类似"这种关系对人类的生活具有现实意义"等无凭据的断言。科学家试图确定的是，这种相关性的背后是否的确不存在因果关系的支撑，如面包价格上涨/海平面上升的例子，或如模型A一般，又或者的确存在一些因果关系网络来解释

这种相关性，如模型 B、C 或 D 体现的因果关系。⁴

言归正传，我们到底如何确定饮酒是不是骨质疏松的真正诱因？我们如何减少那些可能解释二者之间相关性的因果结构的数量？

科学领域的"刨根问底"并非易事，但如果我们想要在生活中降低不良后果的可能性，推动理想结果的产生，就必须找出真正的原因。以病毒在人类社区的传播为例，了解当前疾病的传播情况，以及疾病传播背后的科学规律当然是好事。例如，当前的感染水平是 X，我们预计 1 年内的感染率将是当前水平的 10 倍。但我们不能光计算数字，还得知道如何改变现状，控制疾病的传播。戴口罩有没有可能降低传播率？我们吃的食物是否会影响到病毒对人体的危害程度？保持社交距离真的能防止病毒在人群中传播吗？这些都是与疾病传播具有因果关系的问题。如果科学真正要发挥作用，它就不能只是给我们仔细描绘一番"世界的现实是怎样的"及"我们身为观察者，可以预期后续会发生什么"等相关问题的答案。科学还必须提供与病毒相关的因果关系及其他充足的信息，以帮助我们搞清楚应该怎么做，即让我们明白根据这些因果关系，我们采取的行动会产生什么样的影响。如果科学厘不清事情的前因后果，那么它就很难在实际决策中帮上忙。

实验：检验因果关系的"黄金标准"

几个世纪以来，为找出哪种因果模型能够更好地解释被观察事物之间的相关性，科学家和哲学家已经确定许多检验因果关系的标准模型。在本章的后续内容中，我们将列举科学界迄今仍在使用的主要检验标准。首先我们想从最有效的标准（做实验）入手，因为这是我们迄今为止发现的最佳方法。

在检验因果关系的过程中，我们面临的根本挑战是：如果我们能观察到的所有事物之间都具备相关性，隐藏在相关性之下的因果关系却是一种无法观察到的东西，那么我们如何确定它到底是否存在？毕竟，不管如何研究，我们都只能得到更多的相关性。这是一个历史性难题，导致科学家严重怀疑能否确认特定因果关系真的存在，但我们目前依赖的解决方案，即找出因果关系的一个关键方法，就是研究我们在实验条件下观察到的相关性。

普罗大众对实验的理解是"让我们尝试一些东西，看看会发生什么"，但本书所提的实验实际上指的是更严谨的操作。[5]科学实验是一种具备以下两大关键特征的行为过程：第一，我们确实尝试了一些东西，看看会发生什么，即我们主动干预了因果体系；第二，这样做的目的是确保除了我们正在测试的因素，可能产生影响的其他因素都被排除在外。

在讨论干预的逻辑之前，让我们先看看用于排除其他干扰性因果因素的科学方法。第一个要素是尽量确保各种因素的标准化，即尽可能确保这些因素不因无关的原因而发生变化。假设我们要测试一种教学方法是否有效，就要尽量减少不同参与者或不同课程给出的不同教学指导方式引发的变化（例如，提供标准化的课程教案和讲义），还要尽量使用前后一致的方法来评估每位参与者的表现（例如，使用同样的测试问题）。

第二个要素是对照组。在测试一种全新的教学方法的有效性时，一组没有接受这种新方法指导的学生即为对照组，他们可能没有接受任何教学指导，也可能接受了比实验组学生更传统的教学指导。对于那些接受过新教学指导的学生，我们可以观察其表现，但要了解新方法是否产生了效果，我们还需要推断这些学生在没有接受新教学指导的情况下可能取得怎样的成绩——哲学家和统计学家将之称为"反事实"。

为了确保对照组和实验组的可比性，我们需要确保二者的构成尽可能相似。例如，每将一名16岁的女学生分配到实验组，就需要匹配一名同岁的女学生进入对照组。尽管对照组和实验组的匹配方法已经相当成熟，但匹配度能够达到的效果仍十分有限，它只能控制我们可进行配对的变量——在这个例子中就是性别和年龄（其他变量是无法控制的，如学生的经济背景、营养情况和压力状态等）。

广大科学家（尤其是统计学家罗纳德·费希尔）直到20世纪初才意识到，不仅仅是我们已知的变量，所有无关的变量都是有法可控的，解决办法就是将受试者随机分配到对照组和实验组中。从统计学的角度看，如果以投掷硬币的方式将100人分配进对照组和实验组，那么我们最终可能会发现两组中的女性人数、16岁少年的人数大致相同，而且令人感到惊奇的是，任何可以想象到的变量（包括我们从未想过要标准化的变量）都变得可控了。这样一来，每个小组中喜欢泰勒·斯威夫特的人数、天秤座的人数、高尔夫球爱好者的人数、不吃早饭就上学的人数等都会大致相同。正因如此，随机分配实验被认为是科学实验的"黄金标准"。[6]

不要"光说不练"

2002年，在了解到机器学习领域关于干预与因果关系的一些理念后，约翰倍感震惊。作为一名哲学家，他一直对下面这个问题感到困惑。物理学家总是在兴高采烈地谈论各种因果关系：月亮引发了潮汐，或者这两个粒子的碰撞导致了第三个粒子的迸发，等等。因此，在物理学家看来，因果关系似乎是人类世界的普遍规律，从粒子层面到天体物理学都没有逃出这个定律。考虑到物理学的目标是分析物理世界中的一切存在，正如有物理定律和方程组能帮助我们分析质量、电荷、夸克、奇异数和桨数一样，人们或许也期望有模型和方程组能告诉我们因果关系到底是什么。但在约翰看来，在因果关系上，物理学家好像没有做到这一点。为什么呢？在物理学家自称已经发现某种结果的原因，却无法通过物理学模型和方程组明确表明其因果关系的情况下，他们的论断有没有可能是草率甚至鲁莽的？物理学给出了描述电荷的方程组，但为什么没有提供规范因果关系网络本身的方程组呢？

正如计算机科学家朱迪·珀尔所说，机器学习带来的新理念是关于因果关系的讨论，是"对干预下发生之事的总结"。与其把因果关系看作隐藏在人们观察到的相关性背后的、神秘的"不可知"之物，不如把因果事实看作当我们干预一个系统时某些因素产生的相关性。几个世纪以来，因果关系的这种神秘感一直困扰着科学哲学界。但突然间，我们似乎有了一种简单的方法来思考因果关系：当我们对某个系统进行干预时，因果关系就仅仅是我们观察到的相关性问题。

假设我们生活在一个复杂的系统里，其中有许多相互作用的部分，例如人体、国家经济或计算机电路，而且我们想知道它们是如何运作的。图3–2a 就代表了这样一个系统，其中蛋形的线条代表了系统的边界，蛋内的字母代表了系统的无数组成部分。这是一个由各种变量组成的复杂而混乱的系统，我们无法确定其中任何一个变量与其他变量之间是否有关系。如图 3-2b 所示，我们注意到变量之间存在相关性。为了讲得更清楚些，假设我们测量了许多可能与健康相关的变量，结果发现镁与心脏健康之间存在一定的相关性——人体内镁的含量与心脏健康大有关联。

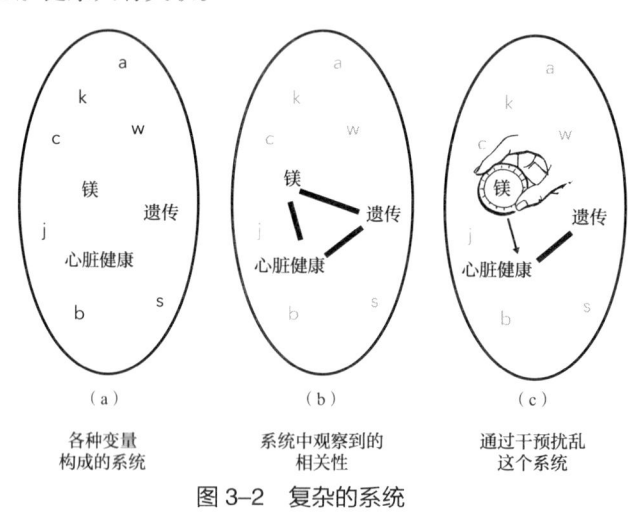

（a）各种变量构成的系统　（b）系统中观察到的相关性　（c）通过干预扰乱这个系统

图 3-2　复杂的系统

现在我们想知道镁是否真的有预防心脏病的作用，或二者之间可能存在其他类型的关系。例如，也许高含量的镁和健康的心脏都是某种遗传倾向的结果，因此两者才会产生相关性。

在我们研究的这个十分复杂的健康系统中，遗传因素、镁的含量和心脏健康分别牵扯很多不同的因素，并关联许多不同的结果，因此很难厘清三者之间的因果关系。在这种情况下，干预就能够发挥神奇的作用。"对系统进行干预"相当于我们从系统外部突入并破坏其原有的关系，然后再观察之后发生的情况。例如，我们可以随机分配一组人员服用额外的镁补剂，另一组则仍保持正常饮食。这样的干预手法打破了影响人体内镁含量因素的常规模式，比如，之前人体内的镁含量取决于先天的基因，现在却由实验者的干预决定。因此，根据图3–2c，如果我们现在发现镁含量与心脏健康之间存在相关性，那么就可以确信因果关系的方向是从镁含量到心脏健康。

整个系统中的任何变量，我们都可以施加干预。如果我们在保持其他因素不变的前提下改变镁的摄入量，就可以观察镁含量与人体健康之间是否存在因果关系。此外，两者的因果关系也可能是相反的，例如良好的健康状况有助于人体摄入更多的镁。如果这一假设为真，那么就可以采取干预措施，让一半的实验参与者变得更健康（例如让他们多做运动），并观察此举能否提高他们体内的镁含量。

我们从这个例子中可以看出，科学实验就是从你感兴趣的整个系统的外部来干预，并观察会产生什么样的结果。假设你发现气压计指针的位置与未来的天气变化有一定关系，于是你开始思考：气压计指针的位置改变会导致天气变化吗？如何找到答案呢？你可以打开气压计的盒子，伸手进去抵住气压计指针，将它推到你中意的位置。如果你用手推动指针时，天气真的发生了变化，那么指针位置的变动的确是导致天气变化的原因；如果天气没有发生变化，那就意味着指针位置的变化并未导致天气变化。与大气压之类的其他因素一样，它只是天气变化的信号。因此，气压计指针的位置也应该被视为天气变化的一种提示。

再举个例子，如果你正在观察一个复杂的电路结构，并想要搞清楚它的运作原理，你可以从系统外部着手，用电探针激活系统的某个区域。如果你的这番操作启动了系统的其他部分，那么就可以得出结论：这个区域被触发正是另一个区域被激活的原因。

希尔的因果判别准则

然而，基于各种现实、经济或道德层面的原因，人为设计的实验在很多情况下很难或不可能开展。例如，据观测，几乎每个庞大星系的中心都存在一个巨大的黑洞——天文学专业术语称之为"超大质量黑洞"，其质量可能是太阳的数百万或数十亿倍。天体物理学家已经观测到，位于星系中心的超大质量黑洞的质量与其所在星系的恒星总质量之间存在相关性。那么，到底是黑洞的质量决定了寄主星系的质量，还是寄主星系的质量决定了中心黑洞的质量，又或者存在一个共同的诱因决定了二者质量的大小？即便是乐观估计，在人类能够自由"操纵"这些黑洞或星系的质量，并找出二者之间的因果关系或确切关联之前，还需要很长一段时间。同样，地质学家可能想要知道，在山脉形成的不同阶段，到底有哪些因素发挥着怎样的作用，但我们现在不可能"操纵"数百万年前发生的事情。在这种近乎无解的情况下，我们还能找到方法确定因与果吗？

我们还可以思考一个更贴近现实的例子。癌症的病因往往难以确定，因为（除其他原因）其因果关系可能会在相隔多年后才显现出来。我们很难确定一个人是不是因为在过去接触了什么东西，才导致他多年后患上了癌症。如今，癌症领域的研究人员经常会发现新的环境致癌因素，以至于你随手拿起一种食品，就可能会发现其中某种成分可能致癌。然而，癌症病因的发现的确有着可溯源的起点。第一个发现环境致癌因素的人是英国外科医生珀西瓦尔·波特（Percival Pott）。1775年，波特注意到烟囱清洁工的职业健康风险（接触烟灰）与阴囊癌之间存在相关性——烟囱清洁工比其他人更容易患上阴囊癌。如前所述，由于相关性并不等于因果关系，我们该如何通过一个决定性的实验找出二者之间确切的因果关系呢？我们需要开展一个随机对照实验，首先将一批受试者随机分成两个小组，其次任意选择其中一组，让他们大量接触烟灰，另一组则保持原样，最后观察两组的阴囊癌发病率是否有差异。尽管历史上存在类似的医学实验先例，但从伦理的角度来看，此类实验是不应该进行的。[7]

波特另辟蹊径，他看到了烟灰暴露与阴囊癌之间的高度相关性。根据他的研究，基本上只有烟囱清理工才会得阴囊癌，而他们也是唯一每天都要接触大量烟灰的群体。（即使是20世纪20年代，同那些不曾专门接触烟灰中的焦油或矿物油成分的工人相比，死于阴囊癌的烟囱清洁工人数是前者的200倍。）这是否意味着因果关系？波特认为，相关性是否显著也将明显地影响到对因果关系的判断。

除了大量接触烟灰，是否还存在其他因素导致了烟囱清理工群体中如此之高的阴囊癌发病率（例如，假设所有烟囱清理工都吃同样的、基于该职业特点而形成的传统早餐）？波特认为，除了烟灰暴露，烟囱清洁工并没有遇到其他特殊情况，所以这一点足以解释该群体同其他群体之间阴囊癌发病率的巨大差异。

1965年，杰出的流行病学家、统计学家奥斯汀·布拉德福德·希尔（Austin Bradford Hill）发表了一篇著名的论文，阐述了如何在无法进行决定性实验的情况下寻找因果关系的问题。希尔也是确定了吸烟与癌症之间因果关系的研究人员之一。[8] 基于波特的研究，希尔总结出了一个观点：如果两个因素之间存在很大的相关性，那么我们就更有理由认为其中一个因素是另一个因素的诱因。在烟囱清洁工的阴囊癌发病率非常高的情况下尤其如此，因为我们很难看出是否有第三种因素在其中发挥作用。

希尔所说的一致性则是我们可以考虑的另一个因素：特定的相关

性是否在许多不同的情境中都能被发现？例如，你可以研究不同国家工人的烟灰暴露与阴囊癌之间是否存在很强的相关性。波兰烟囱清洁工的患癌率是否与波特在英国的研究结果相似？在阿塞拜疆和澳大利亚又如何呢？如果你在不同的情境中得到了一致的结果，二者之间存在因果关系的论证就得到了进一步的支持，同时也满足了实验的一致性和随机性要求。在不同的背景下，尽管与阴囊癌相关的其他诱因繁杂不一，你依然得到了同样的相关性，因此可以说明二者之间的确存在因果关系。

时效性是希尔提出的另一项标准。我们都知道，从时间的角度来看，因应该先于果出现。如果同时存在两个变量，那么先发生的变量就不可能是结果。因此，如果假定的原因比观察到的结果先一步出现，那就说明它的确是真正的原因，并可以借此排除因果关系朝着另一个方向发展的可能性。正是时效性这一标准促使波特排除了以下可能性：烟灰暴露与阴囊癌之间呈现的强相关性是由于癌症在某种程度上导致了烟灰暴露，或者导致人们成为烟囱清洁工。

判断相关性是否为因果关系时，你除了要考虑其强度，以及它在各种情境中的一致性，还应该考虑二者之间是否存在量效关系。如果你对烟囱清理工群体进行调查后发现，他们接触的烟灰越多，患阴囊癌的可能性越大，那么这就更能说明接触烟灰会致癌。同样，如果患肺癌的风险会随着吸烟数量的增加而增大，那么这也有助于证明吸烟是诱发肺癌的一个原因。如果一个因素的确是另一个因素的诱因，那么我们应该能够观察到二者之间的量效关系。

希尔所说的合理性则是我们需要了解的下一个评判标准。我们是否了解某种可能导致 A 影响 B 的机制？或者说，我们现有的知识储备是否真的还不足以论证 A 可能会影响 B 的观点？如果你能够提出一个可信的机制，说明假定的原因是如何产生影响的，例如你发现了烟灰在生物学层面可能诱发阴囊癌，那么就能对你的论证提供有力的支撑（即烟灰暴露与阴囊癌之间确实存在因果关系）。

在这里，我们只分析了烟囱清理工易患阴囊癌这一个例子，这种在无须进行关键的实验干预的情况下也能洞悉"何种原因导致何种结果"的科学方法，同样适用于很多研究场景。例如，你想要知道吸烟是否致癌，但出于道德的原因你不可能直接进行人体实验，但希尔的判别标准能够适用。事实上，正是得益于希尔的研究与因果关系的判别原则，今天的大多数人才相信吸烟的确是癌症的一大诱因。如果我们发现吸烟和癌症之间存在显著的相关性，而且这种相关性在不同的情境中都能重现，还能形成一条量效曲线（即吸烟越多，患癌风险越大），那么即使不做实验，我们也可以很有把握地认为吸烟确实会致癌，因为它足以说明其中必然存在一种可以解释两者因果关系的生物学机理。

这些基于现实研究的方法论，也可以帮助我们解决本节开头提到的天体物理学的问题。假设我们能够以某种方式确定，许多超大质量黑洞是在其寄主星系完全形成之后才诞生的，这无疑会极大地冲击"黑洞质量决定寄主星系质量"这一观点。

此外，希尔还给出了进一步判别因果关系的标准。截至目前，我们论述了相关性的强度，在不同情境中观察到的一致性，以及原因变量和结果变量之间是否存在量效关系、时效性和合理性。最后，我们还可以用将一个领域同另一个领域进行类比的方法来论证因果关系。如果我们发现接触烟灰确实致癌，又想知道吸烟是否致癌，那么针对这一观点的一个论证思路就是，将烟灰作用于人体的方式同烟草烟雾作用于人体的方式进行类比。

为了帮助人们在纷乱驳杂的现实世界中寻找因果关系，希尔提出了前述标准，但将其变成一类假定性的、简单粗暴的判别准则并非他的本意。尽管如此，这些准则现在依然被奉为圭臬，经常被来自不同研究领域的人员引用，作为推断因果关系的证据支撑。[9]

单称因果关系与一般因果关系

截至目前，本章持续在探讨的就是所谓的一般因果关系，比如"吸烟致癌"或"爱情总叫人受伤"，同吸烟与癌症类似，这些都是具备一般性特征的关系。随机对照实验和前文一直探讨的其他方法论，都是为了在两种显现出相关性的事物间建立这种一般因果关系。

但是，假设墨西哥湾发生了大规模的石油泄漏，而我们迫切地想知道漏油的原因。这是一个十分重大的问题，因为要支付赔偿金并确定善后责任方，就需要先知道漏油事件是如何发生的。假设漏油的主要原因只有一个：海底输油管道的水泥保护层破裂。按照之前的逻辑，它包含了两个具体事件：水泥保护层破裂和漏油，而其中一个必然是因，另一个必然是果。

这不是一个一般因果关系的命题，与两类事物之间的关系无关。一般来说，水泥保护层破裂并不会导致石油泄露，因为前者出问题却没有导致漏油的情况比比皆是。再举一个听起来更悲惨的例子，假设有人不幸遭遇车祸，当事者因为被安全带缠住脖子窒息而亡。在这种情况下，你可能会得出结论：在这个特定事件中，安全带导致了伤者的死亡。但在一般情况下，把安全带当作杀人凶器是个错误的结论，因为恰恰相反，安全带的设计初衷是拯救生命。

在这类独特的案例中，你知道自己必须采取其他方式来确定因果关系。再次以墨西哥湾漏油事故为例，你可以观察海水表面的油粒是从何而来的，看看它们出现在哪条管道的路线上，这样就能追溯到泄漏的源头。如果你能够根据油粒的运动轨迹，确定原油真的是从水泥保护层的裂缝处漂浮至海面的，那么该处便是漏油的源头，这也意味着水泥保护层破裂就是造成泄漏事故的原因。证实这一点同样需要基于科学的调查，但它与随机对照实验研究有着很大的区别，因为在调查个别事件的具体原因时，我们研究的问题与一般因果关系完全不同。

区分单称因果关系与一般因果关系为何如此重要？因为二者都是因果关系，在针对特定目标进行研究时，很容易搞混自己到底想要明确的是哪种因果关系。例如，你轻易就能想到这样一个观点：危险品（比如香烟）生产公司不应该对其产品的使用后果负责，因为人们无法证明特定后果（比如癌症）是由使用该产品的特定行为造成的。这显然是对单称因果关系的正确理解，但对一般因果关系来说则不正确。人类社会是如何对这些不同类型的因果关系做出反应的？这是个耐人寻味的问题。通常情况下，我们都希望能有一系列法律法规出台，以防止不负责任的行为通过一般因果关系造成有害的结果（例如，某种特定灯具的设计缺陷会给消费者带来受伤的风险）。但是，在人们因为单称因果关系而受到伤害时，我们也允许他们针对诱发该结果的不负责任的行为（例如，因安装不当导致灯具掉落并砸伤用户头部）提起诉讼（或指责）。事实上，人类社会已经制定出一整套完善的法律机制，可以分别处理单称因果关系和一般因果关系。

利用因果关系需遵循谨慎适度的原则

如果能够确定事物之间的因果关系，那么我们就有可能改变自身所在的世界（理想条件下自然是让世界变得更美好）。我们可以借此在疾病的治疗、饥荒的解决及后代的教育方面实现进一步的提升。然而，贯穿本书的一大主题（也是一以贯之的主题）是，我们必须警惕人类可能出错的方式。在复杂难辨的情况下，我们对因果关系的理解几乎总是有缺陷的。因此，我们需要找出一种方法来解释说明这种不确定性，以确保我们在带着它继续前进的同时，又能够在适当的时机采取合理的行动。

这就引出了本书的下一个重要主题——概率思维。

2
理解不确定性

第4章
向概率思维彻底转变

着手审视人们对现实的认识时,我们很快会发现两个事实:未知的事物还有很多,不确定的事物也不少,而这种不确定性会令我们焦虑。人类有着求生的生理本能,如果不知道森林里潜伏着什么危险,我们就不会莽撞地走进森林,毕竟保持警惕是人之常情。事实上,去了解未知或者一知半解的东西,对人类的生存和发展同样至关重要。这就牵涉科学思维一个最基本的要素,也是我们认为对第三个千年思维至关重要的要素:充分利用不确定性,增强人们对自己正在做的事情的信心。

在我们对现实有所了解但未得观其全貌之时,科学提供了一种截然不同的思维方式,帮助我们思考自身与这个云雾迷蒙的现实之间的关系。这让我们的立场从"只能处理百分之百确定的事情"转变为"致力于处理有着不同确定程度的事情,实际上更可能成功"。此外,在一个现有证据无法给予我们理想的、绝对确定性的世界里,光是理解"确定性可以按程度划分"的概念,就比执着地寻求确定的答案更有驱动力。

想象一下,如果你膝盖紧扣、身体僵直地从一个雪坡上滑下,既不能调整重心，也不能弯曲双腿，那结果必然是一场灾难。要在滑雪时保持身体直立，我们就要不断地在双腿之间调整和转换重心，这就是所谓的动力稳定性。同样，当我们需要依据自身对现实的了解做决定时，不能冥顽不化地坚称目前我们相信的一切必须为真。相反，我们需要权衡不同理念的重要性，知道孰轻孰重，并随着对世界新现实的了解，动态地调整这些权重，以确保实时更新我们的决策。这是科学思维中最重要却很少被提及的一个技巧，它让我们在理解世界的过程中，能够在心理上灵活地应对不确定性这个"滑雪斜坡"，而这个思维方法则被称为"概率思维"。

然而，向概率思维转变的过程不仅十分缓慢，而且远未达成。许多人仍然坚信经不起推敲的二元论，按照二元论相互对立的逻辑，任何基于实证的科学主张，例如新药物、新饮食或刑事司法政策的有效性，必须是非对即错的。从这个角度来看，任何驳斥了某个主张正确性的反例，例如"我叔叔接种了疫苗，还是得了流感"，都会被视为对原主张正确性的彻底否定，甚至可能会让提出这种主张的科学家感到无地自容。

幸运的是，科学家已经摆脱这种非黑即白的思维方式，他们创建了一种科学研究文化，即在陈述任何命题时都自带天然的试探属性，而这种试探性（即每项陈述都蕴含了一定程度的不确定性做法）正是科学进步力量的一大来源，它也能帮助你避免过分固守当下流行的特定观念。它让你不再将对自我的信心寄托于"每一次科学陈述都是正确的"这一基础上，这就给你留出了转圜的余地，有助于你成为一名自豪且自信的科学家，在说出"我相当有信心，这个理论能够解释正在发生的现象"的同时，依然有容错的空间。（用滑雪的比喻来说就是，你没有将身体的重心固定在一处，相当于给予不同的命题不同的权重，即提供了不同的正确概率。）事实上，与其将个人的身份认同寄托在自己永不出错的基础上（这是不可能的），不如投入精力去提升你对某件事情确信程度的判断能力。正如滑雪者学会观察前方以降低发生意外的概率那样，科学家通过承认不确定性的存在，学会了从前方寻找可能出错的原因。这种概率性观点也是第三个千年思维的重要组成部分，能给我们带来诸多额外的益处和能力。我们可以将它视为一种化弱势（不确定性）为优势的柔术招式。

科学家已经掌握好几种表达不确定性的方法，其中之一就是尽可能给预测赋予一个数值（概率），以量化预测的确定程度。例如，如果你在谷歌上搜索"美国旧金山湾区发生大地震的概率"（别不承认，人们确实会频繁地登录谷歌搜索此类看似离谱的事情），就能看到类似"在未来 30 年内，旧金山地区发生 6.7 级地震的概率为 72%"的搜索结果。[1] 从某种意义上说，这种表述虽然体现了人类在地震发生可能性上的极度无知，但也揭示了关于概率的大量知识。我们从中可以知道，科学家必然是以时间（"未来 30 年"）和地点（"旧金山地区"）为依据进行风险建模，而"6.7"这个奇怪而具体的数字表明，科学家可能出于某种原因，或许是基于所选的理论、可用数据的某些特征等，将其作为阈值。

如果科学家想要表示他们对某件事情的正确性非常有信心（即这件事明显且绝对是真的，是不可能错的），但他们接受的科学训练往往又让他们说不出"是的，这百分之百是真实的""它真的、绝对是正确的，不可能是错的"等绝对的结论，他们可能会说，他们对这件事的信心达到了 99%，甚至 99.999 9% 的程度。如果说你对某件事的确定性达到了 99.999 9% 的程度，那么这几乎就等于是说"我愿以性命担保，这绝对是真的"，但同时也表达了另外一层含义，即"我依然承认我可能会出错"。从绝对肯定的陈述中后退一步留出容错空间的能力，是开启这种概率思维超级能力的第一把钥匙。[也许你见过的每只天鹅都是白色的，但"不管你观察到多少只白天鹅，都无法推断出'所有的天鹅都是白色的'这一绝对结论，只要观察到一只黑天鹅，就足以驳斥这一结论的正确性"。19世纪哲学家约翰·斯图亚特·穆勒（John Stuart Mill）在阐述大卫·休谟（David Hume）的观点时提出了这个著名的论点，由尼古拉斯·塔勒布（Nicholas Taleb）转述，充分说明了万事无绝对的道理。[2]]

当然，在很多事情上，你达不到99.999 9%的把握。事实上，科学研究最有成效的一个方面就是，人们会不断修正自己掌握的知识，不断学习和发现新事物，而世界本身就处在动态发展的过程中，它变幻莫测的运行方式总是会令我们感到惊奇。我们需要一个方法，让我们在谈论这个好不容易有所理解的世界时能够确定，自己对这个世界的了解是一种持续进步和深入的过程。我们需要能够说出这样的话："我真的认为，人们对世界运行方式的这种理解很可能是正确的，事实上，我认为其正确的可能性达到了87%。"当然，我们还需要能够表达更大程度的怀疑，例如"我认为，这个新理论正确的可能性只有51%"。这种从0%到100%的置信范围正是科学研究的工具之一，而且人人都可以利用它来理解这个世界。（我们将在后续章节进一步探讨科学家计算置信度的方法。）

几个世纪以来，人类已经对世界进行了一系列日趋完整的描述，帮助大家更好地理解和更有效地利用世界，而将这种科学思维概率工具的发展视为人类一系列的探索步伐中迈出的最新一步，是很有意思的。我们先是给世界上的所有事物命名，然后将它们分类和分级，再测量和量化它们的属性。现在，凭借概率思维，人们开始试图量化自己对这些既有量化结果的置信度！

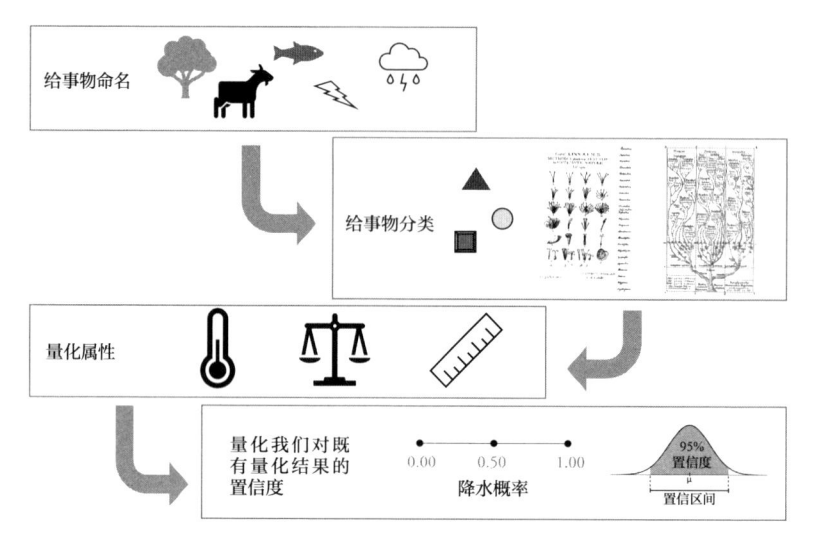

图 4-1 人类对世界日趋完整的描述

不确定性的力量

为什么作为科研工具的不确定性如此重要？其最显而易见的好处或许就是，让我们能够顺畅地利用不完整的信息。例如，你计划建造一座用螺栓固定的桥梁，并且知道螺栓可能会损坏。你只需要了解所用螺栓在桥梁使用寿命内损坏的概率，就可以继续推进这项工程，因为你只需要确保在每个重要的连接处都有充足的备用螺栓，并且连接处的所有螺栓损坏的概率低到你可以用性命担保。（更现实的做法是，你应该用性命担保足够多的螺栓不会损坏，以保证桥梁结构的完整性。这意味你需要找一位杰出的工程师！）如果不能充分利用这些概率信息，你就会陷入困境，桥梁的质量便难以得到保障。因为在现实的物理世界中，没有什么东西可以获得百分之百的完美保证。学习现代工程学里的概率技术，为人类打开了一个充满可能性的世界，让我们能以前所未有的开创性方式完成工程。

概率思维还有另一个经常被忽视但实际上更强大的优势：它让科学家在失误时可以想办法保全体面，不会因一时的过失而声名扫地——因为科学家说过的每句话几乎都带有一定程度的不确定性。但是，科学家并不是唯一能从概率思维中受益的人。

在某件事上出错时，找到一个体面的方式来挽回颜面的重要性不言而喻。显然，对面子的需求在人类童年的最早期阶段就已经显现。一项调查研究显示，2岁儿童撒谎的最大动机就是为了保住面子，绝不承认自己犯了错。³ 在一个测试中，有人问一个2岁的孩子："你爸爸在哪里？"小孩回答说"他在楼上"，然后在听到爸爸的声音从后门传来时，这个小孩迅速改口说"我的另一个爸爸在楼上"（在这种情况下，另一个爸爸是不可能存在的）。这个2岁的小孩是想在什么事情上保住面子并不惜为此撒谎呢？当然，我们并不期望在这些事情上对2岁的孩子提出过高的可信度要求，但显而易见的是，"不想被人发现自己犯错"是一种驱使人们撒谎的强大力量。

将这个2岁小孩为了面子而撒谎的故事，与索尔共事过的一位德高望重的物理学教授身上发生的故事进行对比，你还能发现一些有趣的东西。这是一位备受尊敬的科学家，他曾经发现了一种相当于带电粒子的磁等价物，即所谓的磁单极子。如果这个发现被证实成立，那足以成为一项划时代的成就，因为我们可以轻松地找到带正电荷或负电荷的带电粒子，但找不到只有一个磁极（或北或南）的磁性带电粒子。只要你玩过磁铁就会知道，磁性粒子似乎总是有南北两个磁极。

发现了疑似磁单极子的这位物理学家撰文发表了这一结果，他采用了前文提倡的（保留不确定性的）方式汇报研究结果：他先是介绍了自己观察到的现象，继而提出了人们关于被发现的磁性粒子并非磁单极子的诸多担忧，随后提供了相关粒子为磁性单极子的概率，最后给出了一个简单的结论："……事实强烈地指向被发现的粒子为磁单极子的结论……"然而，随着进一步的实验和对实验结果更全面的分析，种种证据表明，尽管他发现的粒子的确是一个令人惊讶的未知存在，但与磁单极子的匹配度很低，因此它被认定为磁单极子的可能性也越来越小。这位科学家及其领导的研究小组后续发表的期刊文章清楚地表明他们已经改变观点，不再认为自己发现的神秘粒子就是磁单极子。[4]

然而，此次"滑铁卢"并未损害这位教授作为科学家的良好声誉，因为他以非常科学的、基于概率论的方法提出了实验结论："这是我们的实验数据，在综合考虑其他物质在这个实验中模仿磁单极子的概率后，我们得到的磁单极子存在的概率是……"显然，最后的实验证明的确有某样物质伪装成了磁单极子，然而科学家严谨的论证风格挽救了整个局面，因为他从未下过百分之百的定论，保留了自己有可能得出错误结论的余地，最终避免了因论证失败而身败名裂的局面。

这种蕴含了概率思维的表述，不仅为我们提供了一种有效的对话方式，让我们不必经常指责对方的错误，还能积极鼓励我们在现实世界的某些事实与想象有出入时，更仔细地审视这些情景。

为了解释事实的偏差性，科学家经常需要参考在我们生活的世界很可能发生但实际上并未发生的情况和事件，并会经常使用"反事实"一词来描述这些偏差的可能性。反事实可以帮助我们就正在实验的情况与那些可能不会发生的情况进行对比。基于个人的知识和经验，我们经常推测某些事件或情况是反事实的，但并不能百分之百地确定。身为普通人，我们或许不熟悉"假定反事实"这个词，但经常会在日常生活中进行反事实的推理，例如："老婆出差了，我得赶紧回家遛狗。但有没有可能她的航班提前到达，并且她现在已经到家了呢？这是一种罕见的情况，我可以假设它不会发生！"

如果你运用概率思维来看待问题，可能会用更严谨的措辞来表述这些假定的反事实，例如："是的，我相当确定这是正确的，至少有90%的把握，但万一我错了，会发生什么呢？"如果是"谁来遛狗"之类的问题，那么对错无关紧要，但在其他重大事件中出错可能会产生（事实上已经导致）非常有意思的科学结果。因此，将这些"假定反事实"视为可能发生的"替代方案"，并认真地思考它同事实真相吻合的可能性，将是行之有效的科学研究方法。

你可以尝试一种练习，它不仅能帮助你认识到开展科学研究时对置信度进行量化的重要性（不管是提出一个命题，还是在图表上标注出重要的节点），而且可以被应用于你能做的几乎所有事情中。我们希望你能进行一次真正的对话，评估自己对世界上所有言论的真实性抱有的信心。你可以随机选择一个话题，因为世界上存在各种各样的观点。例如，你正在跟朋友们探讨以下问题：在K-12教育中逐渐普及标准化测试，到底是提高了还是降低了教育质量？在讨论的过程中，每当有人提出一个命题，不管是真是假，他都要停下来，并从0~100%中选择一个数字来表达他对这一命题真实性的置信度百分比。如果有人忘了做这一步，其他人可以打断，让他停止陈述，直到给出自己的置信度为止。有时候，停下来关注自己不那么有信心的事情也很有趣，即当你对某个命题的置信水平远低于95%时，你可以问自己："如果我错了，最有可能在哪里出错？我应该提出什么问题，以便进一步了解我还不知道的事情？"

只要你能找到一群朋友来配合你完成这个沉闷的置信度实验，经过练习，你便会发现，不管讨论什么话题，这种停顿并提供置信水平的做法都会带来一些有趣的结果。尝试过这个练习的学生表示，当发言者给出较高置信度时，在提供陈述的佐证方面，他们普遍感受到更大的压力。此外，当我们听到其他人给出的置信度后，往往想再次调整自己的估值。在讨论的过程中，随着参与者谨慎度的提升，置信水平通常都会从90%左右下降到更低水平。一些小组成员还发现，一旦人们开始意识到，他们对自己在讨论伊始信誓旦旦做出的陈述事实上并不那么确定后，许多人的置信度最终会下降到60%~75%。人们还发现，陈述的详尽程度与他们愿意表达的置信度之间呈反比：在大多数情况下，面对一个具体而详细的陈述，以及一个模糊而笼统的陈述，如果没有详细的数据集，我们对后者的真实性抱有的置信度反而会高于前者（因为我们不会受限于某一特定版本的真相）。

这些观察结果反映了一个重要的问题：如果社会上的人都能以这种方式展开正式的讨论，那么它是否会改变讨论的走向？它是否会促使人们成为更优秀的倾听者？在做出断言时更加小心谨慎？更愿意考虑可能存在的其他情况？或许，在接下来的几个晚上，你可以强迫家人跟你完成这个练习，看看会发生什么。如果你担心这样做会让你变成"孤家寡人"，最后无人愿意跟你同桌用餐，不妨尝试找找不那么熟悉的人玩上几轮，看看你们之间的交流是否给你带来了不同的感受。当你发现自己正处于一些有趣的辩论场景中时，尝试这个练习或许尤为适合。

一种"绝对诚实"的形式

在你围观或亲自下场参与这类讨论时,可能会不由自主地产生以下感觉:置信度的使用是为了获得绝对的坦诚,公开揭示你对每一点的理解到底是深是浅。在物理学家看来(相信我,每项科学的子领域都有其独特的视角),只提供了测量数据、未提供相关置信度的研究结果几乎等同于造假。

当然,当科学家带着这些从日常对话中学来的置信度思维参加科学讨论时,他们对说出口的置信度的来源有更高的标准:只要有可能,科学家更倾向于使用统计学的方法,而非全凭直觉的猜测。事实上,在特定的实验中,科学家都会耗费大量精力去制定原则性方法,以计算和表达不确定性的范围。

因此,科学家不能说他们在某天晚上测得地球与月球的距离是 229 733 英里[①],而应该说成 229 733 ± 9 英里,这意味着"我有 68% 的信心认为,那晚地球与月球之间的实际距离在 229 724(229 733-9)~ 229 742(229 733+9)英里"。正负范围(有时被称为置信区间)在图中以误差棒的形式显示,其能表明答案与标注点的出入程度。对于那些不习惯通过误差棒了解信息的人,我们以上文中地月距离的测量为例,制作了图 4-2。

诺贝尔物理学奖得主路易斯·阿尔瓦雷斯(Luis Alvarez)曾在伯克利山上的家中举办过一段时间的晚间研讨会(每周一)。每周他都会邀请一位物理学家就自己当前的研究发表演讲,受邀嘉宾通常是到访伯克利的著名教授,或是国际物理实验合作组织的重要成员。路易

---

① 1 英里≈1.609 千米。——编者注

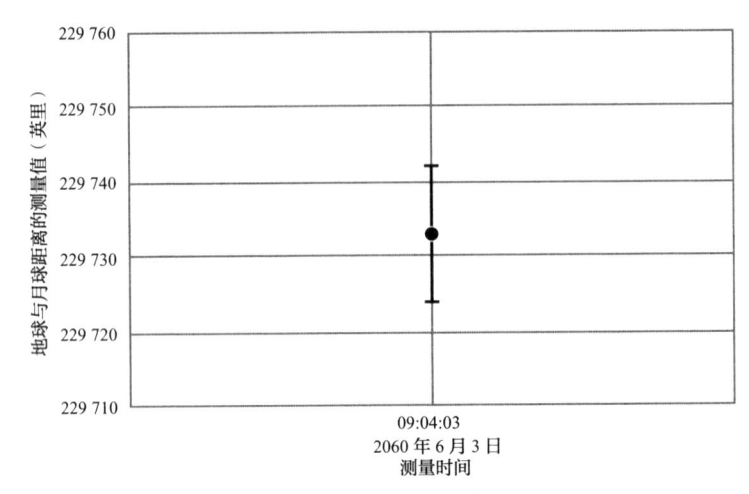

图 4-2　地月距离的测量值

斯通常会安坐在宽敞的扶手椅上，参加研讨会的教师、学生、博士后和科学家则坐在他家客厅里的一排排折叠椅上。路易斯总是会提出极具挑战性的问题来"刁难"演讲者。索尔至今记忆犹新的是，有一天晚上，待大家都各就各位后，演讲者起身用投影仪展示了一张图。

路易斯立即发问："这个图上的误差棒是怎么来的？"

演讲者表示自己无法确定其具体来源。

路易斯随即表示："既然如此，鉴于你根本就不了解自己展示的误差棒，我觉得也没必要继续听你讲下去了。"他就这样干净利落地喊停了演讲。

即使在场的参与者纷纷哀求："拜托了，路易斯，让我们继续听一听吧。"他还是无情地拒绝了。

路易斯的观点（也许代表了"物理学家作风"的一种极端状态）是，如果你不知道某个测量结果的不确定性范围，那么就相当于对其错误程度一无所知，所以从本质上说，这项测量结果无法提供有意义的信息。（即使路易斯已经是个"吹毛求疵"的代表，但那个年代的物理学家之间相互批判的激烈程度或许比这有过之而无不及！）

当然，科学家还会用一些非常有趣的方式来表达他们对不同研究结果置信水平的高低。比如，索尔曾经参加的一次为期 3 天的宇宙学研讨会就给他留下了深刻的印象，会上科学家用调侃的语调讨论了他们"如何在缺乏有效定量估算的情况下表达对各种研究成果的置信水平"，他们给出了从"我愿意以生命为赌注"、"我愿用房子打赌"到"我愿意用我的小沙鼠打赌"，再到"我愿意用你的小沙鼠打赌"等表述，可谓妙趣横生。

置信度对决策的影响

到目前为止，我们已经展示了如何通过阐明和分享对自己的陈述的置信度，使你在必要时更好地改变主意，并更清楚地意识到你通常会忽略的可能性。它能让你充分地重视某部分知识，更有效地开展讨论，并在不得不改变想法或承认自己出错的时候，保住自己的自尊和名誉。此外，这种对置信水平的量化也会对现实世界产生进一步的影响。假设你是某个案件的陪审员，有目击者指认嫌疑人是实施了入室盗窃的罪犯。你对这一指认的置信水平要达到多高，才会愿意投票判定嫌疑人有罪并将其送进监狱？我们将在下一章中讨论哪些计算置信水平的方法更好或更坏，现在让我们先假设，你对目击证人正确指认犯罪嫌疑人的置信水平有着很好的判断力（例如从 0 到 99.999%）。在你选定一个置信度，并确信这就是投票定罪所需的置信水平时，就会意识到这些看似抽象的数值的确会对现实结果产生影响。

让我们再看一个几乎每天都会碰到的真实案例：假设你在加州大

学伯克利分校上学，并且每天都要穿过赫斯特大道去上课（当然，地点可以随意替换为你真实的工作地点和通勤时需要穿过的街道），现在请思考一下，你在穿过赫斯特大道去上课的路上被车撞的可能性有多大？备选项有：A. 大约千分之一；B. 大约十万分之一；C. 大约千万分之一；D. 大约十亿分之一；E. 大约千亿分之一。

在很多人看来，选项B，即被车撞的概率约为十万分之一是较为合理的，但这个数字其实需要进一步分析。你穿越赫斯特这样的街道的频率如何？也许一天会走上好几次，这就意味着你每年要穿过这条可能被车撞到的街道多达1 000次。现在，假设你生命中的每一天都要穿过这条街道很多次，然后再假设你能活到100岁。因此，如果你每年都要冒着被车撞的风险穿越这条街道1 000次，那么100年内的冒险总次数算下来便是10万次。如果被车撞的概率是十万分之一，即使看起来很低，也意味着你在过马路时被车撞的可能性确实是存在的！

当然，大多数人都希望平安无事，不会在穿过赫斯特大道去上课的路上遭遇车祸。因此，如果我们每天都要穿过这条街道好几次，大多数人都会选择走人行横道以安全地过马路，确保被车撞到的概率低于千万分之一（这就意味着我们一生中不会因穿过这条街道而被车撞的概率将超过99%）。这个例子是为了说明，对置信水平的定量估计将对现实生活和人们的行为产生很大的影响，所以你完全可以将置信度作为决策依据。

政治与确定性

公开地评估自己说的话并分享我们对出口之言的置信度是否总

是一个好主意呢？我头脑中立马跳出的一个问题就是：在政治环境中，如果有人在发表意见时提供了自己对相关话题的置信度，会发生什么？假设总统在一次重要的讲话中提出了一项关于医疗改革新政的建议，下面哪种说法会让你对其更有信心？

（1）我提出的政策对美国来说无疑是正确的政策，我敢保证这是对国家最有利的政策。
（2）我认为，对美国而言，我提出的政策最有可能成为正确的政策。我不能保证它一定会有效，事实上，我认为其成功率只有75%，但其他替代方案成功的可能性都比它低得多。

我们很少听到政治家用第2种方式讲话，可能是因为所有政治顾问都会告诉你，想要凭借第2种措辞方式拉到大量选票的可能性不高。专家可能会给出如下理由：民众都希望总统能在他们心中留下伟岸而坚定的印象，就像自己2岁记忆中无所不能的父母一样。大多数人可能依稀记得，那时候的父母总是知道所有问题的答案，总是能够消除所有的困难。与当时只有2岁的我们相比，父母无所不知、无所不能。长大成人之后，大多数人依然希望有这样一个无所不知的专家、一个我们可以永远信赖的人来担任总统这样重要的领导职务，让我们可以重拾这种安全感。

然而，对本书的三位作者及诸多读者而言，同上述第2种措辞类似的说法反而令人耳目一新，不是吗？我们听过太多类似第1种的措辞，也经历过这样的情形，即有人声称自己知道答案并单方面肯定答案的正确性，但这并不意味着他提供的答案就真的是正确的。类似第2种的说法更能让我们感受到诚意，因为它表明说话者确实考虑到了问题的复杂性，也清楚第一次回答就能答对的概率到底有多大。对我们来说，所有的政治言论都能用第 2 种方式表达出来才是我们更希望看到的，因为它预留了改进和调整的空间。然而，这种说法显然很难吸引广大选民，因为这种措辞很难让他们认为："这就对了，这才是我要投票的候选人！"至少民众的觉悟在当下还没有上升到如此程度，不过我们很乐观，只要大家在未来几年里都能接触到本书，洞悉其中缘由后就应该能做出不同的选择！

　　为何概率思维对生活在第三个千年的公民如此重要？论述至此，相信各位已心知肚明。它让我们可以改变自己的想法，或让我们在自己之前的某个主张被证明为错后依然能保住自尊。我们可以借此自由地考虑各种备选方案，而非拘泥于对现实一成不变的期望。无论自己知道或不知道，我们都可以坦然面对并以此为荣。更妙的是，当我们处于一知半解的状态时，可以对某个陈述的真实性诚实地进行量化评估。我们与他人的讨论能变得少一点儿防卫，多一些开放；我们还可以有效地利用不确定的知识，积极主动地寻找可能使我们改弦易辙的信息。我们甚至可以根据这些概率性数值做出有效的现实决策，比如认定被告有罪或无罪，或者应该如何安全地穿过马路。

　　然而，这些至关重要的优势不过是概率思维诸多益处的冰山一角。从第三个千年思维的角度讲，概率思维就好比一把瑞士军刀，它是一种具备多种潜在用途的工具，能提升你在各种环境中生存和发展的概率。在前几章中，我们讨论了以下几个问题：如何更好地认识真实的世界？真实的世界由什么构成？什么是因果关系？因果关系如何促使我们采取行动，让世界变得更美好？概率思维则反映了人类不够完美的认知与实际存在的现实之间的关系。归根结底，我们围绕因果关系开展的所有随机对照实验（或希尔的因果判别准则）只不过是为我们提供了一个定量预估值，即帮助判断给定因果关系正确描述现实世界的可能性到底有多大。而当我们积累起很多根概率知识的"轻木"，将它们捆绑在一起，打造出一艘由人类对现实的科学理解组成的"木筏"之后，这些"轻木"就能相互支撑，进而增强我们对"木筏"上某些连接较为紧密的部分的信心。反之，由许多不怎么牢靠的"轻木"组成的某些部分也会引起我们的怀疑，这意味着我们对这部分现实的理解可能出了问题。

我们一直在强调人类对世界的构造及其因果关系的不确定，有趣的是，还有一些不确定似乎是现实本身固有的。即使我们彻底了解了某个系统（比如邻近地球的一颗恒星的运行），其行为仍然会存在类似抛硬币一般的随机性。比如，这颗恒星是否会在接下来的 10 年中演化成超新星并爆发。此外，更令人担忧的是，我们无法确切知道下一次太阳风暴何时摧毁电网，是在下一个 10 年，还是下个世纪？（1859 年地球经历过一次巨大的太阳风暴。另外在 20 世纪，1921 年和 1989 年发生的几次小型风暴都对电网造成了一定的破坏。）同理，我们有时候也无法确定某种医疗方法能否治愈特定病症，但我们有极强的信心（98%）认为它有效的可能性高达 70%。在现实本身具有一定随机性的情况下，我们可以使用概率思维来识别风险，根据其重要程度来排序并进行管理。

我们生活的世界仍然存在无数未解之谜，没有哪本书能保证提供确切的答案，肯定地告诉你世界到底是如何运作的。因此，能够从概率的角度理解我们的置信水平就变得至关重要，这是力量和效率的源泉。为此，身为独立的个体，学习如何通过更好地校准置信水平来稳步提升自己使用这些概率工具的能力也变得尤为重要。同样值得重视的是，我们还需要了解以下几个问题：为我们建言献策的专家是如何使用这些概率工具的？他们在预估自己的置信水平时又是如何对其进行校准的？随着时间的推移，他们是如何专注于更好地校准置信度估值的？

　　培养校准自己给出的置信水平的技能，以及了解专家校准其置信水平的技能（或发现专家缺乏相关技能）是概率思维的核心内容，也是本书下一章论述的主题。

第 5 章
过度自信和过度谦逊

我们在上一章中提出,概率思维是科学研究概念领域的一大进步,并对此进行了论述,将置信水平视为概率思维的典型代表。然而,我们也会看到,极度自信的科学家也未能认识到不确定性的罕见例外。2020 年 7 月,美国一位德高望重的科学家在推特上发文称:"美国的新冠疫情将在 4 周内结束,官方通报的总死亡人数(援引原文)将低于 17 万。"事后看来,我们可以说这是一个错误的预测,而且错得相当离谱。因为截至本书撰写之时,新冠病毒仍在美国肆虐并已经夺走 100 多万人的性命。得益于"后见之明",我们通常能抓住一些专家的"错处",但我们之所以提到这个特殊的例子,不是因为这位专家给出了错误的论断,因为在当时前景未明的情况下,确实存在合理的证据让他认为疫情可能会在短期内终结。我们之所以在此提及这一案例,是因为在他的论断里完全没有关于置信度的表述(例如:"我有 80% 的把握认为……"),他甚至没有提供一丁点儿的暗示来表明,他关于新冠疫情的论断有可能是不全面的或是错误的。

值得注意的是,在这个案例中,该专家发表的意见首先超出了他自己的专业领域,其次他是在社交媒体上发表的见解。我们猜测

（至少有 75% 的把握认为），如果他是以传染病或公共卫生为主题，撰写一篇即将刊登在专业期刊上并接受其他专家评阅的文章，那么他在阐述自己的观点时或许会谨慎得多。因为专业期刊的编辑和审稿人会把不够严谨的稿子退回来，要求他在一定置信水平的基础上重新阐述其观点。现在，我们很想给这位科学家找个台阶下，并帮其开脱道："没关系，他不过就是闲来顺手发了这么一条推文，全世界都知道每个人都可以在推特上随心所欲地发表观点。"但请你扪心自问：世界上有多少人会从一本专业学术期刊上看到他的观点？又有多少人会在推特上看到（并转发）他的推文？前者的数量肯定无法与后者相比吧。所以说，我们都应该好好琢磨哲学家大卫·休谟的一句至理名言："根据证据的多寡来确定信仰的深浅……方为智者。"

专家的过度自信可能会导致非常可怕的后果。1986 年"挑战者号"航天飞机爆炸事件后的一项调查发现，NASA（美国国家航空航天局）官方发布的预测称，每 10 万次发射就会有 1 次失败（与我们上一章中估算穿过赫斯特大道时遭遇车祸的概率差不多）。然而其他证据显示，NASA 早已有非常可靠的证据表明上述预测过分乐观。惨剧发生的 5 年前，NASA 的专家就在一份报告中指出，（用于将"挑战者号"送入轨道的）固体燃料火箭的历史故障率为 1/57（即每 57 次发射就有 1 次故障）。考虑到航天飞机每次发射都会使用两枚固体燃料火箭，假设火箭的历史故障率保持不变，那么航天飞机发射的失事率预计会达到 1/28 或 1/29（即每 28 或 29 次发射就有 1 次故障）。1986 年"挑战者号"解体正逢第 25 次发射，所以这场悲剧几乎是板上钉钉的。然而，NASA 内部肯定是发生了什么不为人知的事情，导致一个近乎百分之百悲观的风险评估被转变成了一个极为乐观（且显然不切实际）的预估，最终导致了惨剧的发生。[1]

20世纪中叶，理论物理学家列夫·朗道（Lev Landau）对科学家群体中那些过度自信的专家做了一番精辟的描述："虽然宇宙学家经常出错，却从未受到过质疑。"这句话或许略显夸张，毕竟科学家有时候会撤回自己的错误论断。[2] 举个例子，2010年，曾有23位专家联合发表了一封致美联储时任主席本·伯南克（Ben Bernanke）的公开信，他们在信中宣称伯南克的量化宽松政策将引发"货币贬值和通货膨胀"。然而到了2014年，信中所说的货币危机并没有出现，所有事实都充分说明这些专家的论断并不正确。两位记者联系了这23位专家，其中14位拒绝评价，9位回应者仍坚称自己的观点正确无误。[3]《纽约时报》专栏作家、诺贝尔经济学奖得主保罗·克鲁格曼（Paul Krugman）早前曾讥讽过这些"死鸭子嘴硬"的专家，他在2022年年初更是坦承自己的判断失误，即不认为总统拜登2021年的经济刺激计划将催生高通胀。他说："我不想跟那些不肯承认错误的专家沆瀣一气。因此，为了试图搞清楚为什么我在去年年初就通胀的乐观看法会与一系列事实相悖，到目前为止我已花了相当多的时间。"然而，他也坚持认为自己最初的分析在基本面上是没错的，突如其来的新冠疫情可以说是颠覆过去经济运行常态的罪魁祸首。[4]（经济本就是一种变幻莫测的高难度游戏，要撰文分析其动态更是难上加难，尽管克鲁格曼低估了通胀率，但就"拜登的经济刺激计划在美国的高通胀中到底扮演了什么角色"这一问题，谁的论断才是正确的，目前尚无定论。）

论智性谦逊的重要性

有了前车之鉴，专家和权威人士在人类第三个千年面临的挑战就是：如何培养所谓的智性谦逊①。对这一特质有过多年研究的心理学家马克·利里（Mark Leary）发现，智性谦逊程度较高的人"更注重与所述事实相关的证据的力度"并"更有兴趣了解人们不同意自身观点的原因"。[5] 他指出："在不同的文化中，人们对开放性和灵活性的重视程度，以及对不确定性和模糊性的容忍程度，各不相同。"

硅谷最值得称道的地方在于，它形成了一种对错误保持开放态度的文化。硅谷最流行的一句口号是"快速失败，经常失败"，这就是最好的佐证。当然，这句话并不是推崇失败，而是将失败视为尖端技术开发过程中不可避免的衍生品。事实上，许多科学家也秉持了类似的理念，他们认为每位研究生都难免会在某些实验中犯错，因此，最好的应对之法就是尽早积累大量的研究经验，尽早犯错并纠正。

最近，一个由心理学领域的年轻学者组成的团体开始在科学领域倡导"让研究人员承认错误"的文化。在这个名为"置信度缺失"（Loss-of-Confidence）的项目中，心理学家记录了诸多科研人员曾经发表但现在持怀疑态度的研究成果。他们对 315 名科学家进行了一项匿名调查，结果发现，44% 的受访者表示，在他们发表过的研究成果中，至少存在一项值得质疑之处，但其中大多数人并未公开承认自己"置信度缺失"，或只在论坛上口头承认，并未在发表了其研究成果的期刊上书面澄清。[6]

---

① 智性谦逊（intellectual humility）指一种谦虚、开放和批判性的思维态度，意味着承认自己的知识和见解的局限性，并愿意接受来自他人的不同观点和反馈。——译者注

校准我们的置信水平

如上一章所述,科学证据只能提供一定的可能性,而非绝对的确定性,这就意味着要求专家做到百分之百正确既愚蠢又不公平。即便专家尽善尽美地完成了自己的工作,也依然会有出错的时候,但我们可以合理地要求他们对其研究结果的置信水平进行校准。

这里的"校准"是何意?如果专家提供了某个事件的发生概率,我们便可以纵观不同的情况,看看其预测是否匹配该事件的发生频率。而如果专家给出了一个绝对肯定的断言("这是脑瘤"),我们可以要求专家量化其论述为真的概率。如果专家提供了一项预估数据,我们还可以要求他们给出一个从低到高的、可能包含了正确值在内的预估范围(专家要对这个估值有 95% 的把握)。

当一个人在做预测时表述的置信水平与我们发现真实结果后得出的准确率吻合时,即为校准得当。为了让学生理解这个概念,我们要求他们回答一个只有两个选项的问题:巴拿马运河和苏伊士运河,哪条河更长?[7] 大多数学生连查都没查过,更遑论记住准确答案了。当然,我们无意调查学生对这些"无用事实"的掌握程度,而是想要知道他们如何评估自己对每个答案选项的置信度。当其表达的置信水平与正确概率基本一致时,两者就得到了完美校准。例如,在一段时间里,你给出的置信水平为 50%,那么你回答正确的时间和错误的时间应该各占一半。相应地,如果你表示自己的置信度为 100%,这就意味着你应该总是对的。如果你的准确率低于给出的置信度,说明你过于自信,并且很可能低估了自己的无知程度。

图 5-1 展示了学生们多年来进行校准练习的结果。当学生给出的置信水平为 50%(即答案基本靠猜)时,他们实际的正确率略高于

50%（或许是因为他们掌握的知识高于他们自认的水平）。然而，当他们对自己的答案越来越有信心时，实际准确率却始终低于预期。这种"经典"的校准模式显示出了显著的过度自信倾向，并得到面向不同人群的多项研究的一再验证。8

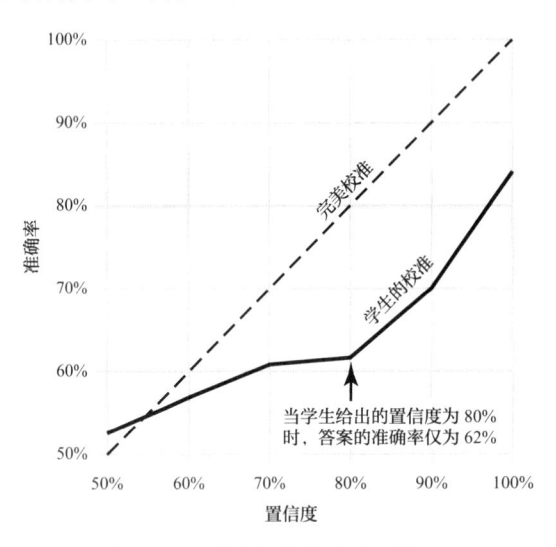

图 5-1　学生们的校准练习结果

这种过度自信导致校准偏差的证据在专业人士身上同样有所体现。20 世纪初，几位研究者曾针对德国股市预测员的过度自信进行了调查，他们请 350 名金融专家按照月份顺序预测了未来 6 个月的 DAX 指数①水平。值得注意的是，每位专家需要为每次预测划定一个 90% 的置信区间，即专家们认为 DAX 指数十之有九会落在这个区间内。9 最后的结果显示：每个月 DAX 指数的实际值都完全落在了大部分专家 6 个月前给出的置信区间之外。事实上，在长达 26 个月的研究中，在超过半数的时间段内，能给出较为宽泛的置信区间涵盖当

---

① DAX 指数即德国达克斯指数，相当于德国的道琼斯工业平均指数。——译者注

月的 DAX 指数的实际值的专家人数不足总量的一半。换言之，这些专家中有许多人不仅在预判德国股市未来走向上大错特错，而且对自身错误程度的判断能力也十分薄弱。

上面这句话实际上表达了校准概念的关键含义，它包含了这样一个概念，即除了知识（例如，你用来预测未来 6 个月 DAX 指数的知识），还存在元知识，即你对已掌握知识的理解。上述研究表明，德国的金融专家提供的置信区间过小，说明他们相当缺乏元知识，即他们对自己的知识盲区毫无概念。如果能够提升自身的元知识（即校准他们的置信水平），他们就可以预测得更精准。[10]

另一个例子来自菲利普·泰洛克（Philip Tetlock）对外交政策专家的研究。这些专家的预测会对国家政策产生深远影响，他们给出的预测会在某种程度上成为美国国会就军事预算拨款，总统在制定外交、经济和军事战略并就相关条约进行谈判等重大事项的依据。这些专家对自己的预测越有信心，国会议员和美国总统的决策就越有可能受其影响。泰洛克的研究表明，对于此类专家预测，我们需要保持警惕。泰洛克组织了几百位外交政策专家，请他们对 5 年和 10 年后的事件做出非是即否式的预测。例如，他请专家预测"2016 年，普京还会是俄罗斯总统吗"。除此之外，他还要求专家就自己预测结果的置信度从 1 到 9 分进行打分。这项研究得出了两个令人沮丧的结果：第一，专家给出预测的准确率堪比随机抛硬币；第二，预测准确率和专家给出的置信度基本无关。那些预测正确的专家给出的置信度平均值在 6.5～7.6，而预测错误的专家给出的置信度平均值在 6.3～7.1，两者之间不存在显著差异。换言之，预测错误和预测正确的专家一样充满自信。也就是说，将外交政策专家在给出预测时提供的置信度作为你判断其预测是否可信的标准，实际上不太可靠。[11]

我们可能会期望，物理学家和其他自然科学领域的专家在校准置信度方面做得比社会科学家更好，尤其是当他们研究的主题是与政治无关的自然世界的特征时。毕竟，自然科学家掌握着海量的数据、拥有频率分布和多重度量工具，还有高级的计算公式，只要将海量数据输入其中，就能得到精确的置信区间。然而，自然科学领域的专家在判断其研究结果置信度的合适区间时，遭遇的困难丝毫不亚于金融和外交政策领域的专家。

有趣的是，我们之所以能了解自然科学家在置信度方面的部分现状，是因为有些物理学家一直特别想要了解其言论置信度的校准情况。因此，他们对这个问题进行了长达几十年的跟踪和研究。物理学是最早使用超大数据集的科学领域之一，全球各地的物理学家团队之间也有着边竞争边合作的悠久传统，因此在20世纪50年代末和60年代初，物理学家开始收集、比较和整合他们相互竞争之下得出的测量结果及其置信度的预估值数据，他们很快就发现了研究结果中的置信度错位迹象。例如，在试图确定光速和电子质量等物理常量的精确值时，物理学家会在最初的测量结果报告中表达出显著的不确定性，然后随着研究的深入逐渐得出更精确的估值。换言之，他们的误差棒一开始应该非常长，然后随着一项项新研究的推进逐渐变短，并且每次对物理常数的新测量都应该在前一次测量的误差范围内。然而事实并非如此，待物理学家将光速 c 的历年测量估值（从1870年到20世纪60年代）及其误差棒绘制出来后，他们发现这些估计值均呈四散分布状态，而且经常出现以下情况：某项研究得出的估计值完全超出前一项研究给出的误差范围。这种不一致的、看起来毫无连贯性的现象同样出现在对精细结构常数、普朗克常数、电子电荷、电子质量和阿伏伽德罗常数等物理常量的测算过程中。

当然，纵观光速值的整个测量历史，每位科学家都认定其研究结果代表了最接近真相的数值。例如，物理学家雷蒙德·伯奇（Raymond Birge）曾在1941年写道："在经历了漫长的、有时甚至异常忙碌的工作之后，光速 c 的值终于稳定下来，达到了一个相当令人满意的'稳定'状态。"[12] 然而不久之后，大多数研究者对光速的估值都远远高于伯奇给出的结果，更是大大超出了他提供的置信区间，而当下以高置信度著称的光速估值同样远远超出了伯奇所说的"稳定"范围。[13]

在置信水平评估上经历了重大失败之后，物理学家变得更加谨慎。他们不再轻易相信简单的内部估算，开始要求研究人员对结果进行更多的交叉对比，以衡量其不确定性，并对科研人员宣布的科学发现提出了更加严苛的接受标准。然而，即便如此，广大物理实验家给其学生留下的最大教训就是：他们仍会对自己的测量结果过度自信！

即使过度自信乃人之本性，但提升自身校准能力也并非不可能。在某些情况下，我们完全可以出色地校准结果的置信度。在研究过不同职业的置信度校准情况后，你会发现气象学家尤擅短期预测的校准。如果气象预报员表示明天有雨的概率为80%，那么你会发现第二天降雨的概率确实达到了八成。他们的校准为何如此精确？关键原因可能是，气象学家能不断获得关于这些预测的即时反馈。此外，气象学家的元知识（即校准程度的高低）决定着他们的职业声望，其重要程度完全不亚于他们所掌握的气象知识（准确预测）。[14]

不管在哪个专业或领域，专业要求及社会文化力量都会影响人们对自身知识状况的判断。因此，了解哪些力量会影响到你对置信水平的校准，或能帮你识别那些悄悄将你推入过度自信陷阱的推动力，并抵御它们的潜在影响。从这个意义上讲，我们应该努力向IBM（国际商用机器公司）研制的超级计算机沃森（Watson）学习，它之所以能在美国电视智力竞赛节目《危险边缘》(*Jeopardy!*)中击败最优秀的人类选手，不仅是因为它拥有堪比维基百科的广博知识，还要归功于其拥有的精明过人的元知识。

在《危险边缘》问答挑战赛中，元知识发挥着非常重要的作用，因为对于主持人给出的每个"答案"，只有一名参赛者有机会提出"问题"（以提问的方式回答），即率先按下抢答器的参赛者。比赛设定了回答错误会受到惩罚的机制，以避免参赛选手纯粹为了抢答而快速按下抢答器，确保选手只有在知道或认为自己知道正确答案的情况下才会按下抢答器。因此，最终的胜出者往往是那些能够快速判断自己是否知道正确"问题"的选手。沃森的程序使其能够实时完成自我评估和判断，而且完成得非常出色。它很清楚自己的认知盲区，它的抢答基本上等同于告诉你："在这种情况下，你应该相信我，而在另一种情况下，你不需要相信我。"对人类专家而言，这是一种极具借鉴价值的思维方式。[15]

对他人置信度的信心

现在，为了充分了解专家群体的过度自信现象，我们必须了解专家的预测和评估是如何使用的。首先需要从"观察者"的角度来看待这个问题，比如从医生口中听取手术风险评估的病人、评估目击证人所呈证词真实性的陪审员、依据理财顾问的股市预测做出投资决策的投资者。当我们观察这些案例并就"人们基于什么线索来判断是否相信专家所言"这一问题进行研究时，专家明确表达出的置信度就是最重要的线索。简而言之，顾问、证人和专家越是自信，他们的话往往会被认为具有更高的置信度。

这个逻辑发挥作用的一个领域就是刑事司法环境。在庭审时，陪审员会听到目击证人的证词并判断其可信度。这时候，目击者扮演的是"专家"角色，而陪审员是"观察者"。研究"陪审员使用什么线索来判断目击证人的可信度"的心理学专家可以设置模拟场景，先在公开场合模拟犯罪事件，然后招募"犯罪行为"的真实目击者在模拟陪审员面前做证。研究发现，陪审员对证词可信度的判断，与对证人表现出的置信度的感知，存在相当显著的正相关关系，这表明陪审员可能在很大程度上依赖目击证人表现出的置信度来决定"我是否应该相信这个人说的话"。[16]

但这样做的问题在于，我们已经知道针对某个预测或评估给出的置信度并不能有效地判断其是否正确。如果将专家的置信度（不管是我们自认为的，还是专家明确表达的）作为判断其言论可信度的依据，那么我们很容易就会被误导，并且还会据此做出错误的决定。最终，陪审员可能会把无辜的人送进监狱，投资者可能会选错股票，病人则可能会选择伴随严重并发症的手术方案，所有这一切严重的后果都是因为他们错误地把一个人给出的置信度，当作了判断其预测可信度和准确性的合理依据。

万幸的是，已经有证据表明，我们可以打破这种错误的思维模式。当自信满满的预测者、专家或证人在心理学研究中被证明为错后，他们给出的置信度就不再具有之前的分量，对观察者结论的影响也变小了。一旦那些信誓旦旦的人被证明犯了错，选择相信他们的人就会感觉被背叛了。（相反地，如果专家或证人一开始就对自己的预测或评估给出较低的置信度，在他们被证实为错时，其可信度并不会因此而降低。）[17]

第 5 章　过度自信和过度谦逊

在获得关于专家意见的实际准确性信息后，面对专家所表现出来的置信度暗示，观察者便会自然而然地调整自身反应。因为在准确性已知的情况下，表达的置信度就不足以替代前者。然而，这里最大的难点在于观察者要如何获取关于准确性的反馈，毕竟有时候人们根本不可能获得关于专家意见实际准确性的信息。此外，已经有一些研究表明，如果不管采用何种方式获得此类反馈都比较费力的话，很多人就会选择偷懒，直接将专家表达的置信度作为准确性的判断依据。[18]

那么专家有没有可能做到两全其美——既可避免过度自信又可避免犯错？一种方法就是给出一个大到几乎确保能将真相涵盖在内的置信区间，如"拜登总统如果选择参加连任竞选，我有95%的把握认为他将获得30%～70%的选票"。这种宽泛的说法基本不可能出错，但身为专家的两难之处在于，发表这种无甚风险的意见，就会导致没人觉得他是一位专家了。（随着估算范围的缩小，置信度必然会降低：在预测拜登的得票率时，同一个专家可能有70%的把握认为拜登会获得40%～60%的选票，有60%的把握认为拜登会得到40%～50%的选票。）专家需要对自己的观点进行足够好的校准后才能显得可信，但同时又要提供足够多的信息以彰显自身的专业性，这是个不容易实现的两难目标。好消息是，诚实和符合实际地评估自己的置信度，能够让民众对专家具备的专业知识保持信任。

提防你的过度自信

如果这世界上只有两种专家——"准确的"和"不准确的"，那么大多数人更愿意听第一种而不是第二种专家的意见。然而，除了简单的问题（根本不需要专家建议），期望专家总是提供百分之百正确的见解也是不切实际的。因此，专家是否在其论断中提供了置信度声明，是区分真专家和伪专家的重要信息来源，尽管这可能不符合大多数读者的习惯思维！

下一次你在自己最喜欢的新闻节目中看到专家访谈时，不妨仔细听听他们如何描述自己的置信度。他们是否表达了绝对的肯定，还是使用了"有可能"、"存在……的风险"或"有一种观点认为……"等拐弯抹角的表述？在一个不确定性已成为常态的世界，我们本应该嘉奖那些校准了自我的专家。不幸的是，专家常常承受着来自记者、政策制定者、律师和公众的压力，各方都要求他们必须看起来自信满满。

著名心理学家丹尼尔·卡尼曼（Daniel Kahneman）说过，过度自信是人类的一种偏差："如果我有一根魔杖，我最想消除的就是这种偏差。"[19] 过度自信能否被消除，这仍有待商榷，但我们已经看到，任何人都可以采取一些具体措施来减少过度自信的问题。

第一点就是（或许我们没有着重强调）：不要觉得你必须就自己不太了解的事情发表意见。或许你可以给自己设定一个严苛的"意见预算"："我今天只允许自己发表 5 条意见，所以最好三思而后行。"

如果你必须发表自己的意见，最好能以概率的形式表达，或者多少给自己划定一个置信水平，例如："我有 75% 的把握……"或者"我认为很有可能……"

在聆听专家意见时，请你留意他们是否承认自己的意见存在不确定性，以及他们有可能在什么地方出错。我们当然希望专家能百分之百地正确，但这是不可能的。我们能做的就是竭尽全力寻找那些接近百分之百正确的专家。要记住，那些告诉你"我掌握的东西还不够多，无法提供确切意见"的专家也并非一无是处，这样坦诚的说法表明他们是可靠且值得信赖的。如果在你眼中，这些专家已经是这方面知识最渊博的人，那么他们其实想告诉你的是，这是一个需要所有人更努力进一步探索的课题。此外，如果你必须采取行动，就会知道最好谨慎行事，并谦逊地承认还有很多未知的东西等着我们去探索。

第 6 章
从噪声中提取信号

　　经验丰富的科学家都知道，他们对某种现象最初的理解往往会被证明是错误的，而且通常是在狠狠地栽过跟头之后才意识到这一点。青年时代的索尔在从事博士后研究阶段就恰恰有过这种惨痛的教训。当时，他正跟着几位资深科学家着手进行一项激动人心的天体物理学研究——一场离地距离相对较近的恒星爆炸。这颗恒星被命名为"1987A"，是迄今为止发现的距离地球最近的超新星，因此也是数百年来夜空中亮度最高的天体之一。全世界的科学家都跑到南半球（可以看到它的地方）架起了望远镜，纷纷以不同的方式对其开展研究。索尔所在的团队提出了如下设想：此类质量的超新星爆发后，会留下一个极度致密的残余物，也被称为中子星。中子星是一种快速自转且通常带有强磁场的致密天体，会从两个磁极发射出电磁辐射束（脉冲信号）。如果中子星的磁轴与自转轴不重合，而且其中一个磁极又恰好朝向地球，那么随着星体的自转，它发出的电磁脉冲就会像灯塔射出的光线那样一次次扫过地球。通常情况下，此类中子星的自转速率大约为每秒 1 000 转，所以你可以非常有规律地侦测到每毫秒一次的电磁波（即一断一续的脉冲信号）——只需一台大型望远镜和高精度的电磁波记录仪便能观察到！

　　这种情况的首位发现者将此类天体称为"脉冲星"，并在其一开始绘制的（无线电波信号，而非光学信号）图谱上写下了"LGM"三个缩写字母，意为"小绿人"①，即认为这种规律性的重复脉冲信号有可能来自外星智慧生物。在此之后，最早观测到该信号的天体物理学家乔斯林·贝尔·伯内尔（Jocelyn Bell Burnell）和安东尼·休伊什（Antony Hewish）逐渐在星空的不同区域发现了大量脉冲星，其中一部分似乎与这类超新星爆发后的残骸有关联。他们开始意识到，尽管并非来自外星智慧生命的"问候"，但脉冲星仍然是一项激动人心的新发现，因为其本身就是一种非常神奇的存在。

　　索尔的团队认为，他们或有望成为有史以来首次捕捉到脉冲星形成过程（超新星爆发后）的科学家。于是，他们特地制作了新仪器——一台红外光子探测器，然后飞往智利，并将其安装在望远镜上。

　　果不其然，他们成功探测到了一个信号，其重复率恰好处在预期范围内，即每秒2 000次。如果将该信号转化成一种声音（即空气的振动，而非光子的波动），那么其音调会相当高，接近中央C上方近3个八度的B音。（在此用音阶来比喻这种电磁脉冲信号较为贴切，因为我们多少都会对音调高低有一些直观的感受。若不以音调作比，我们很难理解这种快速闪烁的光信号，因为人眼对超过每秒50次的闪烁是毫无感觉的。）然而奇怪的是，这种忽闪忽闪的超新星之光，其音调一直是起伏不定的，先是在几个小时内变得低一些（即闪烁得慢一些），然后又在接下来的几个小时内恢复如初。为什么会这样呢？

---

① 小绿人（little green men）指想象中的外星智慧生物。——译者注

稍加思索后，研究小组想到了一个很好的解释：因为多普勒效应，这些信号会存在一些波动和偏移，好比汽车在朝你驶来又逐渐远去的过程中，耳朵听到的喇叭声音调会有所变化。由于地球也在不停自转，位于智利的天文台的仪器在面朝信号源时，听到的音调就会高一些，在偏离信号源时，听到的音调便会低一些。

此外，地球在自转的同时还围绕着太阳公转，这也会对脉冲信号的音调高低产生影响。因此，为了确定这些信号是否会变化，以及为什么会变化，索尔所在的研究小组必须对这两种导致音调失真的因素进行校正。校正之后，尽管信号的音调仍在变化，但它已然变得十分有规律——几乎是一串完美的正弦波。这项发现令人万分振奋，因为多普勒频移中出现正弦波意味着脉冲星周围必有行星存在，因为行星会导致脉冲信号的音调出现规律性的正弦曲线式波动。在研究小组看来，它就如同正弦波信号一样。

在取得这项激动人心的成果之前，科学家还从未在太阳系外发现任何行星。源自脉冲星的电磁信号为系外行星的发现提供了有史以来的第一波证据，而这样的发现恰恰是科学研究的乐趣所在。这就好比你正在玩耍时突然收到了一个信号，尽管很嘈杂，你不确定它是什么，但等你排除掉其中某种已知的干扰信号（比如地球自转和公转的影响）后，它就摇身一变，成为一种貌似你从未见过的事物（在这个案例中，它变成了一颗围绕着遥远的脉冲星运行的行星）。接下来，详细记录了研究小组发现系外行星过程的论文立刻被送到了《自然》杂志的编辑组案头。

没想到的是，故事自此变得复杂起来……

刚刚读完前面两章内容的你此刻心里想的或许是：索尔所在的

研究小组对这个新发现的置信水平如何？毕竟，我们此前一直反复强调，在一个充满不确定性的世界里，概率思维对正确的决策多么重要。因此，校准我们对自己所提观点的置信水平，或对所听取的专家意见的置信水平，是不可或缺的。接下来，我们需要借助这个案例，就"如何了解、量化和利用概率思维"进行深入的探讨，因为熟练掌握概率思维这项工具将对我们大有裨益。

首先，我们应该对科学家常用的行话另行做一番解释。很多关于概率的讨论都会涉及"在噪声中寻找信号"，但这里的"信号"和"噪声"的含义或许与其他语境中的有所不同。

信号是什么意思？在通信领域，它可以是一个人用来向另一个人传递信息的任何媒介，比如口头语言、书面信函、音乐或灯塔发出的光束，这些信号包含了你想要传达的想法、方向或情感。但信号也可以是更为抽象之物，当你试图通过探测某种东西（形状、声音或气味）来了解世界运作的某种方式时，信号就是此类事物存在的痕迹或证据。

如果上述两个概念都属于我们所说的信号，那么噪声又是什么呢？所谓噪声，在我们看来就是所有会妨碍信号探测的东西。有些噪声可能与信号非常相似，几乎能以假乱真，但它实际上并不具备与我们交流信息的功能，或实际上并没有提供我们想要寻找的关于这个世界的信息。让我们先看一些听觉领域的例子（因为"噪声"一词起源于无线电工程）：想象一下，你正准备听某人说话并努力理解他所讲的内容，但房间的另一边还有人在谈论别的话题。假设那人开口的目的也是与某人交流，但从你的角度来看，他的话语就成了干扰你接收信号的噪声。排除干扰、将注意力集中在谈话对象身上的能力被称为"鸡尾酒会效应"。

噪声还可能包括随机事物的干扰，比如与你正在关注的事物恰巧同时存在的各种声音、形状或气味。例如，你正一边在海滩上散步，一边与人交谈，这时阵阵海浪发出咆哮之声，海浪声与鸡尾酒会上其他人的谈笑声一样，都并非有意的干扰，但海浪声作为随机噪声，还是会阻碍你获得想要的信号（即交谈时对方说的话）。

尽管一提到噪声，我们就很容易想到声音形式的例子，但需要着重说明的一点是，噪声在本书的定义范围内还包含了其他很多形式。不管我们试图探索什么事物（感官层面或其他方面），噪声都无处不在。不管你是打算从朋友面无表情的交流中找出一丝讽刺挖苦的意味，是确定老板给你发的邮件到底是何意图，是从苹果馅饼中尝出肉桂的味道，还是从狗狗的毛发中找出虱子存在的迹象，你都要面临同一挑战，即将信号和噪声区分开来。

什么才算信号？什么可算作噪声？

掌握了关于"信号"和"噪声"的定义之后，你或许已经猜到，甲之信号，可能是乙之噪声，因为每个人都在探测这个世界的不同方面。假设你正在看电视里播放的一部电影，然而在电影播放的过程中发生了下面四件事：

A. 在电影中，一块砖头破窗飞入主人公所站的房间，发出了巨大的撞击声；
B. 在电影中，浓雾使主人公在荒无人烟的丛林中举步维艰；
C. 由于山火逼近，电影被紧急广播打断；

D. 在电影中，主人公在一次群情激奋的政治演讲中提出了一个关于民主的重要观点。

上述哪种情形属于你观影体验中的噪声呢？你可能会倾向于选择情形 B，因为浓雾似乎符合噪声的定义。然而，从观影者的角度看，浓雾并不是噪声，反而是凸显主角穿过丛林之艰难程度的重要元素。对身为观众的你来说，浓雾其实是一种信号，是剧情的一部分。因此，情形 C 才是正确答案，令人扫兴的山火预警是对观影者不必要的干扰。显然，对电影观众来说，这种警报属于噪声，但对希望自己能逃过山火、明天还能活着的人来说，它则是妥妥的信号。

那么，从电影主人公的角度来看，哪些情形是噪声？我们可以首先排除情形 C，因为它与主人公毫无关系。对电影主人公而言，浓雾才是实打实的噪声，因为沿着小路穿越丛林是信号，而浓雾是他找到这条路的阻碍。那么，情形 A 中破窗而入的砖头有可能是噪声吗？从主人公的角度来看，虽然它的确制造了不小的噪声，但我们也只能从物理层面理解这个词的标准含义。如果我们将噪声定义为干扰，那么这块砖头就不符合相关定义了。为了推动电影情节的发展，你必须做出如下假设：有人朝窗户扔砖头对主人公而言意义重大，是电影情节的一部分，是为了告知他必须了解的一些事情。

那么，对一条试图让观影者带自己出去遛弯的宠物狗来说，前面哪些情形可被视为噪声？我们可能得说：以上都是。因为狗对这些东西都不感兴趣，在它看来，电影中发生的任何事情或电视上插播的任何消息都只是背景噪声，都是它传递重要信号的阻碍，而这个重要信号就是小狗那可怜兮兮的眼神，用以表达"我想出门遛弯"的意愿。

现在，让我们逆向思考，想一想上述四个情形有没有可能在某种情况下都是信号？你可能会想这是不可能的，因为情形 B 中的浓雾在任何情况下似乎都是噪声。但如果你订了机票，浓雾就变成了一个信号，提示你航班可能会延误。

这些问题要表达的关键意思是：信号和噪声并不总是一目了然的。你必须考虑好自己要弄清楚的是什么，即在特定情况下，什么算信号，什么算噪声？在很多情况下，我们有必要问问自己：这里有信号吗？这里有噪声吗？我们能否清楚地将信号和噪声区分开？我们是否将二者混为一谈了？当我们开始着手研究现实世界中的问题时（比如有关气候变化和全球变暖等问题），此类扪心自问的重要性就不言而喻了。以图 6-1 为例，它显示的是 1850—2000 年全球年平均地表温度的测量值。[1]

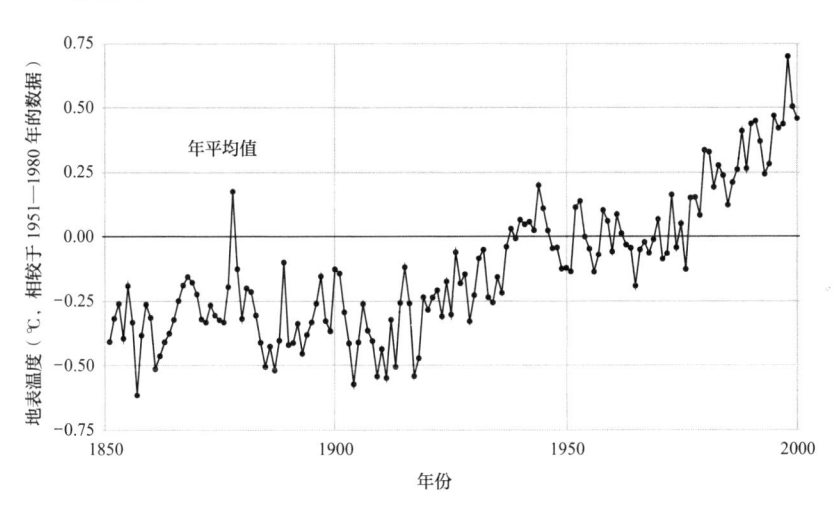

图 6-1　1850—2000 年全球年平均地表温度的测量值

显然，你很想知道图 6-1 中是否存在证明地表温度上升的信号，你可能还想知道地表变暖的信号是否始于人类开始向大气中大量排放二氧化碳的时间点。然而乍看之下,你首先会注意到,这张图实际上包含了很多噪声,也就是说,测量值的年度波动或10年期波动是非常大的。为了解图表并探寻其中传递的信号,你确实需要深入了解这些噪声产生的原因,即这些看似随机的温度变化到底暗藏何等玄机。例如,地表气温在20年间上升了0.25℃左右,这是气候变化的信号吗?还是说它只是这个系统中随机出现的波动之一?毕竟,在以1年为单位的情况下,我们能看到很多更明显的温度涨幅。

如果从更长远的角度来看全球温度的波动,情况会变得更夸张。图6-2显示了自公元前400年以来每20年的平均气温变化(以格陵兰岛采集的冰芯数据作为全球气温变化的粗略参考),你可以看到图6-1显示的时间周期仅在图6-2中占据了右侧的一小部分,而且只是一长串曲线图中的极小一部分,换句话说,它们只是噪声,并非信号。[2](想到罗马帝国建立于地球的温暖时期,黑死病则肆虐于寒冷时期,或许我们更喜欢地球变得暖一点儿?)

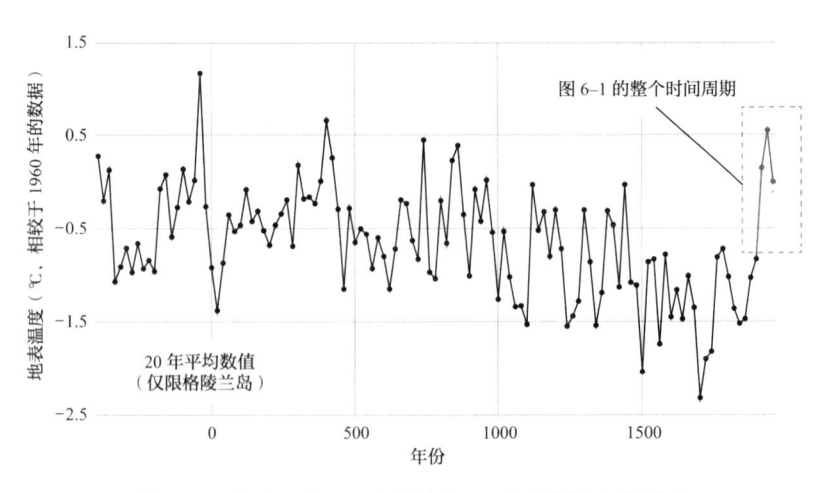

图6-2 自公元前400年以来每20年的平均气温变化

不幸的是，当我们绘制的地表温度曲线图增加了近些年的测量值时（见图6-3），相较于噪声，全球变暖的信号似乎变得更加强烈。此外，对近年来全球平均气温上升的更全面的研究表明，20世纪的温度上升主要归咎于人类活动，而支持这一点的多数证据都来自人们对图6-3中噪声来源的认识。例如，许多短期的小幅气温下降都与火山爆发有关，因为火山爆发释放的大量烟尘气体反射了一部分阳光，间接给地球降了温。此外，还有迹象表明，这些噪声不仅是地表温度测量不准确的一种提示，还是现实情况的真实反映，因为剩余的大部分短期波动与北大西洋水体表面温度的波动高度吻合。除了这两种短期噪声，地表温度同图6-3中显示的另一种趋势也具有一定的相关性——温度曲线缓慢上升的形状与同期大气中二氧化碳气体含量曲线的缓慢上升形状高度吻合，这恰恰是令我们十分担忧的信号，因为大气中二氧化碳的浓度上升主要是人为造成的。[3] 这就是一个很好的例子，它充分表明从噪声（火山爆发和海洋温度上升导致的短期波动）中分离出信号（二氧化碳气体浓度上升导致温度升高的趋势），才是理解问题的关键。[4]

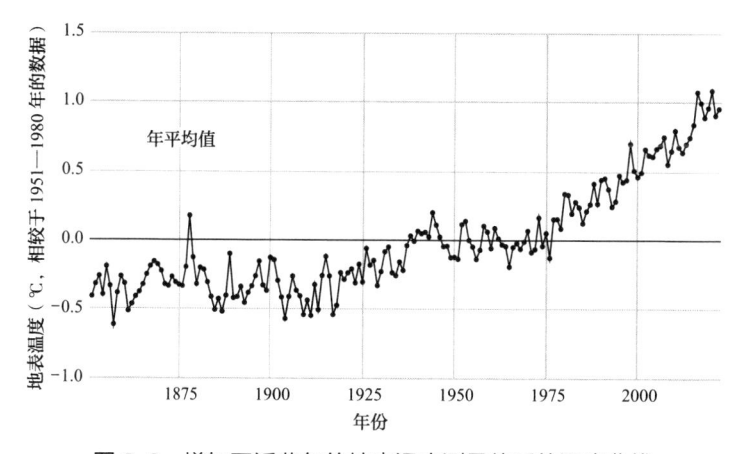

图 6-3 增加了近些年的地表温度测量值后的温度曲线

如果我们能后退一步，纵观气候变化的全局，就会发现我们有时可以找到那些看似随机却干扰了信号的噪声来源。就好像在鸡尾酒会效应中，我们原则上可以找出是谁在出声干扰自己同朋友交流。但通常情况下，这不值得我们去耗费心力，因为我们有其他更好的方法来增强信号并抑制噪声（例如，我们可以转移到更安静的角落继续交谈）。然而，就全球气候变化而言，我们还有一个需要确定噪声来源的理由：鉴于气温发生重大变化会给人口比之前暴增了数十亿的全球社会带来严重后果，如有可能，国际社会希望能够将地球的温度保持在最近一个世纪的波动范围内。不过，如果我们不知道哪些变量（如二氧化碳）是能显著影响气温的杠杆因素，以及哪些只是不会对气温产生长期影响的噪声源，想要控制全球的气温变化就变成了不可能的任务。

一旦你开始思考"如何从噪声中检测出信号"这个问题，就能在日常生活的方方面面注意到它的存在，而不仅仅是参加鸡尾酒会时。比如，在给孩子读伊索的《狼来了》时，你会意识到这则寓言其实讲的就是警示信号和噪声的故事：一个男孩因为刻意制造噪声，从而失去了发出警示信号的能力。当你给孩子玩《寻找沃尔多》的视觉谜题游戏时，你不禁会思考插画家是如何巧妙地创造出一种图像模式（噪声），来模仿卡通人物沃尔多的粗略视觉印象（信号），以达到视觉干扰的效果，增加看图寻人的趣味性和挑战性的。

理解上述概念后，我们看新闻时便会更加同情那些在2001年负责侦查恐怖主义威胁的人：曾有奇怪的报道披露称，在飞机驾驶培训中出现了有人只学起飞却不学着陆的情况，他们本可以从中找到"9·11"事件阴谋的信号，却被其他关于全球各地可疑行为的无数报道（噪声）迷了眼。美国没有提前发现日本偷袭珍珠港的警告信号，可能也是出于同样的原因。

在一些罕见的情况下，当我们想刻意忽略信号时，噪声反而能成为我们的朋友。最具代表性的例子就是，"白噪声机"的名字里虽然含有"噪声"一词，但其功用是截然相反的：在我们想要入眠时，它能帮助我们屏蔽隔壁房间里令人好奇万分却又十分恼人的谈话（信号）。举个贴近生活的例子：人为什么会抓痒？其中一个可能的解释为噪声的益处提供了一项更出乎意料的证明：当我们的手臂被蚊虫叮咬并发出了令人烦躁的瘙痒信号时，我们会选择用不那么烦人的抓挠感（噪声）来掩盖它，从而减轻被叮咬的不适感。

了解行话：信噪比

还有一个科学术语与信号和噪声在概念上具有一定的相关性，虽然我们不会在日常生活中使用到它，但也值得了解一番。这个术语之所以会诞生，是因为科学家经常需要发明一些技术来提取深埋在噪声中的信号，这意味着他们需要对信号埋藏的深度进行量化，即将信号的大小与噪声的大小做对比，也就是所谓的"信噪比"。

确定信噪比的基本过程很容易演示。假设有一个由数个字符组成的信号：

A_STITCH_IN_TIME[①]

---

① A stitch in time 意为"亡羊补牢，为时未晚"。——译者注

现在，让我们假设以下场景：上述语句是一条机密信息，有人正通过信号很差的电话逐个字母地读给你听，而且通话过程中还存在很多静电引起的噪声。为了模拟静电的干扰，我们可以在传输的信号中加入噪声，即随机选择信号中的两个字符，再用另外两个随机字符将其替换，然后得到一条受到干扰的信号：

AQSTITCH_VN_TIME

这时候，我们可以将这条信号的信噪比视为 14∶2（或 7∶1），即 14 个字符的原信号和 2 个字符的噪声。在这种信噪比或噪声水平下，我们仍然可以辨别出正确的信号，或至少能猜出信号的内容。但如果通话质量变得更差了，会发生什么情况呢？我们可以继续随机替换两个字符来模拟这种情况，并得到如下结果：

EQSTITCHNVN_TIME

现在，信噪比就变成了 12∶4（或 3∶1），甄别正确信号的难度大大增加。经过多次猜测和尝试，你或许能还原出正确的信号字符，但噪声的确造成了很大的麻烦。如果这时候继续用噪声替换两个字符，将信噪比降低到 10∶6（或 5∶3），那么甄别出正确信号的概率将变得微乎其微：

EQATITCHNVN_TUME

你或许从这些例子中可以看出，寻找被噪声掩盖的信号是需要一点点运气的，因为有些随机信息的信号隐藏能力要强于其他类型的信息。因此，一些科学发现的问世有时纯粹是受幸运女神的眷顾：某些在没有被噪声严重扭曲的情况下出现的信号恰巧给了我们一些提点，从而让人类实现了科学上的突破。

然而，我们想要强调的重点是，信噪比的量化能够帮助我们衡量噪声的干扰程度及信号质量，并对各种可能性进行比较。在前述例子中，信噪比为7∶1时，信号是相当明显的，但如果信噪比降到3∶1，情况就不好说了。信噪比的量化让我们可以实际地预估出我们为达成目标所需的信号与噪声水平。这也是科学家必须（或应该）经常做的事情。因此，我们也需要知道，在我们要求科学家就决策中的关键因素发表意见时，这是他们需要考虑的一个重要因素。

现在，科学家在谈论信噪比时，通常会使用一个更加复杂晦涩的统计学定义，但其原理与我们在这里论述的一样，即你需要计算出信号和噪声的量，再通过对比得知你从噪声中识别出信号的可能性有多大。这就是为何"信噪比"是一个相当重要且有用的术语。

如何处理噪声问题

我们在前文提到，科学家经常要从噪声中提取信号。让我们以一部惊险电影中的虚构场景为例，假设你是影片的主角（理论上说，想象我们在自己虚构的电影中担任主角会让案例显得更有趣），看看能否得出一种找到信号的方法。想象一下，在二战中，你正驾驶着飞机在太平洋上空巡逻，这时你发现自己接收到了一个听起来像静电噪声的无线电信号，你要如何处理耳机里传来的震耳欲聋的噪声呢？

鉴于你接受过这方面的专业训练，自有一套应对之法。你猜想，或许噪声中隐藏着一个以特定的音调和频率传入的信号，但你听得不是很清楚。你这才想起来，飞机的无线电收发设备自带了均衡器和频率滤波器，让你可以过滤掉你不想听到的所有干扰音调。你稍微调整了一下收发设备，然后就听到了如下信号：3 个短脉冲、3 个长脉冲、3 个短脉冲，这是莫尔斯电码的求救信号，于是你调转机头，飞向信号发出的方向以进一步确认。

这个故事中有两点十分有趣：首先，听到噪声还是听到信号，将二者区分开的唯一方式就是过滤掉所有不在信号所在频率范围内的噪声。当你过滤掉所有噪声之后，唯一传输过来的就是携带了信号的频率，几乎是瞬间，正确的信号就显露出来。

其次，事实证明只要知道应该去哪儿寻找信号，人类的大脑天生就能够高效地过滤掉噪声。在这个案例中，我们要确定的就是求救信号 SOS 发出的距离。事实上，如果你真的是二战时期的飞行员，并且刚刚确实收到了隐藏有求救信号的大段静电噪声，即便你关闭了收发设备的均衡器和滤波器，即便存在严重的静电噪声干扰，识别出求救信号对你来说也完全不成问题，因为你知道自己应该去哪里寻找信号，这时候，你的大脑就起到了滤波器的作用。而且，人类大脑在学习过滤信息方面有着惊人的天赋。（在你试图拨开噪声的迷雾寻找信号的过程中，请你牢记这一点，因为我们将探讨的问题正是源于大脑自动进行过滤的功能。如人类具备的其他天赋一样，大脑的自动过滤功能同样有利也有弊。）

人类孜孜不倦地开展地外智慧生物搜寻（SETI）这一全球性的科学探索，是通过过滤噪声来寻找信号的另一个典型例子。作为一名致力于地外智慧生物搜寻的科学家，你要做的一件事情就是将无线电天线指向遥远的星空，你将听到各种静电噪声，就像前面案例中二战飞行员听到的噪声那样。它们是宇宙中所有静电噪声的轰鸣，或者说，它们是你的无线电天线对准的那片遥远的特定宇宙空间所发出的噪声。

问题是，你不能像二战飞行员那样只想着寻找"哔哔哔哔"的信号声，因为据我们所知，外星人可不会用莫尔斯电码交流，所以你要做的就是发明你能想到的所有可能的滤波器。这就是从事地外智慧生物搜寻的科学家真正要做的工作：不是盲目地在噪声中寻找某种明显的信号，而是发明各式各样的滤波器，让人们能将注意力集中在科学家认为地外智慧生物可能会使用的通信信号上。然而，科学家到底应该怎么做？目前尚无明确的章法。仔细想想你就能知道为何：你想专注于什么类型的通信信号（并过滤掉其他类型的信号）？你认为地外智慧生物会用什么信号来代替莫尔斯电码以传递信息？

一个简单可行的方法是，看看它们能否以某种音调稳定发送重复性的脉冲信号。事实上，在开展地外智慧生物搜寻时，我们要做的就是像上文飞行员那样从噪声中寻找某种特定音调（即 SOS）的信号，那么这必将成为一场相当有趣的科学探索之旅。然而不幸的是，宇宙中还存在诸多会产生重复性脉冲信号的自然现象，它们并不是地外智慧生物发出的"问候"。

我们在本章开篇讲了一个关于脉冲星的故事，其中仍留有一个悬念，即到底有没有行星环绕着它运转？待答案揭晓后，我们会再回来讨论地外智慧生物搜寻这个充满戏剧性的例子。在此之前，我们应该先探讨一个隐藏极深的问题，那就是在我们全身心地投入"从噪声中过滤出明显的规律性信号"这一任务时，需要面临一项艰巨的挑战：人类的大脑会在随机的噪声中识别特定的规律，并赋予其意义。正如我们将在后续章节中了解到的，人类会被自己的大脑愚弄，能否很好地理解这种自我倾向，将决定我们能否在各种噪声源中识别出日常（和长期）决策所需的信号。显然，这种能力对我们日常处理信号和噪声至关重要，因此我们将在下一章详细论述，并为大家揭开脉冲星的谜底。

第 7 章
看到不存在的规律

故事的下半段始于我们对随机噪声抱有的天真期待。

为什么说这个期待很天真呢？我们做了一个实验：要求一组学生抛掷硬币 50 次，并记录结果（H 代表正面朝上，T 代表反面朝上），又要求另一组学生在没有真正抛掷硬币的情况下，编造一个由抛硬币结果（H 和 T）组成的随机序列。下面是两组学生给出的序列表，至于哪个（A 或 B）是学生们通过抛硬币得到的真实结果，暂时先卖个关子。

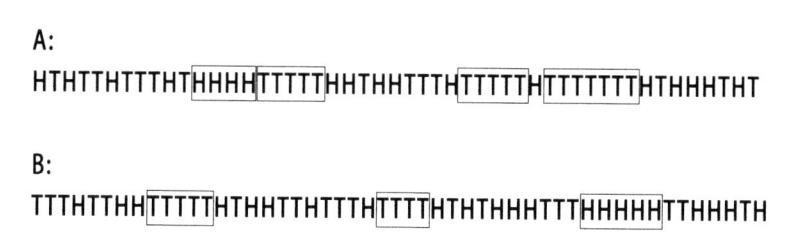

A:
HTHTTHTTTHTHHHHTTTTTHTHHTTTHTTTTTHTTTTTTTHTHHHTHT

B:
TTTHTTTHHTTTTTHTHHTTHTTTTTTTTTHTHTHHHTTTHHHHHTTHHHHTH

那么，你能否仅通过肉眼观察就分辨出哪个是真正通过随机抛硬币得出的序列，哪个只是为了看似随机凭空编造出来的序列？在比较这两个序列时，你的大脑会立即注意到连续重复的一连串"H"和"T"（方框圈出的部分）。序列 A 中出现了一次七连"T"和两次五连

"T",尽管序列 B 同样出现了各一次五连"H"和五连"T",但重复的次数比 A 少。基于这个观察结果,你可能会认为序列 A 是编造的,因为"真正的"随机序列不可能连续这么多次得到同样的结果(连续出现 7 次反面朝上)。

如果这是你的结论,你就错了,序列 B 才是编造的。或许编造这个序列的学生认为连续放太多的"H"或"T",会让它看起来不像随机产生的结果(尽管他们的确试着给出了两个连续重复的片段,但还是不够大胆),在给出四连"H"或四连"T"的结果后,他们的想法可能是这看起来太刻意了,不像随机产生的结果,于是果断削减了同种结果连续重复的次数。然而,真正随机抛硬币得到的结果反而显示出了出乎意料的连续重复性(如连续出现 7 次反面朝上)。

现在,让我们结合这个发现的逻辑,回头再分析上一章提到的两个案例:一名二战飞行员试图在一段静电噪声中找到求救信号,以及在一连串单词的字母被随机替换后将原本的信息还原(即"信噪比"部分的案例)。通过这两个案例,我们都充分意识到拨开噪声的迷雾、找出正确的信号有多困难。而抛掷硬币的故事带来的新启示是,当我们在杂乱无章的嘈杂数据中寻寻觅觅、埋头苦找正确的信号时,可能会上当受骗。因为这些嘈杂无序的数据最终会让你看到一些貌似有意义的规律,并以意想不到的方式呈现出来。换言之,在随机噪声中寻找信号时,你往往会误以为自己看到了之前从未见过的新信号,哪怕它其实只是一种错觉。

没人能够真正确定一个随机噪声中出现规律性模式的频率应该是多少。所以,我们的最佳做法或许就是学会质疑自己发现规律性模式的方法,并牢记这个教训,即我们靠直觉来判断"什么是信号"很可能会出错,而且我们还需要将自己的直觉判断与该模式在随机数据中出现的频率进行比较（统计学恰巧提供了许多数学技巧来帮助进行这种比较）。如果你在读完本书后能将这个理念牢牢记住并内化于心，必然会受益匪浅。所以，倘若你从未尝试过，不妨找一枚硬币（即便在货币高度数字化的当下，硬币依然还在流通和使用）抛掷100次，然后写下你得到的一长串结果。（如果你已知晓其中的道理，不妨给其他人演示一番，看到对方大吃一惊的表情，一定会很有趣。）

如果你是一位生意人，在发现存货连续5周都在每周四售罄的情况后，你将学会先咨询统计学家，了解连续5个周四货物都被清仓的规律不过是一系列随机巧合的概率有多大，继而避免盲目囤货导致承受产品滞销造成的损失。

寻找希格斯粒子

既然如此，我们如何将这种区分信号与噪声的方法应用于实践呢？让我们先看一个充满戏剧性且高于现实生活的科学案例——粒子物理学家发现希格斯粒子（亚原子粒子）的过程，这个案例充分彰显了科学家为了避免混淆噪声和信号而付出的艰苦卓绝、旷日持久的努力。（当你再次看到记者尝试诱导科学家放松对自身言论所持有的谨慎态度时，你便会对后者的谨慎和保守产生更多的理解和同情！）

希格斯粒子的发现是一个经典粒子物理学研究项目的重大成果。在这个项目中，科学家将一些广为人知的基本粒子（本案例中指的是氢原子的原子核——质子）加速到极致（即借助无数电磁铁的引导，让这些氢原子核在一个数英里长的巨型环状设备中一圈又一圈地加速运动），所有的质子都会以质子束的形式被传输。然后，科学家将顺时针绕环飞行的一束质子对准逆时针飞行的质子,使每束中的单个质子发生碰撞,碰撞的总能量足以产生前所未见的新基本粒子。每次碰撞的结果都"乱成了一锅粥",因为碰撞后的两个质子完全变成了大量不同粒子的集合,同时向四面八方喷射出去,而且每个粒子都吸收了这次碰撞产生的部分能量。碰撞后喷射出的几乎所有粒子都是人们熟知的、此前研究过的粒子,如电子、光子和缪子,但通过研究数万亿次这种碰撞的结果,粒子物理学家可以寻找一些罕见情况,比如是否出现了从未见过的新粒子。科学家正在试图通过类似实验寻找粒子物理学标准模型预言的一种粒子,即希格斯粒子(又称"上帝粒子"),因其质量与其他已知粒子有很大不同,科学家有望借此将其识别出来。

现在,请你想象自己正在前往日内瓦的粒子加速器(大型强子对撞机)的所在地。你得先乘坐电梯下到100米深的隧道,然后发现自己身处的巨型环状隧道长达27千米,其中布满了数千个比公共汽车还要长的电磁铁。这条环形隧道上分布着数个洞室,即质子束的碰撞点。来自不同国家的科学家组成的几支国际合作团队,在每个洞室内都安装了由众多小型设备单元(子探测器)构成的大型探测器,用以捕捉碰撞后喷射而出的每个粒子所产生的信号。

该实验的目标是利用粒子产生的所有相关信号数据,找出碰撞过程中产生的新粒子,尤为重要的是,要计算出这些粒子携带的能量,因为它们能让科学家对碰撞后临时产生的粒子(比如他们迫切想要找到的希格斯粒子)所蕴含的能量信息有所了解。(众所周知,出生于20世纪或21世纪的我们基本都能背出那个由爱因斯坦提出的著名方程式$E=mc^2$。只要知道光速c,我们就可以把总能量E转换成原始粒子的总质量m!)科学家收集了数以千计、数以百万计甚至数以万亿计的碰撞实验统计数据，并绘制了数据图。碰撞实验中有多少次（从生成的粒子喷雾中）产生了蕴含既定总质量的新粒子？我们可以从图 7–1 中找到相关证据。

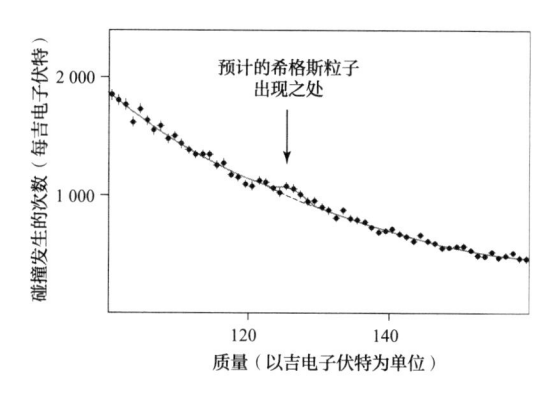

图 7–1　ATLAS 团队的碰撞实验统计数据

两支主要的国际合作团队在寻找希格斯粒子的过程中展开了角逐，他们分别在大型强子对撞机的对撞点安装了自己的大型探测器系统。图 7–1 显示的是其中一个名为 ATLAS 的探测器在寻找希格斯粒子时收集到的数据。[1]（该探测器的内部组件由加州大学伯克利分校负责制备，本书的三位作者又刚好在此任教，所以对我们来说，ATLAS 团队算得上是"自家人"了。）在图 7–1 上，你能在基准虚线的上方看到一处小小的凸起，它代表着这个令人兴奋的科学发现可能的诞生之处，即科学家预想会发现希格斯粒子的地方，其质量应该位于图上箭头所指之处附近。

希格斯粒子的发现确实是物理研究史上的一个大事件，因为一旦找到了它，那么关于"我们身边的大多数物质为何具有质量"这个问题就有了令人信服的答案（不像那些持续在我们周围呼啸而过的无质量光子）。自希格斯教授（和其他几位科学家）首次提出这个设想以来，科学界已经为之努力了近半个世纪之久。

现在我们需要思考的是，图中这个不起眼的凸起是真实的信息吗？我们怎么知道它是一个真实的信号，而不是某种噪声的波动？这个问题价值10亿美元，你没听错，因为该项实验的造价差不多有100亿美元。毕竟，仔细观察这个数据图，我们也能在其他地方看到类似的凸起之处。如果这个特别的凸起没有被穿过它的实线"衬托"出来，没有被箭头标出，你能确定它与图中其他凸起处（因随机噪声影响而形成的略高于其他点位的轻微凸起）有着本质的不同吗？

时至今日，粒子物理学家已经在寻找希格斯粒子的征途上前进了很长时间，而他们在建造大型强子对撞机时就预见了这个问题。他们非常有先见之明地让两个团队在对撞机的两处碰撞点分别安装了大型探测器，这意味着两个相互竞争的研究团队可以将各自得出的实验结果进行比较。鉴于结果比对的重要性，两个研究团队也约定在同一时间公布各自的结果，不会为了抢跑而提前公布没有把握的结果。

因此，CMS（紧凑缪子线圈）研究团队（我们这群伯克利人通常将他们称为"另一支队伍"）也发布了自己小组绘制的数据图（见图7–2）。于是，大家兴奋地比较了两个团队的图。[2]

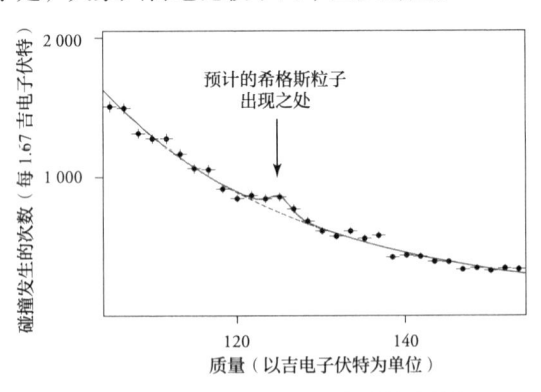

图 7–2 CMS 团队的碰撞实验统计数据

如图 7–2 所示，CMS 团队的探测器同样收集到了类似的数据，图 7–2 中因而也出现了类似的凸起。由于两个团队得到了类似的结果，科学家就可以宣称自己看到了所谓的"类希格斯粒子"（他们对此依然十分谨慎，没有直接断言这就是希格斯粒子，而将其称为"类希格斯粒子"）。

这就是粒子物理学家开展研究的最重要目标，也是我们在现实生活中经常需要做的事情：在噪声中看到信号，并尽力确定它不是虚假的信号。尤其重要的是，我们需知道，努力避免被数据中的轻微波动迷惑是科学研究文化的一部分。物理学家会通过参与各种各样的游戏来训练彼此的这项技能。他们会向同事展示数据图并询问他们的看法：数据图上的起起伏伏是真实的信号，还是噪声导致的无序波动？此外，当看到有可能证明希格斯粒子存在的新结果时，他们往往会尝试生成大量类似的数据，模拟如果希格斯粒子不存在，探测器会收集到怎样的数据（示例图上的所有起伏都将由噪声的随机波动造成）。然后，他们会拿出 10 张示例图，其中夹杂着真实的数据图，让你判断哪些是随机数据，哪一个是真实信号。如果你选错了，那么这显然意味着你认为可能代表了有趣发现的信号不过是随机的噪声。

对物理学家而言，在区分真实信号和噪声的过程中采取这种极度谨慎的工作方法具有重要意义。物理学家需要努力认识世界的各种本质、规则和实体存在，它们不受人类意志左右，不管我们做什么，它们始终存在。倘若能对它们有所了解，人类便可以基于这些涉及物理现实的深层真理，构建起所有的预测方法和技术手段。这就是为什么前文提到的记者很难诱惑或胁迫科学家对其研究成果做出更加绝对化的表述，因为科学家想要确保的是，他们自认为发现的新现实元素能够经受住时间的考验。所以，他们最多只会说这是"类希格斯粒子"，而不会百分之百肯定地说"我们发现了希格斯粒子"。

对大部分人而言，在日常生活中拨开噪声迷雾寻找信号时，不必像物理学家那般小心谨慎。然而，一旦你对这个问题越发敏感，就会意识到其实我们时时刻刻都在玩这个噪声中寻找信号的游戏：公交车司机刚刚播报的是你应该下车的站点"伊斯特汉赛马场"，还是在说"请往车厢后部走"？有人骑着自行车在你前面左摇右晃，是因为路面坑坑洼洼，还是准备挤进你正在行驶的车道？你衬衣袖子上的那块黑斑是污渍，还是光线落在卷起的袖子上投下的阴影？

同样地，我们总是在试图厘清彼此言行中嘈杂的干扰因素，从而解读出对方的真实意图，比如我的约会对象是否重视这次见面，或者这个屋子里有谁认同我提出的建议。更可悲的是，美国政府同样无法从所有令人担忧的行为报告中排除噪声，识别出真正的威胁（如上一章提到的，美国政府在日本偷袭珍珠港事件和"9·11"事件之前都忽略了相关警示信号）。在利害攸关的时刻，比如上述涉及情报分析或巨额商业投资的案例，我们要学会像粒子物理学家一样保持谨慎的态度。

噪声越多，越容易上当受骗

当然，在大多数情况下，我们不可能像希格斯粒子探索项目那样，同时使用两个探测器来收集数据并比较结果（毕竟大多数我们感兴趣的信号不需要花费数十亿美元来探测）。因此，人类的大脑在哪些情况下特别容易将看到的噪声波动想当然地处理成信号，正是我们需要仔细甄别的地方。鉴于此，我们需要给这个故事再增添一重复杂性：查看的数据越多（即使它们全都由噪声组成），出乎意料的规律被你发现的次数也会越来越多——它们会让你错误地认为自己已经发现某种信号。一个人抛十几次硬币得到的结果，与一群人抛一整天硬币得到的结果，完全不可相提并论，因为后者很可能会给我们提供一些非常有趣的数据。

比方说，有个朋友告诉你，她连续抛出了 10 次正面朝上，这样的结果当然很不可思议，但下面哪种情况最令人惊讶呢？

A. 她是抛硬币游戏的唯一玩家，而且总共就抛了 10 次。

B. 她是众多抛硬币游戏玩家中的一员，他们每个人都抛了 10 次，并且都把结果告诉了你。

C. 她是众多抛硬币游戏玩家中的一员，他们每个人都抛了 100 次，并且都把抛出的结果告诉了你。

D. 她是抛硬币游戏的唯一玩家，总共抛了 100 次。

毫无疑问，答案是情况 A。仔细想想就能知道，如果你有很多朋友同时抛硬币，那么他们中有人连续抛出 10 次正面朝上的概率，必定要比一个人连续 10 次抛出正面朝上的概率高得多。在我们看来，最不出乎意料的结果应该是情况 C，因为如果同时有很多人抛硬币，并且每个人都抛了 100 次，那么连续抛出 10 次正面朝上并不稀奇（事实上，如果你能找 15 个朋友来各抛 100 次，那么得到这个结果的概率会更高）。虽然这像是在阐述一个显而易见的事实，但以此为出发点是最好不过的。

然而在当下，令我们越来越难以就某事做出判断的原因是，当有人发表了一项新的科学成果，或者当你读到一些奇闻逸事时，你并不总能知道其"抛硬币"的次数。事实上，那些真正做了研究的人往往也不知道自己到底"抛掷"了多少次,换言之,他们有多少次机会去发现那些看似非随机出现的"规律",取决于他们能获得多少轮数据。让我们通过几个真实场景来理解这个逻辑。

首先,以股票市场为例,当你想投资股市时,作为典型的散户投资者,你很快就会意识到,市面上有很多基金公司会推出一位股票投资组合专家,拿多只不同的股票拼凑成一只共同基金,然后想方设法地把份额卖给你。为了吸引你认购,他们会说,本公司的共同基金在过去5年里持续跑赢了市场,并且多次正确地预测了股市走向。心动之下,你买入了该共同基金的份额,并相信其基金经理会比其他基金经理更优秀。图7-3显示了美国一些顶尖共同基金的5年期(2013—2017年)表现,并根据每位基金经理的股票预测能力进行了排名。不难看出,表现比平均水平高出4%的基金经理只占少数,大部分人的表现与平均水平差不多,其余人的表现甚至比平均水平低10%。看到这里,你或许会认为,同那些最差劲的基金经理相比,业绩记录最好的基金经理有着更熟练的投资技巧或更丰富的投资知识。

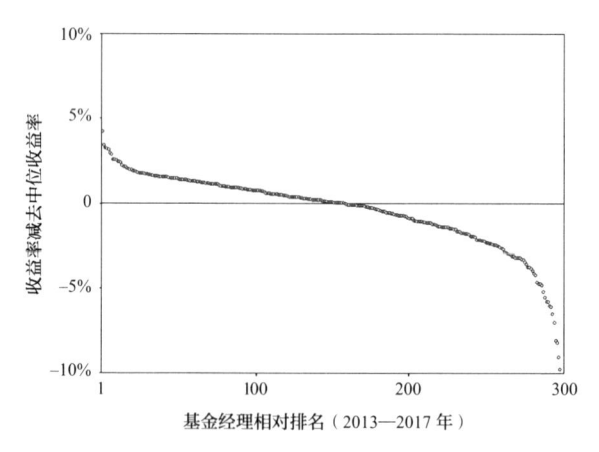

图7-3 一些顶尖共同基金的业绩及其基金经理的预测能力排名(2013—2017年)

如果再衡量这些人在接下来 5 年（2018—2022 年）里的表现，你会得到怎样的数据呢？你会发现，结果完全是随机的（如图 7-4 所示）。他们在第一个 5 年和第二个 5 年的业绩表现几乎毫无关联。在第一个 5 年期里，有些基金经理在经济分析和投资直觉方面表现得尤为出色，然而因为某些未知的原因，同样的直觉和分析能力到了第二个 5 年期就失效了。根据我们的经验，如果你研究的基金经理足够多，那么你最终会发现似乎有人成功预测了所有股票的涨跌，然而预判股票的走势就好比是试图在随机噪声中找出规律性的模式，但在股市里你需要搜索的噪声可能是海量的。有趣的是，这些经理基金并没有刻意造假来哄骗投资者，他们发自内心地确信自己做了细致的研究，并真正搞清楚了各家公司业绩数据所代表的含义，如此才提出了科学的股票投资建议，而非像掷硬币一样全凭运气。他们将自己标榜为"研究经济学和良好商业实践基础的严肃学者"，但显然他们发现的投资信号本质上仍是随机的噪声。

当然，存在少数例外情况也并非不可能。随着时间的推移，一些

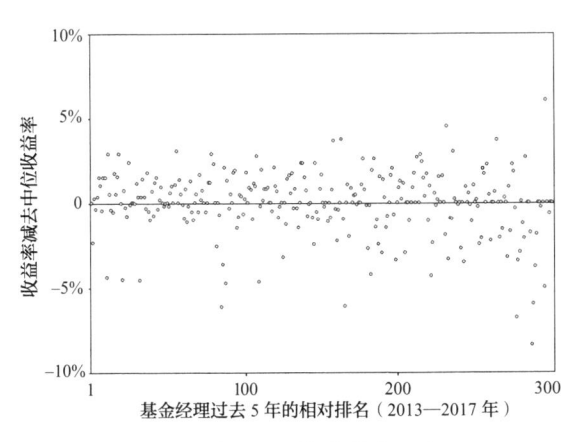

图 7-4 相同基金（顺序相同）的业绩表现（2018—2022 年）及其基金经理的预测能力排名

基金经理的业绩几乎总是优于平均水平（或总是低于平均水平），但你应该对这种情况保持高度警惕。[3] 大多数人或许根本就没有意识到，在他们度过的每一分、每一秒里，到底有多少只基金参与了股票投资这盘游戏。所以，总会有一部分基金（全凭运气，而非投资技巧）能够在特定的时刻脱颖而出，呈上亮眼的业绩。在基金业绩好坏全靠"随缘"的情况下，必定会出现一些表现优异或表现较差的基金。（为何专家通常只建议投资者购买大型指数基金，不要浪费资金认购那些基金经理拼凑出来的基金？这就是理由！）

查看别处效应

还有一种情况会让你误以为看到了信号，但实际上只是被随机噪声中的一种模式给迷惑了，这类判断错误则被称为"查看别处效应"。当你在嘈杂的数据集中并非寻找一种可能表明信号存在的模式，而是同时寻找好几种不同的可能模式时，就会犯此类错误，随机噪声伪装成你想要寻找的某种模式的可能性更是会不断放大。举个简单的例子，假设你设计了一项医学实验，旨在验证每天服用阿司匹林能有效预防心脏病发作，或至少降低心脏病发病风险的假设是否成立。为了开启这项研究，你招募了1 000名受试者。但你转念一想，既然自己费尽周折招募了这么多人，不妨顺便测试一下每天服用阿司匹林是否有助于降低患癌的风险。然后你又灵机一动，既然都已经想到要测试阿司匹林对预防癌症是否有效了，不如再研究一下它对肺癌和直肠癌的预防或治疗效果，或许还可以加上哮喘。现在，你显然已经掉进"查看别处效应"的陷阱，因为你现在关注的变量比设计这项医学实验之初的预设变量要多得多。

现在,请你想象这个效应发挥到极致时的情况:你正在研究每天服用 1 片阿司匹林对 100 种不同疾病的影响,受试者保持不变,仍是原来那 1 000 人。然而随着实验的开展,你渐渐发现得到类似本章开篇"抛硬币七连'T'"结果的概率会上升,因为发生罕见事件的机会显著增加了。偶然情况的频发可能会令你误以为阿司匹林至少对其中一种疾病有效。增加研究目标的数量就相当于你又投掷了无数次硬币,继而逐渐看到一些看似为真的假模式,而且这种情况确实曾在医学研究中发生过。事实上,在"激素替代疗法"和"饮用水中铅含量对人体的影响"等研究中,"查看别处效应"都体现得相当明显。这些研究结果后来都备受质疑,因为研究人员增加了太多的变量,最初的研究设计和分析规划不足以支撑起如此之多的变量分析。[4]

当然,我们已经掌握一些可以降低"查看别处效应"影响的研究方法,比如在进行数据分析之前,你可以预先决定好待研究的变量,并根据变量的数量计算出所需的受试者数量。你当然可以设计一项研究多项变量的实验,但需要更多的受试者参与,才能获得更具统计功效的结果。[5]

这些信息或许能帮助你更好地理解物理学家在检验证明希格斯粒子存在的数据时所面临的艰巨挑战。在寻找希格斯粒子的过程中,物理学家并不清楚其质量到底是多少。图 7-1 和图 7-2 上有箭头恰到好处地给诸位读者指明了预计的希格斯粒子出现之处,而物理学家在寻找希格斯粒子的过程中可没有类似的箭头为他们标出正确的探索方向。因此,他们很可能会将图上整个能量范围内可疑的凸起区视为希格斯粒子的出现之处。他们必然也考虑过其他凸起之处,而不仅是图上箭头指向的位置。当然,粒子物理学家早就意识到了这个问题,所以他们在采取确定性步骤以比较两个探测器给出的结果之前,就已经对希格斯粒子质量的真实峰值设定好更高的标准。(为了便于理解,让我们回到上文那个更贴近日常生活的案例:如何确定你的相亲对象是否对你感兴趣?假设你打算把对方可能表述的每个随机肢体语言都看作表露其对你感兴趣或不感兴趣的证据,那么你最好设定一个严苛的判定标准,不然你一定会过度解读对方的言行举止,例如:"哦,看,对方的一只脚尖隐约地指向了我,还微微翘起了左手小指,这是不是在暗示他对我很满意?"想要知道对方是否真的喜欢你,你真正应该坚持的判定标准是长时间的、火辣辣的眼神交流,而不是漫不经心的随意一瞥。)

脉冲星后记

我们在上一章讲到,脉冲星故事的主人公们(索尔在从事博士后研究阶段的同事)在智利探索超新星1987A爆发后的残骸时,观测到了一个看起来很像新脉冲星诞生的信号,但它的音调飘忽不定。待他们对地球围绕太阳公转产生的微小多普勒频移略微校正之后,这个飘忽不定的信号在图上变成了一个完美的正弦波,这就是一颗行星围绕着超新星残骸运行时会发出的信号。于是,他们兴奋地将这项研究成果撰写成文,寄给了《自然》杂志。

第二年,该研究小组再次前往智利,看看自他们结束上一次的观察研究后,这颗脉冲星是否有变化。按照他们的预想,脉冲信号频率会放缓,也就是说,信号的音调会下降,因为脉冲星在每秒数千次的自转过程中会以引力波的形式逸散出大量的能量。第一天,他们整晚守着望远镜，但信号没有出现。第二天晚上，他们又回到了望远镜前，脉冲星的信号再次回归。然而第三天晚上，信号又消失了。后来，研究小组意识到，脉冲星信号和安装在望远镜另一侧穹顶处的一台用于其他研究的仪器之间存在某种关联：每当这台仪器开启时，脉冲星信号就会出现，而当它关闭时，信号就消失了！

研究小组用来探测脉冲星信号的仪器是一种高灵敏度的光电探测系统，因为灵敏度太高，它最终捕捉到了另一台设备泄露出来的信号，而这台设备发出的信号恰好与研究人员期望发现的脉冲星信号频率相同（大约每秒 2 000 次）。[6] 更巧的是，这些来自另一台设备的信号因多普勒效应而产生的偏差范围也恰到好处：在研究人员校正地球自转和围绕太阳公转产生的频移后，它正好变成了一段美丽的、完美的正弦波。所以，它根本就是噪声伪装成的假信号。当然，这也意味着在接下来的 1 个月里，研究小组的任务将不再是继续撰写研究论文，而是撰写一篇声明，撤回之前发表在《自然》杂志上的文章。事实最终证明，他们并没有发现能证明系外行星存在的第一手证据。

这个故事会让每个读者都心生敬畏。无论你是否想成为科学家，都有可能在人生的某个时刻孤注一掷，赌杂乱无章的噪声不会莫名其妙地摇身一变成为美丽的信号。然而有时候，事实会证明你下错了赌注，因为随机数的统计最终很可能会给你呈上一个出乎意料的看起来像信号的东西。

索尔事后评论道："虽然我当时还很年轻，但好在身边都是经验丰富的杰出科学家，而且我们发现错误后做出澄清的速度足够快，人们并没有因此而过度指责我们。但我要说的是，当我所在的科研团队在十几年后发现宇宙正在加速膨胀的证据时，这个由于误读噪声而造成的严重错误又在我的脑海中清晰地浮现出来。俗话说，一朝被蛇咬，十年怕井绳，被随机噪声愚弄过一次之后，再怎么谨慎都不为过。在决定是否将宇宙加速膨胀的研究结果公之于众前，我们必须反复地认真考量一番。"

索尔后来加入的研究宇宙膨胀的团队，在完成了他们能够想到的全部交叉检查和测试（即对结果的置信水平进行量化）之后，最终才宣布了自己的研究结果。他们的测量数据表明，宇宙膨胀的速度越来越快，或许存在一种此前未知的"暗能量"主导着宇宙的演进，这是一项十分惊人的发现。与此前假想出来的脉冲星信号不同的是，这项研究结果后来得到了多项其他测量数据的支持，有些使用了与之相同的测量技术，有些则使用了截然不同的三角测量方法。如今，寻找宇宙加速膨胀的原因和可能存在的暗能量，已经成为现代物理学的一大关键研究方向。

在前述所有案例中，科学家都必须判断自己是否收集到了足够的数据，以为其研究结论（即他们发现的是信号，而非噪声）提供足够的置信度支持。另外在日常生活中，我们同样需要能够对以下问题做出判断：自己认定为真的规律性模式不是随机噪声的概率有多大？这个概率要高到何种程度才足以让我们初步断定自己发现的东西是真正的信号呢？这就是我们将在下一章论述的主题。

第 8 章
两误相较，如何取其轻？

我们收集的数据与我们需要在现实世界中做出的决策之间总是存在矛盾。再想象一下，我们现在是刑事案件中的陪审员，需要仔细审视相关证据，判断被告是否有罪。当然，被告可能确实有罪（即存在真正的信号），也可能是无辜的（即控方给出的证据是噪声，而非信号）。在审判过程中，陪审员会收到大量证据，其中一些指向被告有罪，另一些则恰恰相反。由此可见，信号是混杂在大量噪声之中的，所以陪审员判定被告有罪也是概率性的（有可能误判）。然而，待事情百分之百确定后再去做决定是不太可能的，我们耗不起。所以，我们需要做出如下判断："我是否有足够的证据证明自己的选择是正确的？"这时候，我们就要引入"证明标准"，即得出结论（有罪或无罪）所需证据的阈值。在刑事和民事审判中，法官都会告知我们如何去做：只有当我们认定起诉方在诉讼过程中满足了法律规定的举证证据标准和举证责任要求时，被告才能被定罪。[1] 然而在其他情形下，没有人告诉我们应该使用何种证明标准，无论何时，只要我们根据概率证据做出明确的决定（是或否），就是在应用证明标准，不管我们主观上是否意识到了这一点。

设定证明标准阈值，我们首先需要在两类错误之间找到平衡点。例如，在刑事审判中，被告实际上只会面临两种结局——有罪或无罪，作为陪审员的我们也只会给出两种观点——认为被告有罪或无罪，这就产生了四种可能的审判结果（见表8-1）。

表8-1　四种可能的审判结果

		审判裁决	
		"无罪"	"有罪"
事实真相	犯了罪	释放一个有罪之人	将有罪之人绳之以法
	未犯罪	释放一个无辜的人	让无辜的人蒙冤入狱

作为有良知的陪审员，我们的选择充满了风险，它既能带来两种积极的结果（在司法公正的情况下），又可能会犯下两种极其严重的错误。让无辜的人蒙冤入狱是十分可怕的结果，但如果被告确实罪大恶极，想到我们可能会错误地让极度危险的犯罪分子逃脱制裁，令其继续逍遥法外，也同样令人痛心疾首。

对大多数读者而言，刑事审判算是一种比较熟悉的决策场景（即使没有亲身经历过，我们多少也能从电影或电视节目中熟悉一二）。我们也总会在生活中的其他许多地方面临类似的挑战，例如：

- 我是应该提早抵达机场以确保不会错过航班，还是应该在起飞前掐点到，避免在机场候机厅浪费生命？
- 我是不是应该对自家孩子的社交生活管得松一些，以给予其信任感并培养自主性，还是应该严加管教，尽量降低她受到伤害的可能性？
- 在房价上涨时，我们是应该实行房租管控以确保困难群体有房可居，还是任由房价上涨，激励房地产开发商建造更多楼盘？

• 我们是否应该接收战争难民，保障他们的安全并提供国民福利，还是应该禁止他们入境——万一有恐怖分子或罪犯潜藏其中呢？

科学帮助我们提高解决问题的能力的一个方法就是（暂时性地）抽离与问题相关的具体细节，从而让我们能够专注于众多问题的共性。借此，我们可以将上面的刑事审判表转化成一个更通用的模板（见表8-2）。

表 8-2 科学决策的通用模板

		决策	
		"信号缺失"	"信号存在"
事实真相	信号存在	假阴性/错误否定	真阳性/正确肯定
	信号缺失	真阴性/正确否定	假阳性/错误肯定

在表 8-2 中，我们将根据自己的最佳判断就"世界上是否存在某种信号"做出决策。这种信号可以是任何非此即彼的状态，如被判有罪或无罪、有资格或无资格获得政府援助、常见的风暴与罕见的龙卷风、确诊癌症或未确诊癌症等。如果我们判定信号存在，就可将这项决定称为"阳性"（肯定）；如果判定信号不存在，就称之为"阴性"（否定），这就产生了四种通用的结果类型：如果信号"缺失"，我们可以判定其"缺失"而得到正确的结果（真阴性/正确否定），或者判定其"存在"而得到错误的结果（假阳性/错误肯定）；如果信号存在，我们可以判定其"缺失"而得到错误结果（假阴性/错误否定），也可

以判定其"存在"而得到正确结果（真阳性/正确肯定）。假阴性和假阳性之间的矛盾也可以视为"不作为之罪"和"作为之罪"的对立。

表8-2给出的一个直接启示就是，简单地给我们的决策贴上"准确"或"不准确"的标签是没有意义的，因为"准确"或"不准确"各有两种形式。在医学（比如信号可能是"癌症"）和教育考试（比如信号可能是"考试的正确答案"）等领域，人们已经开始将关注的重点从总体准确率（即正确决策占总数之比）转至更能说明信号准确性的信息标准，即所谓的灵敏度（当信号确实存在时，我们判定其"存在"的次数）和特异度（当信号确实缺失时，我们判定其"缺失"的次数）。

任何旨在帮助我们做出预测的测试（无论是癌症筛查，还是医师执业考试），都应该同时具备高灵敏度和高特异度。请注意，我们可以通过总是判定"信号存在"来最大限度地提升灵敏度，例如：我们可以说，肿瘤总是恶性的，这样一来就不会轻视任何一种癌症。但这种做法很可能会降低我们的特异度（因为我们基本把所有类型的肿瘤都说成了"癌症"），癌症筛查就会变得毫无意义。所以，我们需要在"肿瘤"和"癌症"之间设定一个行之有效的诊断阈值。

证明标准和误差权衡

需要重申的是，在一个充满了噪声和不确定性的世界里，犯错在所难免。通常我们的主观意向会使我们更在意某种类型的错误。如果我们更懊恼自己犯下了"假阴性（即错误否定）"的错误（因为不想遗漏任何可能是癌症的肿瘤），不妨把标准（或决策阈值）大幅下调，即总是倾向于表示"信号存在"。如果我们更想避免犯"假阳性（即错误肯定）"类型的错误（因为我们不希望吓坏那些没有患癌的人），就可以将标准（或决策阈值）大幅上调，即总是倾向于表示"信号缺失"。[2]

遵循英美法系，我们会让陪审员采用一套偏向于不将无辜者定罪的举证标准，英国法学家威廉·布莱克斯通（William Blackstone）爵士提出过一个著名的论点：宁可让十个有罪之人逍遥法外，也好过将一个无辜之人定罪。[3]因此，陪审员通常会被告知：除非认为被告的犯罪证据达到"排除合理怀疑"（即确凿无疑）的程度，否则就应投票判其无罪。

在某些人看来，这似乎是一种对犯罪的纵容。然而，这种偏向的产生有着充分的理由。首先，刑事案件的审判往往是公民个人与整个公诉机关之间的权力对抗，而后者拥有的资源要比前者大得多。其次，在许多情况下（比如所谓的"悬案"，即我们已知犯罪发生了，但不知道凶手是谁），人类始终无法摆脱逻辑偏差，即总是倾向于将罪证确凿的判定门槛抬高（即疑犯从宽）：如果判定标准过低，导致我们给无辜者定了罪，那么很可能就会让真正的罪犯逍遥法外。

遗憾的是，"排除合理怀疑"的界定的含糊性可谓臭名昭著。法官可不会告诉你，你的怀疑是否合理，所以陪审员必须自己去判断。在一项针对美国联邦法官的调查中，约1/3的法官表示"排除合理怀疑"相当于有95%的把握（认为被告有罪），另有约1/3的法官认为应该是99%，剩余1/3的法官则给出了其他数字。本书作者之一（罗伯特）曾尝试估算陪审员实际采用的阈值，根据他的发现，这一数值似乎远低于95%。

不幸的是，这种模糊性带来的回旋余地为陪审员的偏差创造了机会。为了证明这一点，我们做了一个实验：给加州大学伯克利分校的学生提供一个虚构的司法案件，请他们以陪审员的身份做出判定。我们给一半的学生提供了一份书面的刑事案件描述，其中包括以下关键信息："被告是加州大学伯克利分校一名21岁的学生，被指控在当地一家酒吧的停车场袭击他人。"另一半的学生则被口头告知，被告是"伯克利一名21岁的失业者"。然后，我们分别询问这两个小组的学生：被告的确实施了犯罪行为的可能性有多大？结果发现，在证据完全相同的情况下，"失业者"小组的学生更倾向于判定被告有罪。归根结底，在得知被告同样来自加州大学时，学生们更愿意给予其"疑罪从无"的优待。

我们继续问学生们：将无辜之人定罪和将有罪之人无罪释放，哪种错误更严重？认定被告为伯克利失业者的学生认为，将自己的同学误判为有罪的后果比将一个失业者错误定罪更严重。其他研究也发现了类似的偏差，即陪审员的判断标准受到被告人的种族、外貌和其他特征的影响，即便他们明知这些特征与犯罪事实之间没有任何逻辑联系。

案例分析：标准化测试和大学录取

为了进一步说明我们所做的选择与可能出现的错误之间的相互作用，让我们研究一下美国大学录取标准与学生成绩之间的关系。多年来，美国各大院校都要求递交入学申请的学生参加知识和认知能力的标准化考试，如SAT（高中毕业生学术能力水平考试）或ACT（美国大学入学考试）。我们研究了标准化考试分数（预测因子）与学生在大一期间学业成绩之间的关系,分数区间均为0~100分。

如图8-1所示,每个点代表一个申请大学的学生(实际上,每年可能会有成百上千的申请者,所以你可以将每个点都想象成100个同分的学生)。

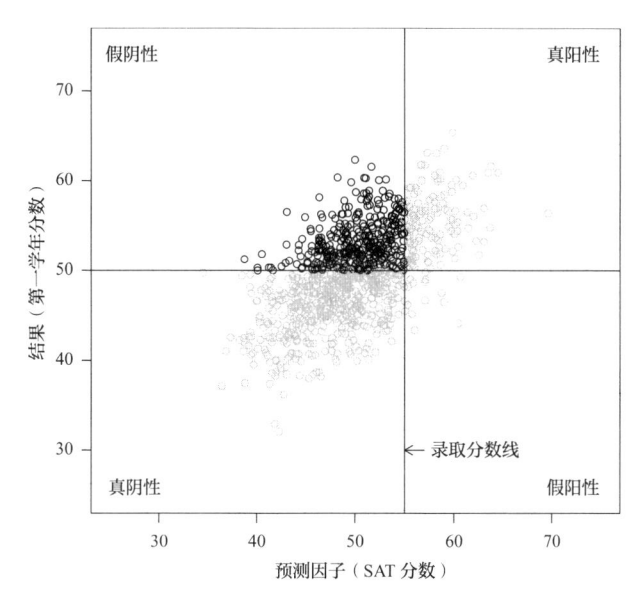

图 8-1　高录取分数线会增加假阴性错误

图8-1被一条横线分割成上下两部分,它代表了各大院校衡量成绩合格与否的标准线,即位于横线之上的学生属于"表现良好",横线之下的学生则处于"留校观察"状态,甚至有可能因成绩过差而被开除。图8-1上还有一条纵线,代表了各大院校招生委员会设定的录取分数线,即该分数线右侧录取,左侧不录取。出于研究的目的,这一年学校将录取所有申请者,以便观察那些本应该被拒之门外的学生在入学后会有何表现。一横一纵两条线将图8-1划分成了我们很熟悉的2×2表格,其中包括了两种成功的预测(真阳性和真阴性)和两

种失败的预测（假阳性和假阴性）。请注意，从左下角到右上角，所有的点大致连成了一条对角线。这表明，预测因子（SAT 分数）与结果（大学学业的合格率）之间存在正相关，尽管这个关联远称不上完美。

需注意的是，通过设置较高的录取分数线，我们可以获得相对较少的假阳性，即最大限度地降低以下风险：录取那些无法"学有所成"的学生。但与此同时，我们也会犯很多假阴性的错误，即没能录取那些本可以在求学期间发挥巨大潜力的学生。

假设一位新上任的大学校长宣布，她愿意通过降低录取分数线的方式，给更多申请者提供公平接受高等教育的机会。录取分数线降低后的结果如图 8-2 所示：假阴性错误减少了，但也付出了代价（假阳性错误增加了），即招进来的学生可能很难取得合格的成绩。

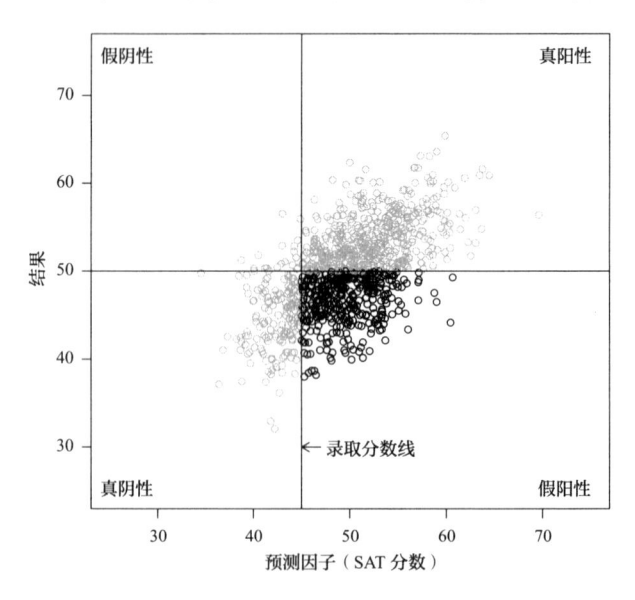

图 8-2　低录取分数线会增加假阳性错误

除非我们拥有一个校准良好的水晶球（可以预测未来），否则只要我们为预测因子和结果设置分数线，就会不可避免地犯错误：要么只招收那些能在本校表现优异的学生，要么良莠不齐地全部招进来。设定分数线并非科学或数学计算，而是一项政策层面的决定，是人类价值观的缩影，即哪种类型的错误是可接受的。[4] 现实世界的决策可以参考数据和信号检测理论等数学原理，但同样会不可避免地牵涉价值判断。并没有特别的理由认为科学家更擅长做出这类权衡，因为这种价值判断需要综合考虑各方利益相关者的价值投入，包括大学管理人员、教职员工、未来的学生及其家长等。

如果设置的录取分数线较高，我们就能减少假阳性错误，但会增加假阴性的错误；如果设置的录取分数线较低，就会得到相反的结果。这是否意味着科学无法帮助我们摆脱这种两难的困境？并非如此。在图8–3中，我们模拟了这样的场景：如果我们所做的不仅仅是

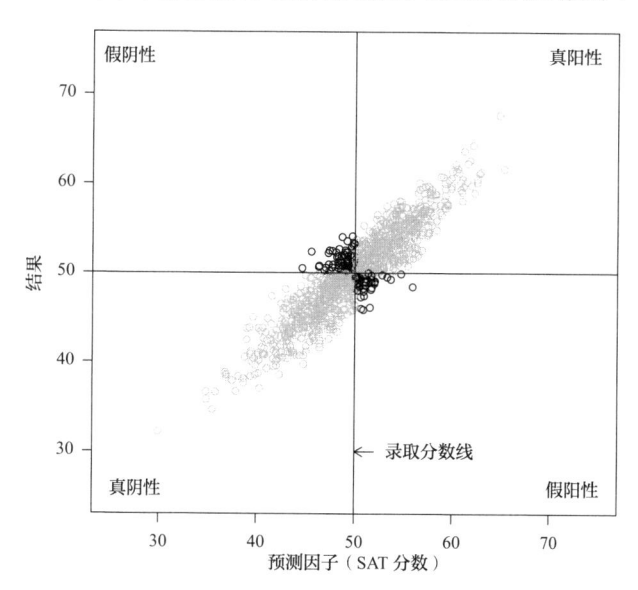

图 8–3　增强预测能力减少了两种类型的错误

调高或调低录取分数线，而是集中资源开发出一种新测试，以更好地预测学生入学后的成绩，那么结果会怎样呢？我们发现，图 8-3 的数据点分布收窄了，呈现出更明显的对角线形分布。这就意味着上述两类错误都大大减少了。因此，尽管科学知识无法在短期内彻底消灭这种基于价值观的权衡，但从长远来看，如果我们愿意投入资金进行必要的研究与开发，就能极大地减轻权衡造成的不利影响。[5]

案例分析：诊断性检查

还有一个领域容易受我们对各种错误风险的价值判断的影响，它就是诸位都很熟悉的医学诊断性检查。我们将用这个例子来揭示影响错误率的另一个因素——基础率，即信号实际存在的百分比。

《纽约时报》发表的一篇文章指出，在几种罕见病的检查中（如迪格奥尔格综合征或 4p 部分单体综合征），大部分检查结果呈阳性的人实际上都是阴性，误诊比例高达 81%～93%。[6] 那么这些检查是否毫无意义？幸运的是，绝大多数接受检查的人并未患上这些罕见病。我们观察到的假阳性结果的实际数量不仅取决于检查的不准确性（即检查的假阳性率和假阴性率），还取决于疾病的罕见程度。在检查手段不够完善且大多数接受检查的人实际上并未患病时，我们就会发现假阳性要多于真阳性。原因很简单，因为不存在那么多可供发现的真阳性。（你可能已经想到，有一种方法可以计算出这个概率，它就是贝叶斯法则。[7]）

尽管假阳性率很高，但为了让真正确诊的患者接受必要的治疗，这些罕见病的检查还是很值得的。好消息是，我们通常也不会让假阳性病人担惊受怕太久，或错误地接受不必要的治疗，因为我们通常会进行二次检查，其成本较高，但误诊率较低。对初筛阳性的人进行费用高昂的二次检查，能极大地纠正初次误诊的错误。

摸着石头过河

在前文的所有案例中，我们一直在使用 2×2 表格分析误差模式。然而在现实世界中，我们在很多情况下根本无法看到这个表格的全部 4 个单元格。以我们任教的加州大学伯克利分校和斯坦福大学的录取结果为例，我们经常会（而且是实事求是地）对自己的学生说：你们非常棒，是精英中的精英，能够招到你们是我们的荣幸。然而学校招生委员会心知肚明的是，如果能把录取名单往下拉得更长一些，我们还可以再录取一大批优秀学子。问题是，没有录取他们是不是一个错误，我们永远都不会知道。没错，因为我们根本就无法知晓，如果录取了他们，其学业表现会如何，又或者他们在被录取之后是否会在一个竞争氛围更加浓厚的学校里异军突起。做出相反的决定后，世界会变成什么样子，我们永远都不可能看到。

1973 年出现过一个十分有趣的案例，当时，关于"精神科医生和假释委员会是否有足够的能力来判断监狱囚犯或精神病患的危险性，并做出是否将其释放的决策"这个问题，人们争论了很久。然而，由于严重的预算不足，部分看守机构不得不释放所有人。因此，即使精神科医生将部分病患和囚犯判定为过于危险而给出了"不应释放"的结论，州政府官员仍表示："好吧，我们不在乎你的意见，总之我们要释放他们。"因此，我们得以有机会去真正了解这些潜在的重度危险人物被释放的后果。结果发现，大多数被判定为"危险"的人，在接下来的3年里都没有再犯任何暴力罪行。在我们看来，审查人员通常更愿意接受非常高的假阳性率，以避免因释放真正的危险分子而担责。他们似乎将社会安全置于（被关押者的）个人权利之上。至于这种权衡和牺牲是对是错，相信不同的读者会有不同的看法。

两难的抉择

前文的案例已经表明，在假阳性风险和假阴性风险之间存在着痛苦的权衡与抉择，降低其中一方的风险就意味着增加另一方的风险。同样，设定最低录取分数线本质上是一项政策性的决定，反映了高等院校对不同错误的相对成本的抉择，而这种决定本质上是基于价值观的政治决策，而非科学决策。

因此，让我们在此重申本章最基本的观点：科学可以告诉我们如何估算概率，但不能告诉我们应该采用什么样的决策阈值。我们的证明标准（决策阈值）是一种基于价值判断的表达，即在特定情况下，我们更希望避免哪种错误。

科学家和科学爱好者群体有时也会忽略这一点。想一想新冠疫情暴发之初，人们关于封控政策是否可取的激烈争论，虽然本书不会对此进行深入探究，但我们认为的确有令人信服的科学证据证明封控可以减少病毒的传播。然而，我们必须将病毒传播的风险与封控可能造成的危害进行比较，看看孰轻孰重，权衡之下再做出最终的选择。或许我们最终能够量化每种相关的风险，但在新冠疫情暴发之初，在必须快速决策之时，我们还没有掌握足够的知识和信息做到这一点。在我们看来，鉴于当时的医疗条件，许多人认同封控对公众健康有益无疑是正确的，但这并不意味着政府采取封控措施是科学所授意的，因为封控可能会牵一发而动全身，造成其他方面的影响。同理，在购买汽车时，我们都会在车辆的安全性能和价格之前做权衡。同样地，强制封控也存在各种利益和成本上的权衡，需要全盘考量公共卫生、经济和教育等方面。社会如何看待设定了其决策阈值的价值观？我们将在第16章和第17章中继续探讨这个问题。

错误权衡与"统计显著性"

学过统计学入门的读者会认识到，统计假设检验中也存在同样的权衡问题。你一定听说过"统计显著性"这个词，它是由一个神奇的值 $p < 0.05$ 决定的。这就是所谓的 p 值，简单地说，就是在事实上不存在任何关联的情况下，检测到与你在数据中观察到的关联一样显著的关联的概率。

这是一个充满争议的评判系统，如果你得到的 p 值是 0.049，那么你便可以欢庆成功了，但如果 p 值是 0.051，你就会心生绝望。概率层面如此微小的差异就决定了结果的云泥之别，让很多人觉得极不合理。我们凭什么认为这两个数据（明明相差极其微小），一个很重要，另一个不重要？

老一辈的统计学家相当武断地选择了 0.05 作为临界值。按照惯例，这个决定是为了避免假阳性而非假阴性的结果。然而，原则上你可以主张采用更高或更低的临界值。也许当我们表示相关影响并不存在，从而忽略了真正的影响时，科学便成了最大的"受害者"。

很多人为此感到不安，因为在某些公共政策领域，我们需要在现实世界中测试干预措施的效果。样本量很小，测量结果充满噪声，因此很难检测到信号。此外，我们设定了非常严苛的阈值，以防止人们在没有效果的情况下声称效果存在。因此，在效果真实存在但很微弱的情况下，我们就不能说其有效果（因为在这种情况下很难达到$p<0.05$的标准）。很有可能的是，我们将很多有效的政府干预措施弃如敝屣，因为我们不得不在数据稀缺和噪声干扰严重的领域内使用这个严苛的阈值，以至于我们根本无法检测到效果。而我们要决定是否做出转变减少此类损失，其实是一个价值判断的问题。

我们能否减轻权衡带来的痛苦

如前文所述，科学可以通过提升预测工具质量的方式减少决策错误。此外，我们还可以采取其他措施来对权衡进行管控。

有时候（应该是很多时候），我们认为可以采取所谓的权宜之计，即先行尝试再检查结果，然后回头优化决策。美国立法者则可以采用"日落条款"，即在重新拨款之前再度评估方案。然而不可否认的是，这可能会导致棘手的问题出现，因为"日落条款"会刺激各党派成员歪曲证据，以支持或反对特定计划的落地。

有时候，我们还可以暂缓决策，待收集到更多的证据后再做判断。正如我们在本书中反复强调的，在某些时候，就某人或某事形成最终看法的时机尚不成熟，因而不可过早地下定论。在经济形势不明朗时，人们就会推迟购房或跳槽的决定。医生会等到检测结果更明确后再决定是否做侵入性治疗。当然，在有些情况下，我们不能等待，必须马上做出决定。例如，收到洪水预警后，市长就得尽快决定是否需要疏散市民；在发现闯入限航区的飞机后，军官就需要决定是否对其开火。陪审员同样不能说："法官大人，我们有82%的把握认定他有罪。"如果他们这样说，法官很可能会要求他们返回陪审团室继续讨论，直到得出一个明确的结论。

我们希望诸位在读完本章后能认识到，公众的分歧并不总是关乎事实。有时候，争议的焦点往往在于如何设定正确的证明标准，即我们认为需要多少证据才足以令对立方改变立场。

这是概率思维的本质特征：我们不能指望任何事情都确凿无疑，所以就需要决定多少证据才算足够。此外，由于不存在绝对的确定性，即便是得到证据充分支持的政策，也可能会出错。我们或许都同意，不能为有需要的人提供帮助，或让不需要帮助的人占政府的便宜，都不是好事，而我们或许只是在判断"哪种错误更严重"上产生了分歧。就这些问题阐明我们的看法并不能消弭分歧，但可以极大地帮助彼此理解分歧是什么。提高预测的准确性能够减少上述两种类型的错误，相信对立双方都会同意这一点。

第 9 章
统计不确定性和系统不确定性

如果世界上所有的事物及其属性都可以被非黑即白地量化成确定的数值，那该多省心啊！如果每个人的身高正好都是 3 英尺①或 5.5 英尺，那么在你上网买票并驱车前往迪士尼乐园之前就能明确地知道，你家 5 岁小孩的身高能否满足其中大部分游乐设施的乘坐要求。然而，人的身高不可能如此标准，于是你不得不先给家里那个迫不及待想去迪士尼的小家伙量身高。他事实上可能已经达到 40 英寸②的身高要求，而你要做的就是去抽屉深处翻出旧卷尺。随手一量，你发现他的身高已经非常接近"可以乘坐游乐设施"的要求，但你在测量时手不稳（导致测量结果掺杂了噪声），于是你开始犹疑不定，一会儿觉得"好像没问题"，一会儿又觉得"不行"。于是，你想着是不是干脆量上个十次八次，再取个平均值，这样总能抹平手抖造成的误差了吧。然后你又依稀想起来，自己好像把卷尺放在裤兜里丢进洗衣机洗过，也不知道洗完后它是不是缩水了。（反正裤子肯定是缩水了！）果真如此的话，测上一百次恐怕也没啥用。唉，真是让人头疼……

---

① 1 英尺 =0.304 8 米。——编者注
② 1 英寸 =0.025 4 米。——编者注

在现实世界中，当我们面对无处不在的噪声和不确定性时，我们可以从这个心酸又搞笑的故事中学到另一种十分有用的概念工具。我们看到，噪声和不确定性会以两种方式影响测量结果：第一种导致测量结果出现随机波动（比如你拿着卷尺的手抖了），但可以通过平均值来减少这种误差；第二种将结果系统性地引入"歧途"（如果你使用了缩水的卷尺，每次的测量结果都会偏高）。要真正量化我们的置信度，降低随机数据可能误导我们的概率，就必须妥善处理这两种复杂的情况。

针对上述难题，科学为我们提供了宝贵的语言工具和科学方法。事实上，如何妥善地处理不同类型的噪声和不确定性已经成为一个亟待解决的关键问题，以至于众多科学领域都专门为其设定了专有术语，它们或许有着各不相同的表达，但核心含义相似。例如，索尔等物理学家将这两种噪声源分别命名为统计不确定性和系统不确定性，罗伯特等社会心理学家则用信度和效度来指称，统计学家则可能会将二者分别称为精确度和准确度，或使用听起来更专业的术语：方差和偏差（此处的"偏差"专指统计学领域的含义，应该与日常用语的含义加以区分）。鉴于这些术语都存在细微的差别（相关详细论述将在本章后续部分展开），哲学家约翰在运用它们时，通常都需要依据自身需求来选择最贴切的表述。

体重秤的偏差

为了深入理解这些术语，让我们举一个贴近生活的例子，看看这两种不同类型的不确定性是如何体现在日常生活中的。假设在你出差之前，医生出于健康考虑建议你减重 5 磅[①]。于是每到一家酒店，你都要测量一下体重。因为入住不同的酒店，所以你用的体重秤也不一样。站在第一家酒店的秤上时，你可能惊喜地发现："咦，我好像比预想的轻了 3 磅呢，这台秤可能坏了。"之后你去了别的地方，站在了另一家酒店的体重秤上，这一次你惊讶地发现："哎呀，这台秤显示我比预期的重了 2 磅呢。"这时候你开始怀疑，或许酒店根本就懒得校准这些体重秤。在整整 1 个月的出差之旅中，你住过很多家酒店，也用过了各式各样的体重秤，你可能会想，如果我把所有测量值都加起来取个平均值，是不是就很接近我的真实体重了？毕竟在你看来，所有的体重秤都偏轻或偏重的概率并不大。

回到家后，你用自己的体重秤测了一下，但你没意识到的是家里的体重秤也不准，它显示的体重总是比真实体重轻 5 磅。你一开始可能误以为是长途飞行导致的脱水让自己掉秤了，然而你连续称了 1 个月后发现，自己的体重仍比出差期间平均轻 5 磅。事实上，不管你用这台秤称多少次，它都会始终如一地显示你的体重轻了 5 磅。或许你会为自己坚持不懈地减掉了 5 磅而欢欣鼓舞，但你实际上 1 两肉都没掉。当然，这正是科学家们长期以来致力于解决的一类问题，即如何去伪存真：我们获得了一个令人满意且可复现的结果（多次测量体重均显示相同的数字），但它始终与真实体重（事实）相差了 5 磅。

这便是科学家们开始区分和标记两种不同的不确定性的出发点：统计不确定性描述了导致测量结果围绕正确值随机上下波动的噪声源，比如你在出差期间使用各家酒店体重秤测出的不同体重值，相较于真实体重，它们时而偏高，时而偏低。当测量结果只存在统计不确

[①] 1 磅 ≈ 0.45 千克。——编者注

定性时，通过不断累加并平均更多的测量结果，我们就能逐步趋近于事实。而系统不确定性描述的是将每次测量结果均推向同一方向的噪声源，要么全部偏高，要么全部偏低，就像你家里的体重秤显示的数值总是低于实际值一样。如果测量结果只存在系统不确定性，那么无论测量多少次，结果都不会趋近于事实，而是趋向于一个存在固定偏差的结果。[1]

这两种不确定性的有趣之处在于，明确认识到二者之间的差异后，你就会发现要获得精确可靠的测量结果（即确保信号清晰，避免噪声干扰），你需要针对性地采取不同的应对策略。如果在多次重复测量的过程中，结果呈现随机波动（比如因为手的轻微颤动而影响了卷尺的稳定），你就需要增加测量次数，通过统计平均值来降低噪声的影响，或干脆找一个手更稳的人，以获得一致性更好的结果。当你怀疑可能存在系统不确定性时，问题往往会变得更加棘手。因此，科学家们的大部分工作（以及本章后续的内容）主要针对的就是如何应对系统不确定性。

如何应对系统不确定性

试图处理潜在的系统不确定性的过程，给了我们充分发挥创造力的机会。因为你的首要任务就是尝试提出各种可能导致测量结果系统性地朝某个特定的方向偏移的方式。你使用的卷尺有没有可能被人为地拉长或缩短，以至于每次量出的身高都带有同样的偏差（总是偏高或偏矮）？有没有可能大多数人都会专门挑选一些体重显示偏轻的秤（或许是无心之举），因此，即使你用了朋友家里的体重秤，得出的数值也会偏低？你的第二个任务就是找到一些方法来检测是否存在这种系统性偏差，或更理想的情况是，采取措施降低它对测量结果的影响。比如，你有没有可能找到其他更可靠的卷尺或体重秤来对比身高或体重的不同测量结果？又或者，不管能否证明测量结果存在系统性偏差，你是否可以摸索出其他测量方式，使现有测量工具存在的特定偏差变得无关紧要？最后一种可能性乍听起来有悖于直觉（特定偏差怎么会变得无关紧要呢），但我们可以通过一个具体实例来阐释。

假设莎拉即将进行1英里的长跑训练，即绕着跑道跑4圈。她的教练想要精确计算莎拉跑第3圈的速度，于是便决定采用如下测量方式：莎拉一跨过标志着第三圈开始的那条起跑线，教练就按下秒表按钮，开始计时，待莎拉再次跨过这条线时（标志着她开始跑第4圈），教练便迅速按停秒表。

在分析这个计时结果时，我们首先会意识到，其中潜藏着几个可能诱发统计不确定性的因素：莎拉在跑第3圈时，其速度可能并非每次都能保持一致；莎拉的教练在按下秒表计时按钮时，也可能存在时间上的细微差异，有时可能稍快，有时可能稍慢。但统计不确定性可以通过测量莎拉在多次训练课上跑第3圈的耗时后取平均值来应对（但教练基本不会在同一天安排太多次训练，因为莎拉可能会累垮）。事实上，在多数情况下，通过对单次测量结果取平均值，我们确实能够有效地降低统计不确定性的影响。然而，如果教练对莎拉越过起跑线的反应总是慢半拍，以致他总是晚于实际时间按下秒表按钮，会导致什么问题呢？这听起来像是系统性误差的一种来源，因为教练慢半拍导致的误差，并不会随着测量次数的增加而被平均化。

不过你可能已经注意到，在这个故事中，教练需要在第3圈开始和结束时分别按下秒表的同一个按钮才能完成计时，而两次都会慢上半拍。因此，只要教练在计时开始时的延迟反应与计时结束时（也就是第4圈开始时）的延迟反应相同，二者就能相互抵消，测量结果也就不会受到这种偏差的影响。这听起来像是一个凭空捏造的范例，似乎是一种纯靠运气才能实现的目标，然而这正是科学家们不懈追求的创新方法，旨在解决可能引发系统不确定性的棘手问题。还记得在医学实验中，将受试者随机分配到治疗组和安慰剂对照组的做法是多么有效吗？这种方法的精妙之处在于，将两组进行对比时能有效地消除可能导致结果偏差的系统不确定性因素。

系统不确定性在现实世界中的体现

我们在这方面的目标是：能够敏锐地意识到系统不确定性的来源，以及潜在应对之策的存在，无论它们在何时何地出现。让我们一起看看两个源自现实世界的、以不同方式引人深思的案例。第一个关于系统不确定性的现实案例尤为重要，你可能在地方选举中亲身经历过这种情况，比如当你为学校董事会等较不知名的候选人投票，而你又没有对该职位的相关议题或候选人给予足够的关注时，就可能遭遇系统不确定性带来的挑战。

研究表明，当选民看到候选人的名字却对其一无所知时，在同等条件下，他们更倾向于投票给候选名单上排在第一位的人。相较于名单上的其他候选人，排在首位的候选人通常能多拿到5%的选票。这是一种不容忽视的效应，因为在很多竞选中，5%的选票差距足以让这位候选人轻松胜出。

但如果选民是听到而非看到候选人名单，那投票的结果可能就完全出乎意料了，因为你会得到截然相反的结果。当民意调查员通过电话咨询选民最有可能投票给谁时，这种情况就会发生。也就是说，当民意调查人员通过电话依次将候选人名单念给选民听，并询问其投票意向时，最后一个被提及的候选人会获得更高的支持率。因此，仔细思考后你会发现，如果在一次竞选中，某位候选人的名字被印在了纸质选票的首位，而民意调查人员在电话询问中按照纸质选票上的顺序向选民宣读候选人名单，那么竞选前的民调结果可能就会对胜出者做出错误的预测，即位于选票首位的候选人在电话民调中显示出了5%的劣势，但在实际选举中拥有5%的优势。

这也太疯狂了！既然知道了这种系统性偏差的来源，我们是不是可以不在所有选票上印刷排列顺序一模一样的候选人名单？在加利福尼亚州的州议员竞选中，有人发现了姓名排序可能带来的系统性偏差问题，并试着推出了一个解决办法：先对候选人进行随机排名，然后再打印纸质选票。事实证明，这个做法治标不治本。如果你对"公平"二字的理解有些片面或荒诞的话，可能会认为此举很公平，因为每位候选人都有均等的机会位列名单首位，从而获得5%的选票优势，但这显然不是我们真正追求的公平。我们的目标并不是公平的"误测"，而是想要努力捕捉选民的真实倾向（即他们想要投给谁或什么样的人），排除那些明显根据姓名排序投票的5%选民带来的干扰。然而奇怪的是，在加州州议员和美国国会议员的选举中，人们并未犯同样的错误：选票以县为单位印制和分发，各候选人在选票上的姓名也将根据加州的58个县轮流调整。尽管这也算不上一个尽善尽美之法，但应该有助于平衡排名首位带来的选票优势，就像你在出差时使用多家不同酒店的体重秤并取平均数一样，如此得出的结果才会尽可能地"保真"。

第二个真实案例旨在阐明，在识别和处理统计不确定性和系统不确定性时，我们会面临多大的风险。到目前为止，我们对过去一个世纪全球气温变化的测量是对是错？这是个非常重要的问题。如果我们的理解存在偏差（从概率上说，出错的可能性的确存在），其后果很可能是灾难性的：要么采取错误的行动来解决一个被误解的问题，要么不采取行动，放任气候灾难降临。

在过去的一个世纪里，全球各地的气象学家都在通过每天观察温度计来详细记录当地气温数据。气候科学家则通过这些测量数据估算了全球平均气温的变化，并绘制出了本书第6章所示的图。我们从图6–1上可知，20世纪的气温明显呈上升趋势。在这个过程中，统计不确定性和系统不确定性均发挥了显著影响。首先，由于不同地域、不同日期、不同年份的微小天气差异，以及温度计制造工艺的不尽完善，每天记录的本地测量数据中均夹杂着一定程度的噪声。对于这些噪声，我们需要将其鉴别并归类为统计不确定性，因为只要我们能收集到足够多的数据，就能通过取均值来消除统计不确定性。然而更棘手的是，相较于20世纪初，20世纪末出现的系统性偏差，其产生的根源有着很大的不同。

在此期间，保持恒定不变的系统性偏差将相互抵消（就好比莎拉的教练在计时开始和计时结束时都会慢半拍），因此我们无须担心。例如，假设全球所有的气温测量员都选择在下午气温最高时测量每日的平均气温，那么相较于一整天的平均气温，此举无疑会造成系统性偏差（即气温整体偏高）。然而，只要此类误差在整个世纪内保持一致，就不会造成气温变化测量的系统性偏差。

反过来说，倘若在一个世纪的时间跨度内，测量偏差确实发生了变化，那么我们在检测气温变化时就要充分考虑系统性误差的影响。以气温监测地的系统性变化为例，在20世纪初，由于大部分气温记录者都来自欧洲和北美洲，所以这些地区的测量数据占了较大比重。然而到了20世纪中期，随着非洲、南美洲和亚洲提供的资料越来越多，数据开始趋向于均衡分布。此外，另一个随着时间推移而初步显现的地理变化因素可能源自城市化进程。从20世纪初期到中后期，随着城市人口规模的持续扩大，来自城市或城市周边地区的气温数据越来越多。众所周知，由于城市热岛效应的存在，城市地区的气温往往高于周边农村地区。

近几十年来，由于全球变暖逐渐上升为引起世界各国重视的政治问题，人们开始广泛关注气温测量中的系统不确定性。有研究团队专门为此展开了一项对照研究，他们比较了一个世纪以来城市周边地区与农村地区的气温变化（索尔也参与了这个研究项目）。这种对照研究方法能有效控制气温测量数据中可能由地区差异导致的系统不确定性。研究结果显示，城市地区与农村地区的气温变化差异，还远没有达到令我们担忧的全球温室效应的标准。这也表明，21世纪以来的城市化进程并未成为21世纪全球气温变化测量过程中关键的系统性偏差因素。

那么，在一天中选择的测温时间是否会造成影响呢？调查发现，在计算日平均气温的过程中，气温数据的采集方法与采集时间都不是固定的。例如，20世纪初，美国国家气象局建议在日落前后收集气温数据，而到了20世纪末，美国大部分地区的气温测量工作都转到了早晨（可能因为早晨的气温相对较低）。因此，现在来确定过去各个时期的平均气温是比较困难的，因为你需要努力消除实际测温过程中的时间差。

此外，测量气温的方式后来又发生了转变，这一次涉及海洋表层温度的测定。20世纪初期，人们一般用以下方法来测量海洋温度：从船上扔下一个水桶，装满海水后再拉上来，然后测量桶内水温。到了二战前后，人们开始尝试在船只发动机冷却水的进水口放置温度计以获取水温数据。可想而知，这两种测量方法得到的数据必然存在一定的差异。与用水桶获取的表层海水相比，从进水口流入的海水必然来自海平面以下更深处。显然，当时从事测温和数据记录的人从未想过有朝一日人们会需要比较这些温度记录，所以也没有进行交叉校准，毕竟他们测量水温是出于其他目的（而非纯粹记录海洋温度）。因此，在当前所有使用到这些海洋温度记录的研究中，科学家们需要谨慎考虑这两种不同测量方法导致的温度读数偏差，而且偏差的大小还是未知的。由于时间久远且在测量方式变化期间人们使用的船只已难以追溯，我们目前也难以将水桶测量法与进水口测量法得出的数值进行比较，从而精准确定这种偏差的具体数值。

知晓气温数据收集方法的变化后，它们自然就成了我们的重点研究对象。在上述案例中，这些变化催生了我们需要测量的"温度测量偏差集"，其自带的统计不确定性无疑会给全球气温变化的最终精确估计造成一定的影响，但好消息是，一旦我们将这些偏差集视为通往正确答案道路上需要确定的又一个关键变量，便可以借助前文描述的标准概率推理，对这种不确定性进行量化，并据此设定合理阈值，判断何种程度的"确定性"足以支撑我们采取相应的行动。例如，考虑到全球气温变化可能带来的严峻后果，我们或许在仅有75%的确定性时，便需要果断采取应对措施。同理，当我们有95%的把握认为，资源的全球性转移将对全球经济造成重大破坏时，我们才会做出相应决策。

创造性地应对系统不确定性带来的挑战

在测量全球气温以确定其变化的过程中，我们发现了多个潜在的系统性偏差来源。针对每种偏差，我们分别采取了不同的处理策略：在一些情况下，我们找到了在测量过程中消除偏差的方法；在另一些情况下，我们通过测量系统性效应，将其转化为更可控的统计不确定性；至于其他情况（此处未具体说明），我们只需证明系统性效应不至于显著到影响测量结果即可。基本的底线是，一旦确定了潜在的系统不确定性来源，我们就要进行深入的研究并找到合理的解释。因此，科学家接受大量专业培训的目标，就是要让自己越来越善于识别这些不确定性的来源，寻求控制、平衡或测量每个不确定性来源的创新性方法，并确保我们的测量结果具备足够的准确性，能够作为科学决策的依据。

在接下来的章节中，我们将深入探讨与"所见不同之士"合作的重要性，其中最重要的一个原因是，在给别人"挑刺"的同时，我们更容易发现系统不确定性的来源。因此，如果你想发掘出可能扭曲测量结果的系统不确定性，或许就需要去主动接触那些会质疑测量结果的人（尽管这会令你很痛苦）。在最理想的情况下，科学家相互审视和严厉抨击彼此研究成果的传统，已成为他们寻找系统不确定性的又一个关键做法，其重要性甚至超越了科学家以"提高自身对系统不确定性的甄别能力"为目的而接受的所有专业训练。一旦你开始关注系统性偏差问题，就有可能在日常生活中察觉或寻找为自己的决策提供支持的证据中存在的系统性偏差。（例如，当你的老板对你写的东西进行批判性修改或驳回你的建议时，你就能清楚地意识到系统性偏差的存在，而当他们对你递交的任何东西都照单全收时，你可能就对此浑然不觉，并让你产生错误的自我评价，即觉得自己值得争取更好的职位，从而错误地做出跳槽的决定。）然而，想要在科学文化之外找到一个与自己意见相左，并能帮助我们探寻系统性偏差的人，比你想象中要困难得多（此处的"偏差"一词既包含了我们一直讨论的专业性含义，也包括了通用含义）。

此外，当我们需要依据科学家的研究成果做出影响个人的决策时，比如应该服用哪种药物，或是否支持用水力压裂法开采天然气的相关政策等，我们应该审慎地核查科学家是否已经在研究中对系统不确定性因素做了全面探查。为此，我们可能需要知道，哪些持有异议的科学家或竞争对手已经研究和探寻了相关的系统不确定性。在某个领域的专家阐述他们为何坚信某个科学发现的正确性时，这些问题就是我们期待他们去解答和阐释的关键议题。

助记图标

鉴于本章的目标是让大家明确统计不确定性和系统不确定性的差别，请让我们用下面这个一目了然且令人记忆深刻的标志性视觉效果图标来帮助理解。假设我们将测量某个量的过程比作一场投掷飞镖的游戏，每投一次飞镖就代表一次尝试性的测量，那么飞镖在飞镖盘靶心周围的分布就能生动地反映测量过程中面临的不确定性，即测量结果与真实答案之间的偏差程度。当前已知的是，测量结果可能会以两种不同的方式偏离真实答案：其一，测量结果围绕正确结果随机分布（统计不确定性）；其二，所有测量结果均朝着同一方位偏移（系统不确定性）。在飞镖类游戏中，统计不确定性表现为飞镖围绕着靶心分布的状态，系统不确定性则体现为所有飞镖都扎向靶心的一侧。统计不确定性越高，飞镖在靶心周围扩散的范围就越广；系统不确定性越高，飞镖偏离靶心的距离就越远。当然，在实际测量中，我们通常会同时遇到上述两种偏差。因此，靶子上的飞镖不仅会表现出分散性（统计不确定性），其中心位置也可能会整体上偏离靶心（系统不确定性）。图 9-1 显示了一系列测量可能得出的四种结果，两种不确定性来源的利弊影响也得到了充分的考虑和体现。[2]

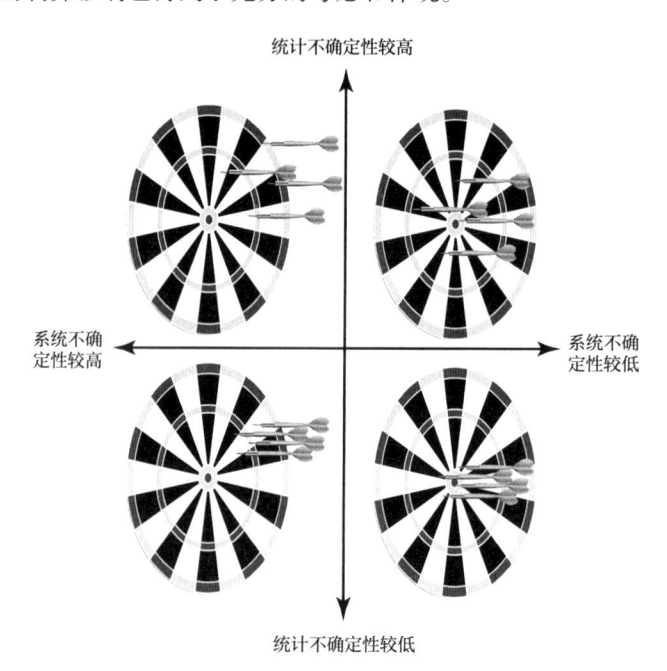

图 9-1　统计不确定性和系统不确定性的差别

这或许是理解两种不确定性差异的更直观的方法，它还有助于解释其他领域的一些术语所指的含义。例如，位于图 9-1 下半部分的两个靶子，飞镖分布要更密集一些，其他领域的专业人士可能会将其描述为"方差较小"，其中更接近靶心的情况（右下方的靶子）则会被表述为"偏差较小"。这种表述有助于我们更加准确地理解不同领域内相关概念的区别。[3]

三角测量

鉴于本章的核心议题就是系统不确定性,而非更容易解决的统计噪声,你可能会对此心生忧虑。毕竟,系统不确定性听起来就很棘手。你不仅需要发挥创造力去设想它可能会引你上当的各种套路,而且不能保证自己已经摸透系统不确定性的所有欺诈手段。更可怕的是,我们还没有加上可能令其变得更加复杂的、源自人类固有偏差的系统性错误(即我们将在第 12 章中讨论的动机性推理)。[4]

在真正开始恐慌之前(既然系统性误差如此难解决,我们怎么敢相信任何基于测量结果的决策呢),让我们先了解一些科学思维的核心要素,它们不仅能帮助我们保持冷静,还能增强我们在处理这些不确定性时的信心。排在第一位的便是三角测量的合理运用。

在第 2 章中,我们曾对三角测量进行过解释,即综合使用各类仪器(有时可以增强我们的各种感官)来分析现实世界,以获得较单一仪器更为精确的理解。在处理系统不确定性方面,三角测量展现出了显著的额外优势:如果我们采用了多样化的测量方法,它们将各自具备不同的系统不确定性来源,如果运用这些方法后得到了相同的结果,那么这些各不相同的系统不确定性"合谋"生成同一个扭曲(不正确)结果的概率将显著降低。

例如,假设某市即将举行市长选举,我们想要测试选民当前的投票意向,为此专门开展了一项调研。假设我们成功搜集了足够数量的随机选民样本，因而将统计不确定性削减到了极低的水平。[5] 然后，再假设我们特别担忧会存在前文讨论过的系统不确定性的两个来源：选民更喜欢投票给纸质名单上排在首位的候选人与口头名单上排在末位的候选人。如果我们能将调查分成两部分（一半通过电话进行，另一半则通过互联网以书面方式进行），就可以对两种系统不确定性进行三角测量，因为这两种不同的民调方法各自包含了一种系统不确定性。若两种调研结果趋于一致，我们就可认定这两种系统不确定性对调研结果的影响较小；若两种调研结果存在显著差异，我们就可以利用两者的差异程度估算其中一种（或两种）系统性影响导致的偏差大小和范围。

在深入研究科学思维的重要工具，并专门探讨了统计不确定性与系统不确定性的来源之后，让我们将视线拉回全局层面。为了在决策过程中更有效地应对这些不确定性，我们需要深入剖析其来源，因为我们开展测量活动的目标是帮助人们更好地理解和追溯现实世界的真相，而我们的决策正是基于这种测量结果。这种基于现实的决策如何依赖于我们从概率的视角去理解和把握现实的能力，这一点已经在本书的第二部分有所阐述。在第一部分中，我们还介绍了用于解决问题和改变世界的因果杠杆及其识别方法。此外，我们应该提醒自己，这些方法也会让因果杠杆产生概率性置信度。因此，我们同样需要识别可能会降低这种置信度的统计和系统不确定性。

听起来我们要跟踪的东西可不少——确实如此！所以在接下来的第三部分中，我们将讨论科学的另一个秘密武器，它源于被我们称为"敢做能为"的科学思维，可以让我们在面对纷繁复杂的因果因素、概率分析、系统不确定性来源和检测阈值时保持清醒的头脑。

3 激进的"敢做能为"科学观

第 10 章
科学乐观主义

你在解决某道头脑测试题或智力难题上，花过最长的时间有多久呢？是 10 分钟、2 小时、一整天、一整个月、一整年还是数十年？当被问到是否有花费几个小时或几天时间来解决某个问题的具体经历时，大部分受访者都回答不上来。但你想想，这世上有多少难题是能够在短短几天内解决的？现实世界的生活可远没这么容易！按照这个逻辑，对本书的读者来说，能在短短 1 个月内解决的问题，或许都算不上什么难题了。

然而，坚持不懈地解决某个问题可是一项不小的挑战。如果你是 20 世纪 60 年代 NASA 的领导人，你打算花多少时间完成登月计划？你们夫妻二人会花多长时间动手组装宜家的书柜？（毕竟，看错安装图纸的可能性很小。）

偷懒似乎是人的天性，这不是我们的错，人类进化出这种本性可能是为了保存体力。更奇怪的是，努力思考总会令我们很容易感觉精疲力竭[1]，于是我们总会想方设法地避免努力思考，就像只要能避开陡峭的山路，哪怕绕道而行也无妨。但我们总是要通过努力思考才能解决重要问题。在所有要求我们懒惰的大脑开动起来的问题中，我们已经发现，要识别出自己什么时候会在诸多噪声的干扰下将虚假模式误认为信号而自欺欺人，或识别出可能导致重要测量结果产生偏差的系统不确定性来源，并将这些来源列成清单，需要付出相当可观的脑力劳动。在本书第四部分，我们将进一步探讨影响清晰思考的思维挑战。

人类对新鲜事物有着强烈的好奇心（这一点往往被视为人类的优秀特质），但懒惰的本性却可能阻碍它发挥积极作用。想想看，在冥思苦想一整天后，原本看似新颖有趣的问题突然间就变得枯燥乏味了，我们的好奇心便会自然而然地转移到其他更新奇的事情上。而且，人类总是怀揣一种美好的愿望，期望这份好奇心能给我们带来对世界的新认识。这是一种诱人的回报，而我们对这种回报的强烈渴望是推动人们专注解决问题的强大动力。然而，一旦我们没能在短期内取得进展，或未能在付出少许努力后就获得这种诱人的回报，挫败感便会油然而生。（这大概就是天生的好奇心和懒惰本性联手搞出的悲惨结果吧![2]）

那么，我们该如何应对人类这种3分钟热度的天性呢？这时候，一种鲜为人知的科学工具就有了用武之地。它是科学文化在发展过程中创造出来的一种简单的心理技巧，即所谓的"科学乐观主义"。与我们日常生活中常见的普通乐观主义不同，它更像是一种"敢做能为"的精神——认定眼前的问题必将得到解决的期望（不管是仅凭一己之力，还是整合团队之力）。换言之，不管眼前的问题多么复杂棘手，只要你相信总有一天能找到解决的办法，你就更有可能解决它。从本质上讲，科学家发明了一系列的自我催眠法，让自己深信问题一定能解决，只要"自我欺骗"的时间足够长，最终就能真正地解决问题。（这可是本书唯一没有要求你要避免"自欺欺人"的地方！）

此类案例在科学史上不胜枚举。一开始，人们往往笃定某件事情不可能完成，但突然间有传言称，在某个地方有人找到了解决之道，于是乎一时间很多人都能做到了。听到传闻的人可能会想："咦，既然有人知道怎么做，说明这事儿肯定可行！"于是，他们便铆足劲儿尝试各种方法，同时心里还想着："哦，或许他们就是这样做的……不，行不通，或许我该换个路子……"就这样，一旦他们看到了解决问题的曙光，就获得了坚持下去的动力。最后，他们可能会找到自己的解决之道，虽然与最初破解难题者采用的方法截然不同，却同样闪耀着智慧之光。

　　要理解这种科学心理，你可以把科学难题想象成人们一度认为不可能被打破的田径纪录（例如 4 分钟跑 1 英里）。我们都听说过类似的传奇故事，一旦那些看似遥不可及的人类极限被突破，就会吸引无数后来者前赴后继地跨过这条线。现在，让我们将它应用到解决问题的认知情境中：想象你面前放了一个大盒子，里面乱七八糟地装满了宜家橱柜的废弃零件，你得用这些零件拼出一个完整的橱柜。再想象一下，你手里拿着一套全新的宜家橱柜零件，并且你的好几个朋友也买了同款并组装成功了。显然第二种情况会让你更有动力去尝试。然而科学乐观主义的魅力在于，即使我们不确定手里的宜家橱柜套件是否完整，它也会让我们暂时地坚信自己能成功。这种信念给了我们足够的时间去攻克难题。科学家之所以需要这种乐观主义，是因为他们总是在探索未知的领域和寻找新的发现。然而，我们普通人更需要科学乐观主义，因为我们总会遇到需要在缺乏明确解决方案的情况下硬着头皮处理难题的时候。（与科学乐观主义形成鲜明对比的现象叫作"习得性无助"。显然，无论是人类还是其他动物，在多次尝试都无法改变某种难受或痛苦的状态后，通常都会选择放弃。由于体验过太多类似的、超出自身掌控范围的糟心经历,即使他们有能力摆脱眼前的困境,过去的失败也令他们"学会了"放弃尝试。)

我们所知的最令人惊叹的一个例子就是费马大定理,它说明了"只要我们相信问题是可解决的,就一定能够找到解决之法"。1637年,法国数学家费马在一本书的空白处写下了这句话:

> 将一个立方数分成两个不同的立方数之和,或将一个四次方幂分成两个不同的四次方幂之和,或者一般地将一个高于二次的幂分成两个同次幂之和,这是不可能的。关于此,我确信已发现了一种美妙的证法,可惜这里空白的地方太小,写不下。

在接下来的358年里,全世界的数学家一直在孜孜不倦地研究这个问题,因为他们对费马的论断坚信不疑,认为一定能找到证明之法。随着时间的流逝,这个问题终于在1995年被攻克了。虽然最终证明的方法并非完全符合费马的设想,但正是他那份坚定的自信指引着数学家们不断前行,在这条研究道路上坚持走了整整358年!

在读研期间,索尔就早早意识到了科学乐观主义的重要性。那时候,他正在纠结申请加入哪个研究小组,于无意间发现了理查德·穆勒(Richard Muller)牵头的研究团队。身为研究小组的领头人,穆勒教授向成员们灌输了一种令人叹为观止的"敢为天下先"精神。在他的小组里,任何能激发兴趣的项目都被视作可追逐的研究目标。这里充满了"敢做能为"的热情:需要新工具,你就去发明它;需要建造新东西,就动手去干;需要学习新领域或新行业的知识,不管是复杂的电子技术还是DNA操作技术,去学就行了。这种"敢做能为"的科研精神激励着小组成员满怀激情地迎接各种问题和挑战。

当时，这个小组的研究课题五花八门，比如研发一种测量木星引力透镜效应的技术和迷你台式回旋加速器，测量海洋上空大气中的碳元素以揭开地球碳循环的奥秘，等等。他们还开发了全球第一个自动化望远镜系统，用来探测相对"邻地"的超新星。不管我们身处哪行哪业，这种泰然自若地接受挑战的科学传统，也许就是科学赐予我们的最大宝藏！[3]

索尔的研究生之旅始于上述的最后一个项目（超新星自动搜索系统的开发）。随着研究的深入，团队迎来了一项更艰巨的任务：同样的技术还可以被用来寻找更遥远的超新星，进而揭开宇宙膨胀的历史，甚至预测出宇宙最终的命运！这将是一项前所未有的挑战。索尔及其团队信心满满地估计，他们应该可以在3年内找到几十颗遥远的超新星，然后测量出宇宙膨胀率的变化。然而，3年过去了，他们一无所获。（友情提醒：请诸位尽量别选那种天气状况会严重影响研究成功率的课题！）直到5年后，他们才发现了第一颗超新星；7年后，研究小组终于摸清了门道，发现了一批符合条件的超新星（六七颗）；9年后，他们搜集到了足够的数据集，却不知道该如何根据自己的需要对其进行分析；到了第10个年头，他们终于找到了答案，而且是一个大大的惊喜：宇宙正在加速膨胀！

真正有趣的是，在这段长达10年的超新星探索旅程中，研究小组在项目的每个阶段都毫不动摇地相信他们一定能成功。这当然要得益于科学乐观主义，更重要的是，人们得了解它到底是如何在实践中发挥作用的。在项目的每个阶段，索尔所在的研究小组都能看到已取得的成功，并清楚地知道接下来需要做些什么，才能推动研究朝着目标继续前进。这种"步步为赢"正是"敢做能为"科研精神的内核：科学家不能指望成功可以一蹴而就。[4]

要在可能需耗费数月、数年或数十年才能解决的难题上取得进展，我们往往需要先取得阶段性成果，这意味着每次尝试都能做得比上次更好，让我们在此前成功的基础上更上一层楼。在阐释科学乐观主义在现实生活中的实际应用及其意义时，这种迭代式进步的概念应该能让所有承担"规划师"职责的人产生共鸣。举个简单的例子，政策制定者和立法者在起草福利改革、完善教育或减少犯罪等涉及民生大计的重要法案时，可以（而且应该）始终做出如下假设：随着政策的落地和推进，在了解到哪些措施有效、哪些无效后，就应该每隔几年更新一下法案，确保与时俱进。这种"长用长新"的政策更新机制算不得新鲜，但目前显然不是政府计划的突出特色，至少在美国不是。要是美国政府能做到这一点，或许我们便能对社会各项目标的进展有更直观的认识。

把蛋糕做大的解决方案

科学家在探索新问题解决之法时，（通常）会将这种"敢做能为"的精神贯彻到每一天的工作中，然而一旦涉及资源分配方面的问题，它就被赋予了截然不同的现实意义。想想看，社会上的诸多摩擦与冲突，大多源自所谓的"稀缺感"：不同的人或群体都想要某种资源，但有限的数量无法令每个人都心满意足。（有时候，我们将其称为"零和博弈"，即一方在竞争中获益多少，另一方必然会受损多少。）例如，我们应该将有限的水资源优先用于农业生产还是城市发展？应该将为整个城市供能的污染性燃煤发电厂建在这个小区还是那个小区隔壁？这些决策似乎都是非常棘手的冲突的根源，背后反映的是用心良苦的社会建设者在社会建设原则上存在的巨大的哲学观差异。当然，这些冲突也激发出人类竞争天性中最恶劣一面，那就是竭尽全力争抢最大的一块蛋糕，或干脆干掉对手。

需要注意的是，"稀缺感"一词的重点其实是在"感"字上，即声称某种资源稀缺通常都是基于一些错误的假设——造成这种错误的原因则是想象力的不足。而这正是科学乐观主义带来的"敢做能为"信念可以大展拳脚的地方。

以坚持不懈为精神特色的科学乐观主义带来的一大好处是，它提供了做大蛋糕的可能性，让我们不会被迫做出"我得你失"的两难抉择。现如今，虽然全球人口相较于百年前有了大规模增长（是此前的4倍），但极端贫困人口的比例从近60%大幅降至不足10%。这一数据表明，尽管全球人口总量激增了60多亿，但极端贫困人口的绝对数量实现了显著下降。显然，这一积极转变的主要原因并非掠夺某个群体的资源并分享给其他群体，而是得益于全球资源生产的迅猛增长。当前，我们仍旧密切关注着深陷贫困的少数群体，并审视着全球生产增长对环境的潜在影响。面对这些挑战，我们需要再次借助迭代式解决问题的能力以及"敢做能为"的科学研究精神。

做大蛋糕式解决方案的另一个有趣案例是人们在减少能源生产和消费造成的碳排放方面做出的努力。近年来，风能、太阳能、地热能和水能等温室气体排放较少的新能源技术得到了深入开发，现有的传统能源技术在持续优化，以至于有些专家断言，相较于高排放的传统能源，新能源技术使用起来已经变得更便宜、更安全。如果事实真是如此，那么围绕能源技术使用权的政治纷争就不再有意义了。尽管公众对温室气体的忧虑程度各有不同，倘若不产生温室气体的新能源成本比传统能源更低，那各方必将站在同一立场上。

科学史就是一部跨越绊脚石的故事史，在面对一些十分艰难的抉择时，它为我们提供了一种别出心裁的解决方案——让所有人都获利的共赢思路。在媒体信息铺天盖地的当下，深刻地认识到这一点尤为重要，因为媒体的商业策略往往是利用世界上已经发生或可能发生的各种糟心事来制造恐慌。人们的自然反应通常是一边退缩，一边试图保护自己拥有的一切。然而这种心态和做法往往会使我们极难找到做大蛋糕的双赢解决方案！科学乐观主义就好比一剂良方，极大地缓和了好用大量负面信息刷屏的媒体所造成的不良影响，为我们提供了全新的视角和出发点。

避免盲目乐观和不撞南墙不回头的偏执

在科学乐观主义弥漫的氛围下，贯穿本书的主题，即科学就是要找出人们自欺欺人的各种方式，并想方设法地找到避免被欺骗的方法，会有何作为呢？在试图把蛋糕做大做好的同时，拿出那股"敢做能为"的劲头儿，不断取得迭代式成果固然值得称赞，但也别忘了有个说法叫"撞南墙"。有时候，某个问题的解决时机尚不成熟，你就得知道何时该收手，转而去处理别的难题。我们当然可以自信满满地说，只要我们自我催眠的时间足够久，就一定能真正解决问题，但肯定没人想白白浪费太多时间和力气去做无用功。

我们想要提醒诸位的是，人们总是会倾向于过早放弃目标，所以才需科学乐观主义来让我们保持机敏，并赋予我们坚持下去的活力和动力，毕竟在应对具有挑战性的工作的过程中，我们都会不可避免地遭遇挫折。然而，除了科学乐观主义这个文化方面的心理小妙招，科学还准备了很多超级实用的工具来帮助我们挑战看似不可能完成的任务，即将其分解为一个个更小的问题，以便我们逐个攻克，又或者在解决问题的时机尚未成熟时让我们知道，跨出下一步的确是千难万难。我们将在下一章中揭晓这些实用的工具。

其实，本章讨论的内容就已经给出了一条有趣的线索：如果你发现自己仅仅是因为在一个问题上投入了大量的时间和精力而不舍得放手，这或许就是一种警示信号，提醒你该放手了！在一个项目上投入的时间和资源本身不能成为我们继续坚持的理由（有些读者或许听说过专门用来描述这种心理陷阱的术语，即"沉没成本谬误"）。然而反过来看，只要我们能看到循序渐进、稳扎稳打的进步，就说明我们找对了方向，正通过迭代改进逐步接近完美的解决方案。这时候，我们就要秉承科学乐观主义精神并坚持到底！

即便我们得出的结论是迭代进展不足，应该暂缓我们在科学乐观主义激励下对目标的不懈追求，这种决定也更像是中场休息，而非彻底退场。有时候，解决问题的各项准备要素并不能同时就绪，这就要求我们暂时将其搁置一旁，静待转机，比如等到一些新配套技术的出现。事实上，科学家之所以能够"敢做能为"，很大程度上是因为他们对那些长久以来悬而未决的问题有着非凡的记忆力，并且可以在某些技术到位时意识到这些问题终于有了解决的可能。（费马大定理的破解就是如此，20世纪80年代的数学家取得了费马时代的同行们无法达成的成就，继而为1995年的成功证明提供了可能性。）

在本书讨论的所有关于第三个千年思维的概念和主题中，科学乐观主义（顾名思义）注定是最让人"乐观"的概念，毕竟其他诸多主题讨论的都是如何避免自欺欺人，以及如何有效地遏制人类与生俱来的自我幻想等我们尤为需要注意的问题。然而，解决问题就像开车一样，光有刹车可不行，科学乐观主义就是让我们能够不断前行的加速踏板，推动我们在理想状态下取得显著的进步。诚然，解决问题有时候就像玩游戏，你无法百分之百地保证通关，或每次都能打通新关卡。事实上，在日复一日、月复一月、年复一年甚至数十年的时光里，你都默默地走在自我提升的道路上。虽然听起来有些丧气，但如果你能秉持正确的心态，这段时光或将成为人生中最美妙的旅程：你能感觉到，通过一步一个脚印的不懈努力，目标离你越来越近了。

在用科学乐观主义的文化理念填充大脑时，我们也会不自觉地注意到另一种与之截然相反的文化——它不是健康的怀疑主义，不是遏制自我妄想的刹车片，而是一种当下风头正劲的愤世嫉俗。想必我们都有过想要展示自身"久经世故后的超然智慧"来指点他人的冲动：不过就是些老套路嘛，我们早就看穿了，无论如何，这种看似充满希望的尝试，到头来都是白费力气。一句"说得好像它行得通似的"就能轻易地终止谈话，而愤世嫉俗的评论往往会直接终结一场本可能收获满满的交流。因此，我们的一项使命就是，一旦察觉到这种愤世嫉俗文化的存在，不管是在自己身上、他人身上还是媒体上，要第一时间将其揪出来，让科学乐观主义发挥积极作用，将怀疑主义限制在更加审慎且健康合理的范围内。这样，我们或许能偶尔甚至能经常找到棘手的问题的解决方案，把蛋糕做得更大更美味！

第 11 章
理解顺序和费米估算法

假设你此刻"干劲十足"[1]，摩拳擦掌地准备拿出最高程度的科学乐观主义来解决一个复杂而影响深远的大问题，你应该如何开始？又该如何确定在解决问题过程中得到的显著结果是否合理？有多少可能的因素会影响我们测量或观察到的结果，我们可以从第 3 章的图中得知一二，但现实世界的复杂性远超前者。你或许已经开始犯愁：如果在决定要对某件事情采取什么行动之前，都要评估自己对几乎所有因果关系的置信度，岂不是要麻烦死？你甚至开始怀疑自己有没有可能获得超过 55% 的置信度。要解决现实世界的问题，比如在错综复杂的情况下寻找能"撬动变革的杠杆"，就需要我们从科学工具箱里拿出更多的概念工具。接下来，就让我们先看看那个被称为"理解顺序"的神奇工具吧！

现实世界确实错综复杂，这意味着在面对现实生活中的种种问题时，你必须考虑方方面面的因素。然而问题在于，人类的大脑并不擅长同时处理大批量的复杂任务。你或许听说过，无论何时，人类的短时记忆容量大约只有 7 个信息单位。尽管有研究表明这个说法存在许多值得商榷之处，但你极可能有过直观的感受：同时在头脑里留存和处理好几个想法，很快就会令你感觉力不从心。

科学思维的一大贡献是：在现实世界的复杂问题中，并非所有因果因素都具备同等的重要性。因此，只需要考虑其中几个因素，你就能明白大部分正在发生或可能发生的事情。此外，在寻求撬动现实世界某个问题的"杠杆"时，我们往往会发现只有少数几个至关重要的因素能发挥决定性作用，我们将这些因素称为一阶因素。在你搞清楚问题的核心要点后，为了进一步提升预测的精确度，你可以回头审视那些相对次要的因果因素（即二阶因素）。然而你依然需要保持清醒并合理运用次重要杠杆，以免被其他更次要的因素（如三阶或四阶因素）迷惑或干扰。

为了让大家能更具体地理解这个概念，在此以一个看似简单实则复杂的导航问题为例来说明：我们如何从地球上的某处前往另一处？只要你把地球想象成一个圆球，很多关于导航的问题便能迎刃而解。这样看来，地球可算是个相当规整的球体！因此，我们在环球旅行中遇到的许多事情（比如眺望地平线时看到的风景），其背后的一阶解释便是：地球是一个超大型球体。诚然，这种简单的一阶解释在目前很多情况下都说得通（大部分的航空旅行都是如此导航的），但如果你计划自驾横穿美国，这个一阶解释恐怕就无法提供足够的信息支持了。这时候，了解关于地球的二阶因素便会帮上大忙，比如地球崎岖不平的表面（以山脉为例）。如果你只有一阶信息，即只知道地球就是个光滑的球体，那么当你驻足于落基山脉脚下时，就一定会被面前雄伟的景观所震撼！

通常情况下，我们需要通过更深入的研究，才能确定哪些是一阶因果因素，哪些是二阶或者更次要的三四阶因素。假设你想找出决定一个人的薪资比其他人高的最重要因素是什么。例如，乔伊的薪水很高，那么是什么原因让他的收入高于其他人呢？是因为他工作很勤奋吗？这可能是我们首先想到的关键因素，毕竟"勤劳致富"。当然，职业选择也可能是不可忽视的重要因素。但也有人认为，乔伊的工作地点也很重要，在荒无人烟的戈壁滩上班的收入必然无法与在繁华大都市纽约工作获得的收入相提并论。显然，在纽约成为一位高收入者的难度要比在荒漠地区低得多。事实上，全世界可能有很多地方的薪资水平都无法比肩纽约。如果不同地点之间的收入差异远远大于同一地点劳动者之间的收入差异，那么地点就成了影响收入的一阶因素，工作勤奋和职业选择则退居次要地位，成为二阶因素。

在你看来，加拿大的地理位置（毗邻美国）是促成加美贸易繁荣发展的"头号功臣"（一阶因素），还是二阶甚至三阶因素呢？你一开始可能会觉得，加拿大的高度工业化及非常先进的制造业水平才是最关键的一阶因素，与美国的邻居关系只能算得上是二阶因素。随后你又得知墨西哥竟然是美国的第三大贸易伙伴。如果商业环境和工业化程度都远不如加拿大的墨西哥都能成为美国的第三大贸易伙伴，你说不定会改变自己的看法，认为加拿大很可能就是由于和美国接壤才沾了不少光。所以，地理位置或许才是加美贸易的最大功臣（即一阶因素）。

从一阶、二阶、三阶等因果因素的角度来理解世界，让我们有机会实现了科学领域的进步及其带来的技术飞跃，继而塑造出我们当下的现代世界。[2] 即使对物体的运动进行最简单的预测，我们也需要排除各种二阶和三阶因素的干扰，如空气阻力和阳光直射造成的光压（光压通常只能算四阶因素，然而对于在太空中运动的某些物体来说，光压可能会转变为一阶因素）。不过，这种理解顺序显然有更关键的妙用：帮助我们确定所做的每一项决策是否有效。如果我们无法摆脱二阶和三阶因素的干扰，就无法实现变革。因此，识别并专注于一阶因素就成了必然之举。

有时候，我们在理解顺序的分级方面显示出了极高的天赋，比如说行驶中的汽车突然开始震动并发生偏转，你的第一反应肯定是在想"是不是爆胎了"，而不会去琢磨减震器老化或悬架错位等难以确定的二阶因素。但有时我们也会热衷于挖掘各种二阶解释，因而错过最重要的一阶因素，比如我们可能会为自己或孩子的情绪低落找一些似是而非的解释（是不是我的工作不太适合我，是不是孩子的老师没有理解他），从而忽视了重要的原因：睡眠不足！从事后台技术支持服务的人显然比我们更懂这个毛病，即人们并不总是关注问题的一阶根源，因而他们会在接到求助电话后的第一时间询问："您是否给产品插上了电源？"（话说回来，我们中的大多数人其实都可以通过深度剖析促成一夜好眠的各类因果关系而从中受益，让我们不再像无头苍蝇一般盲目尝试各种失眠治疗法，比如通过白天锻炼消耗精力、夜晚做冥想和拉伸、调整晚餐时间及做善事来洗涤心灵等，只为逃避"你晚上是怎么睡的"这个直击灵魂的拷问。[3]）

让我们再举一个更高层面的例子：假设你是市议会的议员，想要在减少城市交通事故方面有所作为。交通事故背后的"元凶"显然是你需要重点了解的对象，因为它们将成为你制定政策、推出新法律法规的主要依据。醉驾、分心驾驶、超速驾驶和疲劳驾驶等恶习或许都在你的打击名单里，但你仍需要通过深入研究才能确定它们是否都是造成交通事故高发的一阶因素，或者其中某个因素并不如想象般重要，即属于二阶因素。你自然不会费心去管蒙眼驾驶这种荒谬的行为——它当然会造成交通事故，但显然不属于当前高事故发生率的一阶、二阶、三阶甚至四阶因素。（这里有一个需要重点注意的微妙之处：在研究什么是一阶或二阶因素时，判断的依据往往是你审视问题的立场。比如，如果你向开发自动驾驶汽车的专家请教交通事故的一阶因素，他们可能会告诉你：10年后我们会理所当然地认为，造成交通事故唯一的一阶因素就是车主偏要亲自驾驶。）

继续举例，假设你未来成为一名致力于解决各类社会顽疾的立法者。进入国会后，你想要减少预算赤字，而大家都认为社会保障等福利支出是导致预算赤字的罪魁祸首。你肯定想要询问并确定它是否的确是造成赤字的一阶因素。又或者这时候一位参议员同僚告诉你："你知道吗，我们把所有钱都花在补贴花生农场上了。"你的第一反应肯定是："别闹了，花生农场补贴？它连三阶因素都算不上！"

天堂里也躲不开麻烦：理想与现实的冲突

现实世界的一大神奇之处在于，它能让人将问题拆解成不同层级的理解顺序。如果你习惯于只寻找待解读事物最主要、最重要的因果因素，那你就很幸运了，因为你通常可以走得更远并取得更大的成功。然后，如果你还能考虑到一阶解释里隐藏的那些最明显的例外情况（也就是你的二阶解释），那么你就大功告成了！因为在大多数情况下，你只需要一阶和二阶解释就可以搞清楚事情的来龙去脉，没必要绞尽脑汁地思考其他127个不同变量。当然，这世上还有很多我们不明白的事情，它们或许的确需要我们同时权衡多达127个变量才能理解，因为这些变量都是不可或缺的重要因素。但利用理解顺序的方法就能弄清这世界上的许多事情，依然是一项了不起的成就！

然而，这个方法也存在一个小问题（凡事总有利弊），它可能会让你对迄今为止所了解到的理解顺序产生一丝不满：居然没人提前告诉我们哪些因素才是一阶因素，而且它们往往也并不像看起来那么简洁明了。不仅如此，我们的第一感觉还经常会出错。

让我们再回到上文政府预算的案例：身为公民，我们经常被要求（以投票的方式）对政治候选人之间的争论进行裁决（即哪位提出的竞选口号才是真正重要的）。假设有一位候选人提出，我们可以通过降低监狱类机构的支出大幅提高社会保障的长期可持续性或教育质量。我们就以此为例，请你拿出纸笔，以你的常识或印象为依据，给监狱、教育和社会保障占政府社会性总支出的比例排序（请记住，这里说的是联邦、州及下级地方层面的所有支出）。政府在哪一项上的支出最多，哪一项次之，哪一项最少？请把这张纸收好，我们稍后揭晓答案，看看你的猜测是否正确。

你对所排序列的置信水平是多少？在此类牵涉面甚广的问题上，区分一阶和二阶因素并非易事，所以你的置信水平可能不会很高。这时候，你就要用到科学思维工具箱里的又一种重要工具——费米估算。它虽然不是万能的，无法每次都有助于解决难题，但绝对能让我们少走一些弯路。有了它，我们就不会错把二阶因素当成一阶因素，从而跟错线索，白白浪费多年的努力或巨额经费！（不要被这个听起来专业性超强的名称唬住，它其实没有你想象的那般高深莫测，或许你早就运用过，只是没有意识到而已。）

"敢做能为"的科学乐观主义能带来巨大回报

费米估算这一概念源自赫赫有名的物理学家恩里科·费米（Enrico

Fermi），他总是喜欢出其不意地向学生们抛出一些需要当场迅速估算的问题。我们猜测，费米本人可能并未正式将这些问题命名为"费米估算"，但从那时起，一代又一代的物理学家纷纷对此发起挑战。[4] 其中一个非常有名的费米估算就是：芝加哥有多少钢琴调音师？（让我们暂且将其视为对本书作者们的挑战，待阅读到本章结尾处，希望广大读者能自己回答出这个问题。）

作为一种极具实用价值的工具，费米估算能帮我们有效地区分一阶解释和二阶解释。在人们高度依赖数字进行论证的世界里，费米估算能帮助我们迅速检验数字是否有意义，展现出卓越的实用价值。此外，费米的学生们在掌握这种高效估算技巧后表现出的"敢做能为"的科学乐观主义，也让他产生了浓厚的兴趣。因为当我们认识到，运用这种方法能驾驭复杂的世界时，就体验到了一种一切尽在掌握的力量感。

用费米估算的方法来估算政府社会性支出之前，我们先举一个相对简单的案例，以便了解其运用逻辑。假设你需要估算美国全国的汽车数量。你不能上网直接检索答案，只能靠自身的知识储备来估算。第一步是问问自己，如何通过其他估算结果算出答案，因为这些已有的估算结果相对容易获得，并且你的了解也更深。你尝试了一些思路，但很快就意识到它们实施起来颇具难度，于是便立马放弃了。比如，估算美国公路总里程及每英里公路上有多少辆车，或者估算美国的城市数量及每座城市的车辆保有量。随后你又想到，或许还可以尝试估算美国人口总数及拥有汽车的人口比例。因为大多数人都大概知道美国的人口规模，并可以根据亲朋好友的汽车拥有情况来推测人均汽车拥有量。

你或许还记得美国人口近十几年来已经突破3亿，因此在估算时可以采用3亿或略高的数值（考虑未来的人口增长）。我们暂且用3.3亿人口作为估算基数。

假设人人都拥有汽车，那么美国的汽车总量或将逼近3.3亿辆，但我们都知道这样的估算并不合理，婴幼儿不可能有车，大批年轻人也买不起车，很多老年人习惯于合用汽车。但有些群体拥有不止一辆车，有些家庭的汽车保有量甚至接近或等同于家庭成员的数量。因此，汽车的实际拥有量可能只占总人口的一半左右。由此估算的话，美国上路的汽车数量约为1.65亿辆。这项估值或许存在一定误差（几百万或几千万），但我们可以相当自信地说，这个估算结果是相对准确的。近似值估算的意义便是如此，因为你并不需要也不可能在无法查找资料的情况下得到一个绝对精确的数值，而是要根据手头现有的信息做出一个尽可能合理的推测。（顺便说一下，我们在查询了美国的汽车总保有量后发现，自己的估算存在30%左右的误差。当然，实际误差率更大程度上要取决于你选择纳入计算范围的车辆类型。）

在你不知道该使用什么样的数值进行估算时，确定合理的上下限可能会有所帮助。以美国人口为例，虽然你可能不知道美国到底有多少人，但你掌握的信息足以给出一个合理的上下限范围。你可以先初步判断整数预估值的合理性：美国的人口数量肯定远超10万，那么有没有可能已超过100万？如果确定超过了100万，那是否可能超过10亿？仔细考量之后便会发现，这个数量过高，于是你便得出了一个较为合理的推论：美国的人口介于100万至10亿。大多数情况下，这种程度的估算就已经够用。（至少足以让你毫不动摇地拒绝各种诈骗套路，比如编造一个不幸故事来欺骗美国民众参加所谓的"一人一美元"献爱心活动，若是人人都信，骗子立马就能成为亿万富翁。）

下面是一个你可以同时使用估算上限和下限的简单例子，假设你想知道美国人去年在给自家汽车加油上花了多少钱,那么你就可以问问自己:美国人去年的燃油支出总和是肯定超过了1 000万美元、1亿美元,还是10亿美元?你能确定的、低于实际花费的最高估算值是多少?这就是你的下限。

接下来,我们再猜一猜上限:燃油支出肯定低于100万亿美元吧?这毋庸置疑。那低于10万亿美元?这也是毫无疑问的。那低于1万亿美元呢?可能是吧。如果据此将上下限分别设定为1万亿美元和10亿美元,这或许就是我们能确定的估算范围了。当然,这项估值可能占据了美国全年商品进口额的很大一部分比重,因此上述两个数值(上下限)可能还需要我们做进一步优化。

有效估算的小妙招

在上文的几个简单案例中,我们运用三种小技巧有效完成了费米估算,包括:

尽可能用熟悉的信息进行估算:将不熟悉的、较难获得数据的待估算数量分解为熟悉的、更容易获得数据的数量(比如在第一个案例中,相较于汽车数量,我们对美国人口的了解程度更深一些,所以便利用了人口规模来估算汽车保有量)。

尽量取近似值:根据定义,估值就是计算近似值,但重点是要认识到,只需让估值"足够接近"真实数据就可以了。通常情况下,将误差控制在3倍以内就足够了。换言之,如果你要估算的真实数量是100,那么介于33~300的任何估算值都是可以接受的。这也意味着你只需要把用来进行估算的、自己也较为熟悉的数值控制在这个近似范围内。

实在拿不准时，不妨先估算上限和下限。

让我们试着将上述估算技巧运用到前面的问题上：美国人去年到底花了多少钱加油，并在刚才 10 亿美元到 1 万亿美元这一宽泛估值的基础上，再将数值估得稍稍精确一些。

让我们先将这个大问题拆解成几个小问题：由于已经对美国的汽车数量进行了估算，我们可以从此处着手。假设我们已经知道美国的汽车保有量，或许就可以结合一辆汽车每年行驶的里程数进行分析，然后再估算出每加仑①汽油可以跑多少英里，以及每加仑汽油的价格。如果你已经掌握这些信息，就可以计算出一个合理的估值。

现在请诸位一起梳理一下手里已有的信息，我们已经估算出美国有 1.65 亿辆汽车。那么一辆汽车平均每年行驶多少英里呢？如果你买过二手车，或见过别人买卖二手车，也许就能略知一二。一般来说，一辆二手车在正常使用的情况下，每年的行驶里程通常不会超过 1 万英里（或不超过 1.2 万英里）。因为 1 万英里是一个更方便估算的整数，所以就用它吧。接下来是油耗，一辆汽车平均每加仑汽油可以行驶多少英里？很多卡车和越野车开不到 20 英里，但混动车可以跑 40 多英里，就假设每加仑汽油的平均行驶里程为 20 英里好了。为了方便计算，我们需要换算成每行驶 1 英里的耗油量，也就是 1/20 或 0.05 加仑/英里。

所有这些数据整合到一起后，我们就能计算出这么多汽车一年

---

① 1 美制加仑 ≈3.785 升。——编者注

总共要消耗多少加仑汽油，所以我们现在还需要知道每加仑汽油的价格。用什么数值比较好呢？在加利福尼亚州（本书撰写期间），每加仑汽油的价格基本在 4 美元左右，我们就用它了（但需要提醒诸位的是，加州的油价可能略高于美国其他地区）。现在，让我们将所有数据都利用起来，看看能得到什么结果：

165 000 000 辆汽车 × 10 000 英里/年/辆汽车 × 0.05 加仑/英里 × 4 美元/加仑
= 330 000 000 000 美元/年

我们得到的估算结果是 3 300 亿美元，并没有超出前文估计的 10 亿美元下限和 1 万亿美元上限。

完成这个费米估算后，我们还可以评价一下自己的置信水平，即我们对这个估值的把握有多大。仔细考虑我们用来计算出结果的所有数据，然后确定你在多大程度上愿意大幅提高或降低相关数值，这能帮助你估计自己对所得结果的置信水平。我们曾在第 4 章中描述过一个游戏，即为自己说出的事实命题提供一个置信度。现在，通过上述步骤完成了费米估算后，大多数读者可能会对计算结果相当有信心（比如说置信度可以达到 80%～90%），即认为美国人每年在汽油上的实际开支应在 1 000 亿～1 万亿美元。当然，你肯定不会用自己的房子来做赌注，这是好事，而且上述估值区间的置信度看起来也比较合理。[原则上，我们也可以换个说法，即我们对实际的燃油开支在一个更小的范围内（我们估算的 3 300 亿美元是其中位数）有多大把握。例如，我们仍可以宣称，自己有 70% 的置信度认为实际开支在 2 000 亿～4 600 亿美元。]

在这个案例中，正确答案的确介于 1 000 亿～1 万亿美元。我们经过调查发现，2012年美国人在汽油上的花费约为4 000亿美元（2022年因油价高涨而升至约5 600亿美元）。事实证明，我们的费米估算做得还不错。如果你的估值是3 300亿美元，那也许和知道我们实际花费了4 000亿美元一样有用。举个例子，假如有人跟你夸口道："我的新发明能让汽车的燃油效率提升5倍，明年我将为美国节省10万亿美元！"你就能看着他说："不，你不可能做到，全美民众一整年在汽油上都花不了那么多，你怎么可能省下这么多钱。"（当然，我们不会总是戳破别人的谎言，毕竟费米估算有时也能为对方提供数据支持！）

互联网一查便知的东西，为何还要用费米估算

说到这里，不得不提的是，自费米时代以来，费米估算的实际意义发生了天翻地覆的变化，毕竟我们现在可以通过互联网查到所需的大部分精确数据。只要轻点几下鼠标，浏览几个网页，你就能获得海量的事实和数据。因此，论及费米估算在互联网时代的运用，其出发点或许已与多年前大相径庭。

费米估算在数字时代的实用性主要体现在三个方面。首先，当遇到一个难以直接找到答案的数量问题时，我们仍需厘清一点，即自己应该从网络上搜索哪些信息，然后再以此为基础进行估算。这相当于是在利用可获得的已知信息作为估算的基石。其次，在日常生活或网络世界或其他场合，我们理应对听到的各种说法持怀疑态度，并自问一句："这个说法是否合乎逻辑？"因为网络上充斥着五花八门的论断，比如某事件有多么严重或多么微不足道，某样东西有多大或多

小,等等。作为费米估算的实践者,我们的任务就是不断质疑这些结论:"等一下,此说法似乎不合逻辑。比如据我所知,全球人口数量就那么多,所以该数据显然不合理。"无论听到何种数据,我们都可以运用费米估算进行验证,从而确保其合理性。这正是物理学家所谓的"合理性检验"。最后,费米估算的思考过程也能推动我们深入分析问题的构成因素。这不仅是解决问题的关键步骤,还有助于你辨识出一阶因素,并牢记那些不属于一阶或二阶因素但同样值得注意的因素。

帮助你正确地看待事物

最后,让我们再回到理解顺序的例子,即在下列政府的社会性支出预算中,哪些是一阶因素,哪些是二阶因素:监狱、教育和社会保障。面对这个问题,我们得拿出另一项实用技巧:既然估算的目的是进行比较,那你就必须尽量以类似的方式进行估算,以确保各项所占比值的可比性。这样,即便估算有偏差,你得出的比率仍可能是正确的。因此,我们建议你使用以下策略:不管怎样,先估算美国人口(使用前文的估算值)中教育、监禁或社会保障对象的比例,再估算单个人需花费的监禁、教育或社会保障支出有多少。为了方便比较,我们最好采用表格形式估算。

事实上,估算每年有多少人会成为监狱、教育和社会保障支出的对象不是很难。美国人的平均寿命约为85岁,这意味着只有1/4或更少的人口能享受到社会保障。美国在校生占总人口的比例与有社会保障的老年人大致相同,但服刑人员的数量必然比前二者少得多,按百分比计算的话肯定是个位数。你或许有所耳闻，美国是全球监禁率最高的国家之一。如果你是美国人，想必对自己所在社区的罪犯逮捕和关押情况有粗略的了解。但你也知道，服刑人员的数量会因性别、地区、年龄、社会经济条件和种族等因素的不同而产生巨大的差异。因此，权衡各方因素后，我们将监禁率暂定为总人口的2%（即每50个人里就有1人在监狱服刑，这听起来可不是个小数目）。

相较于监狱支出，每人每年的教育经费支出可能更难估算。教育涉及哪些成本？有教师、行政人员和校工群体的工资，校舍维护和水电费，学校建设成本，教育用品和教科书的采购成本等。首先，我们可以假设，一名小学教师平均带25个学生，年薪为5万美元。这意味着分摊到每个学生头上的工资成本约为2 000美元，或许这个数字的3倍（6 000美元）就足以覆盖其他人员的工资和其他类型的费用支出。也许这个数字偏低了，但也没关系，问题的关键在于估算的范围。

其实监狱也存在类似的成本支出，只是发薪对象从教职员工变成了狱警，需要维护的场地设施从教学楼变成了牢房。监狱不需要采购教科书（至少对很多服刑人员而言是这样），但是要负责服刑人员的一日三餐和服装，还得提供医疗服务。两相比较后，你不得不承认，将一个人24小时关在监狱里所耗费的钱财比为一名学生每天提供六七个小时的教育要多得多。所以我们可以假设监狱的费用支出是教育支出的3倍，即每年要在每个服刑人员身上投入1.8万美元。

估算每人每年的社保支出则相对简单些，例如，你可能知道自己父亲或祖母每个月收到的社保支票金额，或者根据学到的知识，即社会保障的目标是为退休人员提供生活所需的最低金额。在美国大部分地区，社保的最低标准大约是每年2万美元。现在，请你将这些粗略但较为可信的估算数据填入表 11-1，然后得出结果。

表 11-1　政府在三项社会性支出上的费米估算值

	任何年份参与人口占总人口的比例	参与人数（万人）	每人每年的成本（美元）	年度总成本（亿美元）
教育	25%	8 000	6 000	4 800
监狱	2%	600	18 000	1 080
社会保障	25%	8 000	20 000	16 000

从表 11-1 中的数据可以看出，你甚至不需要估算最后一栏（年度总成本），就可以进行比较。监狱和社会保障方面的年人均预估成本非常接近，但我们估计的享受社保的人数要远远多于服刑人员的数量，社保成本必然高于监狱成本。同理，接受教育和享受社保的人数大致相同，但教育的年人均成本较低，教育成本自然也就低于社保成本。再来比较教育成本与监狱成本，如表 11-1 所示，接受教育的人数同样是服刑人数的 10 倍以上，但监狱的年人均成本仅为教育的年人均成本的 3 倍，这意味着教育成本要高于监狱成本。

因此，即使没有计算出年度总成本，我们也可以在一定程度上确定政府三项职能的经费支出排序：社保居首，其次是教育，最后是监狱。实际调查数据也表明我们的估算是正确的。最近一年的数据显示，美国政府要从年税收收入中拿出约 8 000 亿美元用于教育，约 600 亿美元用于监狱，约 11 000 亿美元用于社保。

现在，请拿出你的小纸条，看看你的猜测是否正确（假设你确实是在遵循这个游戏规则的情况下做出的估算），并将其与费米估算给出的排序做个比较。显然，后者得出的排序是正确的。我们发现，大多数人最初都认为，监狱成本要多于教育成本，但费米估算已经证明如此排序并不正确。事实上，按照费米估算，监狱成本基本不可能成为一阶因素。现在，让我们再回顾前文的一个问题，即一位政治候选人希望通过削减服刑人数来大幅提升社保或教育经费。由此可知，这项提议显然是行不通的。

当然，上述的支出预算及其在政府预算中的相对排序，只有在我们试图编制整个社会性支出预算的情况下才派得上用场（或许还能顺带告诉我们，某个政治候选人是不是误判了当前的社会形势和状况）。这些估算数据只告诉我们实际的排序是什么，并没有告诉我们其排序应该是什么（在本书后续内容中，我们将进一步探讨"应该是什么"的问题，这涉及价值观方面的问题）。

关于费米估算，还有很重要的一点需要诸位注意：如果你没有经常运用类似的小估算的习惯，那么可能会觉得费米估算没什么用处。然而，只要你能克服不适感，多尝试几次，或许就会惊喜地发现它能开启新世界的大门。我们已经看到很多人因为勇于尝试而收获了令人兴奋的成果。如果你还没有尝试过，不妨现在就行动起来，看看它能为你带来怎样的惊喜与满足。[5] 我们之所以强烈建议你尝试，是因为它能帮你"充电"：不管何时，无论出于什么原因，只要你感觉心情低落，都可以凭借它来让自己重新振作！因为你知道自己有能力走出阴霾，用超级有效的估算方法去解决世上那些看似棘手的难题！

针对世界上大大小小的难题，科学乐观主义、理解顺序和费米估算共同为我们提供了一套严谨且有效的处理工具。例如，每当你听到一个被传得沸沸扬扬的数据，或有人声称某因素比其他因素都更重要时，你就会想起这些工具。对于此类"重要性高低"的论断，你应该即刻反思并质疑："还有没有其他因果因素？我是否有理由相信，其他未提及的因素都不重要？"如果有人对你说："我们永远都不可能找出真正的结果,因为存在太多难以掌控的因素。"你应回答:"的确,但举个例子,导致文盲率上升的原因可能数以百万计,但这并不意味着我们不能找出一两个关键的一阶因素,并对其进行研究,然后再针对这个问题一步步地取得实质性进展。我们不妨运用理解顺序和费米估算,说不定就有可能的解决之法!"

4 如何查漏补缺、填补知识空白

第 12 章
为何"吃一堑"后很难"长一智"？

在本书的第四部分，我们将探讨人类个体思维中那些独特且令人惊奇的谬误模式。在此之前，让我们先简要回顾前三个部分讨论过的重要观点。我们在前文中讨论了一系列科学思维工具，它们至少承载着三个明确的目标：首先，它们不仅适用于每个社会成员，而且人人都应坚持将其应用于日常决策和规划过程，以便有效防范各种形式的自我欺骗，避免自我蒙蔽，进而增强人们在现实世界中应对错综复杂的问题的能力；其次，大致掌握这些工具能帮助我们理解和分析（甚至在必要时验证）科学家、医生及其他研究人员提供的，也是我们决策所需的关键信息；最后，在我们寻找真正的专家时（即他们的研究成果能够反映世界的一部分现实），我们需要知晓其所供信息的可信度如何，而他们对这些科学思维工具的理解则可作为一项重要的评判指标。假如我们三个作者在本书前三部分论述得当，那么你现在应该已对这些科学思维工具的广泛用途有所体会。

然而我们不禁会好奇：这些思维工具有时相当复杂烦琐，为何我们非要使用不可呢？难道我们积累的人生经验，还不足以让我们驾驭这个错综复杂的世界吗？想想看，与伴侣共同生儿育女、与同事携手打拼事业、劳累一天后晚上做顿美食犒劳自己，或是对地方政府提出的倡议政策进行投票，与这些事情相关的所有变量不都明摆在眼皮底下（无论是字面上，还是比喻意义上），哪里还需要什么精密的科研设备来探测？要搞定这些事情，只要自己摸索一番，然后在试错中积累经验，不就行了吗？毕竟，就算没有专家指导，我们也能很快学会不能直接上手摸滚烫的炉子！

"人类善于从经验中汲取知识"这一刻板印象早已根深蒂固：在以英语为官方语言的国家，人们时常会自豪地吹嘘自己是在"生活的艰辛磨炼"下成长起来的。美国哲学家约翰·杜威（John Dewey）说过一句名言："真正的教育均源自经验。"这个观点至今仍有相当大的影响力，比如深受当下教育界追捧的体验式学习。当我们需要做手术或修缮房屋时，大多数人可能倾向于选择经验丰富的外科医生或承建单位。

然而，已有大量确凿的证据表明，"经验之师"的可靠性往往不如预期。例如，在求职过程中，工作经验往往会被雇主过度重视，但它根本无法精确地预测求职者未来的工作表现。[1]诚然，经验丰富的资深职场人的确比毫无经验的职场新人更具优势，然而等后者接受了初步的职业培训后，双方的实际工作表现就不好判断了。在医学等众多专业性极强的行业内，即便从业年限较长的资深人士仍处于智力和体力的巅峰状态，他们往往仍会因在学习新知识方面停滞不前而难以跟上日新月异的行业发展趋势。

回顾技术、医学和科学领域的创新历程，我们或许不难发现，事实上，许多重大发现和发明并不需要尖端的设备、深奥的数学理论或巨额的资金投入，杠杆、音标、钉子、流水线生产方式及控制实验等都是典型代表。那么，为何它们的问世需要这么长的时间呢？举个例子，早在 16 世纪便有人提出了细菌致病理论，然而直到 3 个世纪后，法国化学家及微生物学家路易·巴斯德（Louis Pasteur）和英国流行病学家约翰·斯诺（John Snow）才终于让这一理论得到了重视。鉴于现代人类的大脑形态在人类以文字记录历史之前便已完成进化，诸多此类创新似乎本有可能更早出现。

想象一下，如果一切都从零开始，你还能否搞定需要今天完成的各类事务？你知道怎么为自己亲手做一双既耐穿又舒适的鞋子吗？你能不能设计出一把牙刷、一副眼镜或者一卷胶带？又或者发现煮过咖啡豆的水竟然能让人保持头脑清醒？孩子们也总会哭笑不得地问道：手机的大部分基本功能早在去年就更新了，为什么爸妈至今都没有发现呢？

造成这种结果的一大原因是，环境中的许多干扰因素增加了人类从经验中吸取教训的难度。我们的感官不断受到来自周遭环境的多重刺激，然而从第 6 章介绍的角度来看，其中一些是有用的信号，其他则是随机噪声。尽管部分信号之间存在关联，但我们很难在错综复杂的现实世界中探寻它们之间的可靠联系，因为这些联系往往是概率性的（A 发生之后，B 可能会发生），而非确定性的（如果 A 发生，则 B 一定会发生）。

你可能会说："那好吧，或许我不能一举中第，但不断试错之后，我总会找到正确的答案，不是吗？"事实上，想要在一个不断变化的环境中以试错的方式来有所收获的难度很大。所以那些试图通过频繁试错来取得进步的人，总被批作"老想着怎样才能把上一次的仗打得更好的将军"，更别提结果反馈通常还会滞后很长时间（有时甚至要等上几个月或几年才能看到）。此外，因果关系之间还存在概率性，有时候错误的行为反而带来了好结果，正确的行为反而引发不尽如人意的结局。雪上加霜的是，以试错的方式学习，往往连最基本的控制实验的标准都无法满足，因为人们几乎不可能做到在其他条件不变的情况下，对单独一个变量进行验证。我们也很少有机会观察"反事实"，即如果采取了 B 措施（或什么都不做）而非 A 措施，结果会怎样。

然而，阻碍人们从经验中汲取教训的许多因素都是心理因素，而非环境因素。因此，本章将深入探讨一些主要的心理因素问题。首先需要声明的是，它们并非区分"非专业人士"与科学家或其他专家的通用标准。事实上，心理因素的影响在每个人的日常生活中都有所体现，科学家亦不例外，我们也将在接下来的两章中为这个观点提供充分的证据支持。正如下一章所述，科学之所以能够（在某些情况下）屏蔽这些心理因素的不利影响，与科学家个人的品质或能力关系不大，科学方法和思维习惯才是重点，它们在帮助科学家克服人类自身局限性方面发挥了重要作用。

还需要强调的一点是，我们将要探讨的这些心理因素并不是病态的，而是正常情况下人类认知能力的固有特质。就其本身而言，它们之所以普遍存在，很可能是因为具备了一定程度的适应性，因为在更系统的推理过程比较困难或费力的情况下，大多数类似的心理因素都能促使人类大脑运转得更加灵活高效。

习惯成自然

对自己掌握的各项生活技能稍作观察后便会发现，你可以在几乎无意识或极少意识的情况下顺利完成大多数日常事务。想想你上一次需要刻意琢磨用多大力气踩油门、打开开关接热水或系鞋带是在何时？它们早已成为一种习惯。习惯可以让我们游刃有余地同时处理多项任务，还能节省精力，因为若是每做一件事都需要有意识地深入思考，只会令我们感觉"身心被掏空"（如果你尝试过源自佛教的正念冥想，想必就会相当有感触）。得益于人类大脑"自动"完成这些习惯性事务的能力，我们才能将注意力投注在新事物上，比如一边开车一边听同车乘客讲述精彩的故事。习惯在维持社会正常运作方面同样发挥着至关重要的作用，威廉·詹姆斯（William James）将习惯誉为"社会的巨大飞轮"。阿尔弗雷德·诺斯·怀特海（Alfred North Whitehead）认为："文明的进步正是通过不断扩大人们在不经意间完成各种要务的数量来实现的。"

尽管习惯并不是全无意识的行为，但因其发生迅速且轻松，我们往往难以对其深入观察和有效控制。在养成某项技能的初步阶段，我们仍有机会观察到它对我们期望获得的结果产生的影响，进而决定对其进行重新调整还是直接舍弃不用。然而，随着技能运用变得越来越自然与自发，它给我们带来的影响也越来越难以仔细监控。所谓的"坏习惯"指的就是功能失调的习惯，由于是毫不费力的下意识行为，所以人们往往积习难改。总而言之，习惯往往会引导人们做出无意识行为，从而成为阻碍人们从经验中汲取智慧的拦路石。

启发和偏差

令人们难以从经验中学习的另外一系列因素，是人们在判断过程中存在的各种偏差，其往往导致人们忽视、曲解或否认环境中至关重要的信息。与习惯相似，偏差往往是因为人类大脑在注意力不足的情况下想要快速处理信息而产生的。当人们无法充分利用现有的证据时，偏差就是我们为轻率决策付出的代价。

"有偏差"这个词可能已经在日常生活中被滥用了。我们往往能轻易地给别人扣上"有偏差"的帽子，只因我们无法认同他们的观点。然而值得庆幸的是，我们已经在第9章的探讨中就偏差的判断给出了相当客观的定义。回想一下，当某个探索过程产生大量随机误差时，我们通常会将这些误差称为"噪声"，而当该过程表现出系统性误差（即结果始终高于或低于正确答案）时，我们则判断其存在偏差。因此，通过将某人的答案与客观标准或真实值进行比较，我们可以确定他是否存在偏差。然而，在客观真实无从得知的情况下，这个方法难以奏效，不过研究人员已经开发出多种可以消除偏差的试验性策略。[2]

维基百科上有一份有据可查的认知偏差清单[3]，我们上次查阅时发现它已经收录了123个条目！乍看之下，你可能会想：仅靠"创造"各种偏差，心理学家就能过上光鲜富足的日子（不可否认，或许真有部分从业人员以此牟利）。这张清单中的很多认知偏差都是由心理学家丹尼尔·卡尼曼和阿莫斯·特沃斯基（Amos Tversky）率先发现并记录的。尽管特沃斯基于1996年不幸英年早逝，但卡尼曼后来凭借两人的共同研究成果获得了诺贝尔经济学奖。在他的畅销书《思考，快与慢》[①]（*Thinking, Fast and Slow*）中，卡尼曼给出了关于这些偏差的极为精彩的解读，在此强烈推荐诸位买来读一读。

其中一些认知偏差的名称中就带有"偏差"一词（如证真偏差），

---

① 该书中文版已由中信出版集团于2012年出版。——编者注

另一些则被称为"启发"（如可得性启发）。尽管两个术语之间的界限很模糊，但"偏差"一词主要还是被用来描述结果（系统性地偏离了需要判断的真实值），"启发"一词则侧重于描述产生某种特定偏差的过程。"启发"是人类大脑为了快速做出判断而养成的一个特定习惯，尽管相对"简单粗暴且有效"（但容易出错），却能逃避"绞尽脑汁地细细斟酌"这项艰苦的认知工作。

我们可以借用"温度"的概念，各类偏差处在"冷"与"热"这两个极端结果之间的不同位置。热偏差因其普遍性而易于描述，它们往往因情绪因素（尤其是愤怒或恐惧）和动机（我们期望发生什么或想要相信什么）而产生。位于另一端的冷偏差似乎是人们在缺乏特定目标或欲望，处于平心静气的镇定状态时做出快速决断（人类典型的行为方式）的副产物。德国心理学家和行为学家格尔德·吉仁泽（Gerd Gigerenzer）及其团队曾通过案例证明：人们通常会依据自己对城市名称的熟悉程度来推断城市规模的大小。[4] 这种推断方法在多数情况下都是有效的，因为大城市通常要比小城市更出名，但它也会误导我们。例如，旧金山和圣何塞的人口分别约为81.5万和98.3万（后者人口多于前者），然而在大多数人看来，旧金山的城市规模肯定要大于圣何塞。这是为什么呢？不可否认，《你知道去圣何塞的路吗》（Do You Know the Way to San Jose）是一首朗朗上口的经典歌曲，但在流行文化中，旧金山的城市形象和元素显然出现得更多（毕竟这座城市以陡峭的山坡、独特的缆车和金门大桥等标志性景物而闻名于世）。

本书将不会在热偏差上着墨过多，不是因为它们无足轻重，而是人们在发现此类偏差方面都很有经验。我们都曾见过被自身情绪和欲望蒙蔽了双眼的人，而且我们或多或少都曾在某个时刻陷入过类似的境地（即便我们不愿承认）。事实上，认知过程往往带有一定的动机性，即我们会由衷地期望某些信念和结果成为现实，另一些则不会成真。热偏差往往比冷偏差更具破坏性，因为人们为了得偿所愿，或许会无所不用其极地扭曲事实、贬低与自己意见相左的人。当有人坚持认为自己不偏不倚，但对方失之偏颇时，无法调和的矛盾就会产生。我们曾与在庭审过程中负责提供专家证词的诸多同行交流过，他们中的大多数人认为，许多专家确实存在偏差，且接受一方的酬劳可能会造成利益冲突，但同时这些专家也大多坚称自己不会为五斗米折腰。

我们不打算将心理学文献中详细记录的几十种偏差都悉数介绍一番，而是仅专注于分析那些可能会阻碍人们从经验中汲取教训的认知偏差。

可得性启发

可得性启发属于冷偏差的一种，卡尼曼和特沃斯基率先发现了这个认知偏差并给出了定义，即"通过实例或事件在脑海中浮现的难易程度，来评估一类事物发生的频率或某一事件发生的概率"的心理倾向。卡尼曼和特沃斯基探讨了各类事物吸引人类注意力的不同方式，例如与人类记忆中熟悉的概念相关联的概念、最近发生的事件、尤为生动鲜明的经历或易于想象的情况等。以两人在早期研究中开展的一项简单实验为例：字母K更有可能成为某个英语单词的首字母，还是第三个字母？我们曾在一组学生中开展过这个实验，结果显示：认为在随机抽取的单词中以字母K开头的可能性更大的学生占61%，仅有39%的学生认为字母K更有可能是英语单词的第三个字母。事实上，成为多数派的61%的学生都错了，字母K在英语单词中作为第三个字母的概率高于它作为首字母的概率。然而，人们很难从听觉或视觉记忆中搜索到第三个字母是K的单词，其原因在于人们往往会先学习首字母为 K 或首字母发音为 K 的单词。相信大多数人都跟父母学过《字母书》，但他们绝对不会以如下方式教我们认字：I 是大写字母，i 是小写字母，哪个单词的第三个字母是 i？Rhinoceros（犀牛）![5]

媒体曝光是人们获取外界认知的一大来源。20 世纪 70 年代的一项研究显示，尽管哮喘的致死率是龙卷风的 20 倍，但公众依然普遍认为龙卷风是更常见的死亡原因。[6] 这是因为大多数人更频繁地接触到与龙卷风有关的新闻或电影，毕竟此类新闻或电影都很有吸引力（龙卷风致死的相关故事在我们脑海中的印象也就越来越深刻）。

下面这个实际案例展示了可得性启发对政策辩论的影响。在许多人看来，陪审团在人身伤害类案件中裁定的赔偿金额不仅高得吓人，而且相当"随意"。罗伯特的一项研究统计了全美范围内涉及陪审团审判结果的媒体报道，并将其与各类研究项目提供的实际法庭审判统计数据进行了对比。[7] 对比研究结果显示，在媒体报道的案件样本中，起诉方的胜诉率高达 85%，然而实际的庭审胜诉率因诉讼类型的不同有高有低——30%～55%。此外，打赢官司后能获得多少赔偿呢？在报纸和杂志文章刊登的案件中，赔偿金额的中位数接近 200 万美元，然而各类案件实际判定的赔偿金额的中位数在 5 万～30 万美元。由此可见，媒体及其带来的可得性启发往往会导致公众对提起诉讼后所能获得的赔偿金额产生过高的预期。

锚定与调整启发法

这又是另一种形式的冷偏差，即人们在进行量化估算时往往会面临无从下手的困境。在《王牌大贱谍》这部知名喜剧的一个场景中，英国王牌间谍奥斯汀的老对手邪恶博士从几十年的冷冻休眠中醒来后，便立刻开始了他的邪恶计划——向世界各国政府勒索"100 万美元"。但他并没有意识到世界早已不同，从国家层面看，当下的100万美元根本算不上巨款，为这么点儿钱就与全世界叫板压根不值得。

然而，在判断量级方面，邪恶博士并不是唯一昏了头脑的人，大多数人对于数量其实都没有什么概念。卡尼曼和特沃斯基曾指出，在估算数量时，人们往往会随机选取一个较为"显眼"的数字作为初始参考点，然后在此基础上增减。问题在于，人们的调整幅度往往偏低，经过深思熟虑得出的估算结果都将因此过于接近随意设置的起始值。聪明的读者可能已经意识到，在进行费米估算时，这种锚定与调整策略始终存在风险。

再举一个法律领域的经典例子：罗伯特及其团队曾就"离婚夫妻如何合理确定每月应支付的子女抚养费数额"做过研究。[8]这确实是个棘手的问题，因为人们估算出的金额简直千差万别。减少估算差异性的一个有效方法就是给离婚人士提供一项具体参考数值。罗伯特的研究表明，当提供的参考金额为800美元时，人们接受的拟支付抚养费平均值为1 000美元，而如果参考金额提升至1 400美元，那么拟支付抚养费实际平均数额则接近1 300美元。当然，应该给子女支付多少抚养费并不存在一个绝对客观的标准，但应该为离婚人员提供什么样的参考金额呢？那些意图影响法官决策的律师在这个问题上有着很大的话语权。

事后诸葛偏差

有句老话叫作"事后诸葛亮"，其英文表述（Hindsight is 20/20）借用了眼科术语"20/20"，意指在20英尺处所能看清事物的人，他的视力就是正常的，即拥有标准距离的正常视力。如果你的视力检测结果为"20/40"，就说明你已经近视了。这句源自眼科术语的谚语所表达的意思就是，人们通常能在事件发生后轻易地给出准确的"预测"，毕竟放马后炮显然比有先见之明容易得多。心理学家巴鲁克·菲施霍夫（Baruch Fischhoff）曾表示，人类在下判断时有一个普遍特征，即人们在获知结果后往往会感觉它发生的必然性似乎比事前更显而易见。[9]

再举一例，在20世纪70年代初研究概率判断时，菲施霍夫选择了在他看来发生可能性极低或极高的一些事件，然后请人预测其发生的可能性。当时正逢尼克松总统执政时期，而且这位总统还曾是"反共先锋"。于是，菲施霍夫询问了人们对以下问题的看法：尼克松在卸任前对中国进行外交访问的可能性有多大？（在他看来，这是一个低概率事件。）然而，尼克松确实在1972年访华了，此举令无数外交政策专家惊掉了下巴。菲施霍夫非常敏锐地对当初的受访者进行了二次回访，请他们试着回忆自己在尼克松访华可能性上给出的预测数值。他发现，人们于事后回忆出的"预测"概率普遍高于他们当初实际给出的概率。这些受访者清一色地（错误）表示，自己早就预判到了这个结果，即"早就笃定尼克松会访华"。

事后诸葛偏差给社科专业的学生造成的影响尤为严重。在课堂上给学生们讲心理学或社会学的某项新发现时，我们发现他们会很聪明地自编理由，想象这些新发现产生的合理性，并言之凿凿地声称它们的存在早已有目共睹，甚至自我暗示自己早已猜到它们会被发现。为了在课堂上向学生们揭示这种偏差，我们通常会做如下实验：先给学生提供一段关于恋爱关系研究的简要描述，然后将学生分成两组并分别告知不同的研究结论，其中一组学生得到的结论是"物以类聚"，另一组得到的结论是"异性相吸"。这两种说法虽然都符合"常识"，却彼此矛盾。遗憾的是，在阅读了所谓的研究结果后，两组学生中的大多数都倾向于认为自己看到的研究结果是"明确成立的",甚至疑惑为什么老师要浪费时间去教这些显然人人都懂的内容。

如今,事后诸葛偏差的表现方式可谓层出不穷,其中一些或许不会造成实质性的伤害,另外一些却颇具破坏性。多年前,前橄榄球运动员兼演员辛普森(O. J. Simpson)因涉嫌谋杀前妻而被押上法庭。在判决结果揭晓前,包括各领域专业人士(执业律师和职业赌徒)在内的大多数人普遍认为他被判有罪的可能性极大。在辛普森最终被宣判"无罪释放"后,我们本期待专家们能坦然承认自己的判断失误:"哎呀,我们看走眼了。"实际情况却令人大跌眼镜,众多专家纷纷现身各大新闻节目"解释"道:黑人陪审员(占本案陪审团多数)都倾向于对黑人被告宽大处理。然而,当时的庭审数据并不支持这种说法。如果专家们的确相信黑人陪审员存在维护同肤色被告的倾向,为何在庭审结果出来之前的预测中,他们没有预判到辛普森会被无罪释放呢?所以说,这些专家为了挽回颜面,事后编造了一个关于黑人陪审员存在偏见的理由。

群体内偏差和身份归属标识偏差

20世纪70年代,心理学家亨利·泰弗尔(Henri Tajfel)开创了"最小群体"范式实验,即依据显然十分随机的标准(例如,是高估还是低估了屏幕上闪烁的光点数量)将受试者划分为不同的群体。他的研究表明不管分组标准多么琐细和随意,一旦受试者有了组别身份,在分配同自己不相干的任务奖励时,他们往往倾向于更照顾同组成员。[10]

社会心理学家发现,人们表达态度的动机并不完全取决于他们是否真的相信某一观点的真实性(例如,关于死刑或枪支管制是否真的能影响杀人事件的发生率），而是更多地取决于他们公开表达自身价值观的欲望（例如"我是保守派／自由派"）。我们认为，"身份归属标识偏差"的说法能贴切地概括这个现象。关于这个问题，我们也会在本书后续的内容中进一步探讨。[11]

倾向性偏差

罗伯特发现，自己经常在开车时冲那些因寻找道路两旁的目的地而降低车速的司机骂骂咧咧，认为他们太过自私，毫不在乎其他司机的感受。然而他后来意识到，自己也会在商场附近降低车速，以便找寻附近有没有自己想要去的店铺。这时候，每当身后的司机不耐烦地鸣笛催促时，他就觉得难以理解：那些愚蠢的开发商把商场布局设计得如此糟糕，难道你们都看不出来？这种前后不一的心态并非罗伯特独有。一项在1991年对交通意外当事人进行的意向调查发现，在多车辆交通事故中，91%的司机都倾向于将事故责任归咎于他人（尤其是其他司机）。[12]

心理学家长期以来都在致力于研究人类如何解释自身及他人行为背后的原因，它属于"归因理论"的范畴。1958年，社会心理学归因理论创始人弗里茨·海德（Fritz Heider）提出：但凡有可能，人们总是倾向于将他人的行为归因于内部主观因素（如"贪婪"或"聪明"等个人品性），而非外部客观因素（如环境危害或能见度低等）。然而，当自己做错事时，他们总会归咎于外部客观因素。1977年，斯坦福大学社会心理学教授李·罗斯（Lee Ross）提出，这种归因偏差的证据广泛存在，以至于它应该被视为"根本性归因错误"。[13] 他在后续的研究中发现，这种倾向往往会导致人际冲突加剧，因为各方都倾向于指责对方存在不良动机和缺点，却忽视了造成这种情况的十分明显的"情境力量"(指在特定情境中影响个体行为和决策的外部因素)。

20世纪90年代，大批跨文化研究者纷纷提出：归因偏差其实并不如我们想象的那般根深蒂固。例如，相较于西方人士，亚洲国家的人更倾向于采用外部（客观因素）解释。[14] 因此，众多研究者更愿意将其称为"倾向性偏差"，并将其视为西方文化的独特表征。与此同时，他们普遍认为亚洲人将原因"过度归咎自身"的倾向也很明显，比如中国道家学派经典著作《庄子·山木》中一个叫"方舟济河"的典故，就充分体现了这种倾向："方舟而济于河，有虚船来触舟，虽有惼心之人不怒；有一人在其上，则呼张歙之；一呼而不闻，再呼而不闻，于是三呼邪，则必以恶声随之。①"[15]

证真偏差

我们把最精彩的部分留到了最后，而"最精彩"一词指的是我们最希望人们能克服的、影响最大的一种偏差。证真偏差指的是刻意寻找与自身假设相符的证据，并忽视与之相悖的证据。在掌握了正反两面所有证据的情况下，如果我们更注重支持性证据而忽略了反面证据，也会产生证真偏差。同理，人们往往会对不利于自身假设的证据采取更严苛的审视态度。证真偏差也存在冷、热两个极端，也包含不同程度的偏误：热证真偏差较为常见，例如人们会选择性地只引用能让他们赢得辩论或达成所愿的事实，或干脆否认不利于自身的事实证据。当然，冷证真偏差同样值得警惕：人们倾向于寻找和引用支持自

---

① 这段话的大意是："倘若一人在渡河之际，遭遇一艘空船与其所乘之舟相撞，即便是性格暴躁之人，亦不至于怒火中烧。然而，若他察觉对方船上有人操控，便会大声呼喊令其避开。若呼喊无果，便会再三催促，进而开始咒骂。"——译者注

身假设的事实，只是因为这似乎是合乎逻辑的出发点。毕竟，找不到任何证据支撑的假设基本不可能成立。但如果我们只寻找确证案例并止步于此，就会导致偏差。关于这一点，我们将在后续章节中继续探讨。

反向思考：消除自身偏差的有效策略

> 先生，我并不认为你有权支使我，仅仅因为你年纪比我大些，或者比我阅历丰富些。你所说的优越感取决于你对时间和经历的利用。
>
> ——夏洛蒂·勃朗特，《简·爱》

> 练习并不能造就完美。只有完美的练习才能造就完美。
>
> ——文斯·隆巴迪（Vince Lombardi）

如前所述，令我们无法从生活阅历中尽可能多地汲取知识与经验的阻碍因素其实有很多，然而我们需要澄清的是，这并不意味着人们不可能学会"吃一堑，长一智"。若真是如此的话，科学探索就变成了纯粹的浪费时间。我们想要借此强调的是，从经验中学习并非易事，需要我们对个人经历进行深入反思。瑞典心理学家K.安德斯·埃里克森（K. Anders Ericsson）可能是专业知识发展研究领域最权威的专家，他认为："单纯经验与刻意练习所产生的效果之间存在显著的差异。刻意练习强调个人应专心致志，努力挑战并突破自身的既有能力边界……此外，它对专注力有一定的要求，能持续的时间往往非常有限。"

向你科普（或至少提醒你注意）这些认知偏差，是否成功地减少了你的偏差？要是真这么简单就好了！有研究表明，了解不同类型的偏差，虽然能够削弱它们的消极影响，但效果十分有限。所以，我们提出了另一个可行之法，即付费请人帮我们做出最准确的判断。它背后的逻辑是，金钱的驱动力或许会促使人们放弃那些会导致错误判断的捷径，转而采用更系统且全面的推理方法。然而令人遗憾的是，这个方法似乎也不是百分之百有效，因为即便花了高价，人们做出判断时也很难克服藏在骨子里的偏差。

迄今为止，在消除偏差方面最有效的一项策略是换位思考，或在更复杂的情况下，"考虑替代方案"。[16]当你强烈期待未来得到某个结果时，不妨停下来思考一下：为何截然相反的结果也可能会出现呢？这个思维练习会让你发现，虽然你做出之前选择的理由十分充分，但支持其他可行选择的证据同样充足。回到本书第4章中的话题讨论案例（以学校进行更多标准化测试为主题），参与者需要为自己提出的每一条陈述（可能为真或为假）设定一个置信度（如75%）。一个有趣的结果是，这意外促使参与者自发地开始"考虑对立事实"，因为他们发现，对说出口的大多数观点，自己并没有高达99%的把握。尽管"考虑对立事实"并非科学课程的常规教学内容，但它早已融入众多科学方法论之中。例如，随机分配实验就是为了探究在反方证据（"反事实"）之下可能出现什么样的结果。

在下一章中，我们将看到，即使研究者将自己标榜为"诚心诚意的事实搬运工"，动机性认知也能扭曲科学实践。此外，科学家为克服各种类型的认知偏差而摸索出的一套科学小妙招也会一并介绍给大家。

第 13 章
科学也犯错？

1988 年，法国某实验室的资深负责人及其研究团队在享誉国际的科学期刊《自然》上发表了一篇论文，提出了一个石破天惊的观点。他们发现，将含有特定抗体的溶液高倍稀释（事实上用水稀释了 10^{120} 倍）后，得到的无限接近于纯净水的液体仍显示出与原始溶液相同的反应特性。尽管稀释后液体里的原始溶液成分几乎微不可察，但这篇研究论文得出的结论是：水分子结构似乎在某种程度上保留了此前稀释过程的记忆。

看到这篇在权威期刊上发表的关于"伟大发现"的论文，我们应当作何反应？本章的标题或许能给你一点儿灵感：最终的结果绝不是热烈颂扬某个划时代的重大发现。然而这个故事也揭示了人们普遍面临的一个问题：不管是科学期刊发表的论文，还是媒体发布的新闻报道，上面都没有贴上任何明确的标签来帮助人们分辨哪些是振奋人心的新发现，哪些又是"科学犯错"的典型反例。这是一个十分严肃的问题，假如我们的至亲身患重病，那么一篇声称水具备分子记忆功能的文章便可能会让我们对备受推崇的"顺势疗法"怀抱期望，因为它宣称的治疗效果与上述论文作者在将原液极高倍稀释后发现的神奇效果异曲同工。如果这篇文章存在误导性（后文再探讨其缘由），那么数以百万计的人或许就会被其"谋财害命"（因为他们可能会耗费大量金钱，却忽视了真正有效的治疗方案）。

如何识别真科学与伪科学是比上述案例更复杂的命题，因为我们面对的是五花八门的复杂情况，可能遍布多个不同的科学领域。在一些情况下，科学确实无法满足人们的期望，在另一些情况下，有人还会刻意扭曲事实，将伪科学包装成真科学，并试图赋予其正当性。因此，科学的错误可能是诚实之人的无心之举，也可能是有心之人的刻意误导和故意欺诈。

科学出错的方式

要了解科学出错的方式，让我们先从好科学讲起，即科学工作进展顺利并得出了正确的结论（这当然是最理想的状态），这也正是我们在阅读新闻媒体对科学成果报道或研读科学论文时最想看到的东西。然而，一些高质量的科学研究有时也会得出错误的结果。事实上，回顾本书第4章关于置信度的讨论后就不难发现，优秀的科学研究得出错误结论的可能性并非不存在（概率思维）。我们对科研工作的唯一要求便是：优秀的科学工作者在呈现其研究结果时，应该提供一个置信度说明，即其研究结果为真的概率。然而，即使他们给出了高达95%的置信度，那么就算在全力以赴的情况下，每20篇论文中仍会有1篇的结论是错误的。换言之，优质的科学研究最后得出了错误结果的情况依然存在。在采用95%置信度标准的情况下，科研论文结论出错的概率仍有至少1/20。

接下来我们谈谈坏科学（伪科学），其中最可惜的一类错误就是，科研人员做对了大部分事情，却在一些关键点上犯了错。例如，一些科研论文的作者并不了解本书第7章中讨论的"查看别处效应"，即在一项研究涉及的变量超出其原始设计范围时，某种偶然产生的关联性就很可能被误读为有意义的结果。相信大家现在都理解了这个效应，所以永远都不会掉入这种陷阱，但仍有一些科学家尚未意识到自己犯下了"查看别处效应"的错误，他们撰文发表的自诩可靠的研究结果实际上是缺乏充分论证的，这就是科研领域"好心办坏事"的典型例子。

为此，对于科学研究中出现的错误，我们应充分给予理解和同情，因为要将一项精心设计的科学研究与分析做到百分之百正确无误，其难度超乎想象，毕竟科学探索过程本身就充满了各种类型的错误。本书列举了科学家利用经年累月的试错经历总结出的某些"大坑"，但这并不意味着他们自此便可一劳永逸，永远不再犯错（不可否认，诸位读者与本书的3位作者有时候也免不了落入"查看别处效应"的陷阱）。科学界同行互审论文、复现和验证实验结果等做法的一个逻辑就是，每位科学家都需要依赖同行的"挑刺"，发现自己在研究过程中不可避免的疏漏之处。

因此，在发现一篇科研论文的错处时，我们也不必自鸣得意，犯错是科研的常态。（那些尤为擅长设计研究方法，让错误更容易暴露的科学家，更应得到推崇。反之，那些惯常以错误为基础得出一家之言的结论，或被人指出错误后拒不承认或改正的科学家，就不配获得尊重。）此外，在阅读一篇新发表的科学论文时，我们应首先假定其中可能仍存在错误，并相信它们会被针对该结果的后续其他研究给挖出来。因为即使这篇论文通过了科学评议流程（每个期刊组织通常都会设定极为严苛的评估流程），它仍可能存在错误。

接下来我们要讲的主题是病态科学，诺贝尔化学奖得主欧文·朗缪尔（Irving Langmuir）于1953年在一次演讲中首次提出了这个概念。[1]他举例说明了部分科学家在科研过程中犯下的一类错误：一开始致力于真正的科研，最后却因为过度"偏爱"某个出人意料的结果，开始刻意无视表明该结果不正确的种种迹象。这些已走火入魔的科学家的问题在于，他们不是无心忽略了细微的错误，而是想方设法地试图通过反驳所有质疑其研究正确性的证据，来保住自己钟爱的"成果"。这种让诚实的科学家决定"一条道走到黑"的失败模式，无疑引发了学界的严重担忧。[2]所以在阐述完科学的各类出错方式后，我们还会回过头做进一步剖析。

在人们最担忧的科学错误榜上，紧随病态科学之后的是伪科学的概念。搞伪科学的人同样会使用科学语言，他们喜欢把科学领域的专业术语时刻挂在嘴边，但显然缺乏投身于实际科学活动的热忱。例如，他们从来不去真正验证自认为的原因与自认为的结果之间是否真正存在因果关系。此外，他们也不会尝试将提出的主张纳入已知的广泛科学知识体系（即我们在本书开篇提到过的那个由一根根原木相互连接、构成完整科学框架的"知识之筏"）去看看二者是否相容。然而，他们喜欢频繁使用大量听起来颇具说服力的科学术语来标榜自身的专业性。

有时候，你能够轻易看出自己读到的内容是不是伪科学。然而在多数情况下，你需要通过审慎观察和深入分析才能慧眼识"坑"。也许这些收录了伪科学内容的网页设计十分精美，运用的算法看起来也很高级，但你在浏览的时候总感觉有什么地方不对劲：等一下，这一页用的一些科学术语看起来挺像回事儿，但实际都用错了，其结论也是基于这些错误得出的。此外，伪科学的内容中往往缺乏对其结果可能出错的原因的严肃反思，也没有明确指出其当前结论的不足之处。

伪科学有时也被称为"货机崇拜的科学"。这个术语来自著名的诺贝尔物理学奖获得者理查德·费曼（Richard Feynman），他曾在加州理工学院1974年毕业典礼的演讲中分享了一个故事：

> 南太平洋某些岛屿原住民中存在一种货机崇拜现象。当地居民在战争时期曾目睹飞机携带大量上好物资从天而降，因此他们便渴望重现这一场景。为了实现这个愿望，他们精心筹建了类似飞机跑道的设施，在跑道两侧生起火，并搭建起一座木屋，再安排一个人充当控制员，他头戴形似耳机的木片，上面插着竹条来模仿天线。一切都布置得尽善尽美，正规机场该有的，它都有，就等着货运飞机降落了。尽管他们的布置没有任何毛病，造型亦堪称完美，但结果令人失望，因为不会有飞机降落。所以，我将此类行为称为"货机崇拜的科学"，因为它们虽然表面上遵循了所有的规则和科学调查的形式，却缺乏成功的本质要素，飞机并未如他们所愿地来到此处。

费曼用"货机崇拜的科学"来形容一种与伪科学相似但危害性更大的现象。它只是照葫芦画瓢地模仿了真正科学的形式，但无异于岛民头上那个插着竹天线的木制耳机。尽管满怀货运飞机降临的美好愿景，但在你陷入"货机崇拜的科学"的陷阱时，科学这架飞机是不可能"落地"的。

现在，我们来了解一种更令人糟心的坏科学形式，它位于科学"黑名单"的最底部（越往下错误越严重），即欺诈性科学，一种故意且主动地通过篡改自身研究成果来误导他人的行为。科学研究中的不端行为，其背后的动机可能是经济利益的驱使、对失去工作的恐惧或对个人野心的追求等。我们无法确定科学欺诈行为到底有多普遍，已知的是它虽还没有变成科学界心照不宣的常规操作，但也绝对算不上罕见。针对科学家的一项调查显示，近2%的科学家（匿名）承认自己曾有过科学欺诈行为，约1/7的科学家认为其同事曾涉嫌科学欺诈。[3] 这个数据无疑相当令人担忧。

科研造假自然并非好事，但偶尔发生的科学欺诈并不会妨碍科学机制的正常运作，这要得益于科学研究的常规程序，即仔细检查研究结果、尝试复现实验结果，以及测试研究结果隐含的新假设等。这套流程有机会在造假行为及其结果造成重大损失之前，将其筛选出来。

若科学造假者选了一个足够晦涩难懂的课题，那么或许能蒙混过关，永远不会被人拆穿，因为研究者少。但话说回来，在无人问津的冷门领域搞研究本身就无利可图，因此我们期望（或至少希望）欺诈性科学多少能带点儿自我局限性。只要科学能有效地追踪现实，并基于对现实的理解制定有效的解决方案，我们就可以合理推测，科学研究成果中不会充斥过多的造假案例。然而在每年发表的数百万篇论文中，每隔数月就会曝出一个令人瞠目结舌的科学欺诈事件。

有趣的是，阅读本书的你就好比在接受培训，即学习如何运用科学界近期才发现的方法，去识别和拆穿科学欺诈行为。在科研领域，一些研究人员会仔细审核已发表的论文提供的数据分布情况，尤其是对某个结果存疑的情况下，这个审核过程会更加严苛。他们逐渐发现，伪造数据的研究者都不太擅长模拟数据中的随机噪声。因此，在绘制数据图时，这些伪造而来的数据往往会带有呈近乎完美钟形分布的统计不确定性，并且缺乏其他类型的噪声指标（包括第 9 章所述的系统不确定性）。然而，这些噪声指标在真实的测量中是一定会存在的。更有甚者，有些造假数据中甚至都不存在钟形分布的噪声，以至于所有数据看起来完美得有些不真实。在这种情况下，数据表现过于理想化，甚至都看不到我们在第 7 章提到的随机噪声（即抛硬币得到的连续重复结果的模式，看似存在规律，实乃干扰性噪声）。[4]

上文关于科学研究出错模式的一系列论述可以给我们带来哪些启示呢？纵览本书，我们着重讨论了人类的各种"致败"思维模式，并在心里设定了以下几个目标：其一，我们希望能借此从正在阅读的科研成果文章中，识别出可能存在的类似错误，并尤为希望能找到帮助我们识别和纠正它们的真专家；其二，我们希望能在日常生活中避开这些思维陷阱（无论我们是否从事科学研究）；其三，如果我们是科研工作者，则希望自己能避免犯下类似的错误。尽管大多数人并非科学家，但从科学家的视角（无论是那些掉入了思维陷阱，还是致力于避开思维误区的科学家）来审视这些在科学研究中出错的典型案例，不仅大有裨益，还能帮助我们厘清思路。（如果《星际迷航》中的科学官斯波克也曾犯下某个类型的科学错误，那我们必然会有十分深刻的印象。）

为何尤为需要提防病态科学

总览科学可能出错的各种方式，我们应该尤为关注处在"中间位置"的大多数常见问题，而非极端个案。对于优秀科研成果因随机不可控因素而出错的情况（即在 95% 的置信度下，仍存在 1/20 的出错率），我们自身能采取的措施有限，只能借助他人之力。例如他人在复现这些研究结果的过程中，可以帮助我们发现这些"真材实料"的科研中不可避免的失误。至于另一个极端的错误，相信绝大多数人都能遵循科研规范，不会不懂装懂地滥用科学术语，更不会为了偏执地证明某个观点而凭空捏造数据。然而，位于"中间地带"的病态科学（因过度投入或迷恋某个激动人心的实验结果而无视所有反面数据）则具备了诸多可被视为陷阱的特征，而且我们很可能会（或者已经）踩中这些陷阱。

依据朗缪尔关于病态科学的演讲，我们整理出了一份可用于鉴别可疑科学成果的衡量标准清单。他认为，具备以下特征的科研成果（本书作者稍稍调整了表述方式）很可能就属于病态科学：

1. 产生效应的原因几乎检测不到，并且效应的强弱并不显著取决于其诱因的强度；
2. 效应本身极难检测到，或统计显著性微乎其微；
3. 出现了惊人的高精确度；
4. 出现了有违经验事实的荒谬理论；
5. 不能客观对待批评，总是找借口否定批评；
6. 病态科学成果出现之初，支持者与反对者各半，但最终的支持率会回落到接近于零。

因此，面对一项令人存疑的科研成果，人们首先会问："这个效应或其原因是否几乎检测不到？"当然，如果怀疑一项成果是病态科学成果，那其原因或效应往往几乎难以察觉，因为若二者显而易见，你或许根本就不会质疑。下面这个问题或许没这么直截了当："效应的强弱是否取决于其诱因的强度？"这呼应了本书第3章在探讨希尔的因果判别准则时提到的量效关系，即随着诱因（剂量）的增加，效应也会随之增强。然而实际情况并非总是如此，例如，小剂量的抗生素可能并无疗效，但摄入剂量一旦超过某个临界值，消炎效果便会立竿见影。

然而，即便你已竭尽所能地检测到了因果关系，仍需要更多证据来确保没有自欺欺人，即自认为观察到了一个实际上并不存在的因果关系。这时候，因与果之间可重复的相关性，以及所谓的量效关系，就成了至关重要的衡量指标。当然，它显然要比单纯检测因果关系是否存在的指标更严苛，而且它同时也是一个警示，即在几乎难以发现因果因素的情况下，我们很容易从结果中"解读"出自己期望看到的东西。所以，我们需要极为严苛地审视自己提出的主张（以确保其可靠性）。

回顾上文关于病态科学的论述，在朗缪尔提出的评判标准中，似乎很多病态科学的诞生都是因为研究者深深地爱上了自己的研究成果。事实上，"爱上自己的研究成果"是一个贴切至极的比喻。当你坠入爱河，就会有那么一段"蜜月期"，对方的一举一动在你眼中都可爱至极。（你有没有过这种感觉："天哪，他取笑我所有朋友的方式简直可爱死了。"）然而，随着爱情化学反应的消失，理性在数年后又重新占领大脑，你的想法就变成了："我当时是不是脑子进水了？！"

在坠入爱河之人眼中，对方的一颦一笑、一举一动无一不美，同理，当科学家迷恋上某个想法或科研结果，也会形成类似的"恋爱脑"。你会认定自己窥见了世界运转的奥秘，仿佛整个世界都将因你的奇妙发现而焕发出别样光彩。满心兴奋的你开始下意识地屏蔽那些不能提供预期结果的数据，眼里只剩下那个所谓"准确无误"的结论

（朗缪尔提出的第 3 条标准）。你开始激情满满地构建一系列看似惊人且富有创意的理论，试图为看到的结果提供理论支撑（朗缪尔提出的第 4 条标准），而根本不去考虑这些自编的理论是否与人类数千年来积累的、已得到既定事实验证的丰富科学概念与证据相吻合。正如第 2 章关于"科学之筏"的隐喻所示，人类已经在科学领域构建起一个逻辑严密、相互衔接的知识体系，当科学家的"一家之言"与之不匹配时，他就应该意识到这是一个警示信号。然而，被"爱情"蒙蔽了双眼的科学家可能会选择无视。

更棘手的是，陷入痴恋的科学家可能会为所爱的它全力辩护，否定来自科学界同人的所有反对和批评。一旦有人质疑其实验或实验结果的可靠性，他就会开始找各种借口，并编造各类理由来驳斥可能的批评："哦，是这样的，那天很不凑巧，湿度太高了，所以实验没成功，如果湿度低一些，实验结果一定会符合预期！"（朗缪尔提出的第 5 条标准。）

从科学界对某项研究成果的反应，我们还可以窥见另一条线索（朗缪尔提出的第 6 条标准），即其他科学家一开始会对它抱有浓厚的兴趣，因为它看似有可能以某种方式颠覆现有的认知。然而，随着时间的推移，无论是支持者还是反对者都会逐渐丧失兴趣，因为不管他们如何尝试复现这个结果，都会以失败告终。到了最后，几乎就无人再相信它了。

谁最害怕这可恶的病态科学

需要指出的是，朗缪尔关于病态科学的评判标准并不是对它的绝对或唯一定义，因为不存在绝对的病态或非病态科学等非黑即白的划分。朗缪尔列出的标准清单只是一系列警示信号的汇总，意在提醒大家：如果在阅读某些科学文献或研究论文时发现了类似的征兆，那么就要警惕了。不管你是正在进行实验研究的科学家，还是正在试图寻找因果关系以做出决策的普通人，一旦你发现自己的行为符合清单中的某个标准，就应该即刻止步并问问自己："我当前努力的方向对吗？"（中途停下来反思的目标是让你不成为最后一个意识到自己的"颠覆性伟大事业"压根行不通的人。）

朗缪尔提供的只是关于病态科学的一系列警示信号，因此仅出现其中一种信号并不足以颠覆一项科研成果。假设某项研究兼具显著且可测量的原因和结果，两者之间还存在很强的相关性，而且任何人都能重复这项实验并得出同样的结果（原先之所以无人获得同样的结果，是因为他们从未进行过类似的测量）。待你率先完成重复性实验后，所有人都表示："哇，原来你是对的！'这个'增加后，'那个'也相应增加了！"研究结果的统计显著性很强，即使准确性没有达到完美的程度。在这种情况下，即便你的研究结果与当前其他的理论相悖，也值得认真对待，而不应武断地将其视为病态科学。从某种程度上说，索尔领导的团队和另一个竞争团队在首次观测到宇宙的加速膨胀时，就碰到过类似的问题。待其他人也观察到了足够显著的证据（通过测量遥远恒星爆炸的亮度得出）后，他们便开始接受这项结果并坦言道："或许得重新审视当前科学体系中环环相扣的理论架构了。"

然而，当你得出的结果挑战了现有科学理论体系时，其背后的科学逻辑将面临更严苛的审视与评估，这意味着你需要提供更高标准的证据支撑才能使其得到认可。用第 2 章 "科学之筏" 的比喻来说，这个颠覆性的结果就好比一根新原木，它与现有的木筏构造无法适配，但你也不想因为它暂时用不上而弃之如敝屣，于是决定暂时搁置一旁。等你找到足够多的原木（支撑性证据），能围绕它构建一个全新的、更先进的木筏（科学理论体系）时，它就有用武之地了。这就是爱因斯坦在提出相对论时遇到的状况，相对论颠覆了人们对空间的传统认知，允许我们设想空间本身可能是弯曲的。面对一个看似离奇且难以从常规角度解释的观点，我们也不能因难以想象其背后的作用机制就轻易放弃它。

实践出真理

现在，我们已经全面分析了科学出错的各种方式，并知道哪些警示信号能让我们避开病态科学，那么我们该如何审视读到的科学新闻，或看待一个信誓旦旦的专家摆出的最新证据呢？即使是科学家，在阅读、理解和正确评价从事相似子领域研究的同行发表的科学文章时，也存在极大的困难，更不用说去理解充满了晦涩的专业词语和特定实验难题的陌生领域了。然而，虽然诸多科学论点深奥难解，我们有时仍能捕捉到研究成果的基调，尤其是可以寻找那些能证明科研文章的作者已经就自己可能犯的错误或可能被误导的各种方式进行了充分筛查的证据。[5]（无独有偶，这与我们减少认知偏差的有效策略——考虑对立事实——不谋而合。）此外，朗缪尔提出的病态科学特征，也为我们提供了几项评价一篇科研文章基调的具体指标。

案例分析

冷聚变

利用核聚变产生能量一直是科学界备受瞩目的重要课题，因此我们将其视作科学新闻方面值得审慎评估的一个典型案例。每隔数年，媒体上便会涌现出大量科学报道，宣称科学家在核聚变领域的探索取得了重大突破。一旦人类能成功从储量丰富的天然资源中大规模提取可用能源（比如海水中蕴含的氘），同时只产生极少量的可处理废物，实现温室气体零排放，那么全人类的生活质量无疑将显著提升。所以，任何报道了这方面进展的科研文章总能登上新闻头条，也就不足为奇了。为了推动这一远大目标的实现，国际社会采用了两种不同的技术路径（各自都在不断迭代与进步），并在此基础上开展了两项重大的长期研究，以期最终掌握连续受控核聚变反应堆的制造技术，并将其转化为工业上切实可行的能源。然而，随着这两项耗资数十亿美元的项目缓慢但稳定地取得了一系列研究成果，不时有研究团队发布新闻声称他们已取得突破性进展，动辄耗资数十亿、耗时几十年的缓慢研发过程将成为历史。让我们先看看在1989年一经发布便轰动全球的"冷聚变"报道。

冷聚变之所以得此名，是为了突显它与热核聚变的不同。后者的原理是利用足球场大小的高耗能设备来创造核聚变所需的极高温度条件（甚至超过太阳温度一个数量级），也是前述两种主流技术路径采用的方法。两位资深化学家斯坦利·庞斯（Stanley Pons）和马丁·弗莱施曼（Martin Fleischmann）曾于1989年春召开新闻发布会称，他们在实验桌上利用常规的化学装置（被称为电解池）就实现了"冷聚变"过程，但专门用到了钯和重水（富含氘的水）。这个突破性的实验理念引起了科学界及社会各界的广泛关注和兴趣。人们相信这两位资深科学家并非在宣扬伪科学，因为他们非常了解自己使用的科学术语和概念。此后，全球范围内掀起了针对这项实验的研究热潮，大家纷纷开始尝试复现和验证这一结果。

紧随其后的无数重复性实验大多以失败告终，其他科学家纷纷回过头寻找原始实验的缺陷和错误源头。例如，有物理学家质疑，若庞斯和弗莱施曼宣称的核聚变反应确实发生了，它将释放出大量强辐射（足以杀死实验室内的所有人），但该实验过程中似乎无人受伤。还有令人费解的一点是，额外的能量释放似乎在实验启动后很久才发生，而当时输入电解池的电流并未发生变化，额外的热量是从何而来的呢？对于外界的诸多质疑，包括实验装置细节等问题，庞斯选择了三缄其口，不做任何回应。尽管弗莱施曼和庞斯仍对自己的发现深信不疑，但到1989年年底，大多数科学家都认为，冷聚变的说法已不攻自破了。

各大新闻媒体纷纷对诸多相关问题进行了追踪报道。马尔科姆·布朗（Malcolm Browne）在《纽约时报》上写道："庞斯博士和弗莱施曼博士……拒绝透露后续实验所需的细节。"罗伯特·L.帕克（Robert L. Park）在大约10年后出版的《巫术科学》（Voodoo Science）一书中调侃道："按照庞斯和弗莱施曼宣称的功率水平，他们的试验电解池预计会释放出致命剂量的核辐射……（倘若如此）它应该是继切尔诺贝利之后，在西方国家出现的最热辐射源。"当时《科学美国人》（Scientific American）杂志的一篇回顾文章写道："所有冷聚变的坚定拥趸都同意的是：他们二位的实验结果无法复现。对广大科学家来说，这无疑昭示着冷聚变的实验结果不可信，但虔诚的信徒们认为，这种不可预测性反而增添了其研究趣味！"

这个案例踩中了朗缪尔提出的几条标准？首先，效应的强弱（产生的核聚变能量）似乎与其诱因的强度无关（当两位科学家宣称的核聚变能量产生时，输入的电流能量并未发生改变）。其次，人类积累的丰富的物理学经验及成熟的物理学理论体系都表明，核聚变会产生辐射等可验证的副产物。因此，若未观察到此类副产物的存在，就说明它依据的理论要么过于惊世骇俗，要么与当前公认的"科学之筏"（即科学知识体系）不符。再次，由于缺乏能再现这一结果的实证性实验，其信奉者似乎找到了诸多借口为其开脱（尽管人们并不确定这些借口是来自原始研究小组还是其支持者）。最后，随着更多信息的披露，各界对这一说法的支持率先升后降。综上所述，朗缪尔提出的四个标准在此案例中均得到了验证。尽管另外两条标准（几乎无法检测到的效应和极高的精确度）并未在此出现，但我们已经有足够的理由来质疑这项实验的有效性。所以，及至1989年年底，如果你是一位投资者，或许已经不会跟风投资冷聚变企业了。

需要在这里明确指出的是，寻求一种创新的、非传统且更易于应用的核聚变途径，这种想法无疑是科学探索与实践的典范。即便最终的实验结果无法复现，或实验过程存在缺陷，也不一定都是坏事。然而，我们更应致力于培养一种能够后退一步进行自我审视并主动查找错误的能力。在这个案例中，加倍付出并不是值得推崇的美德。当暗示可能存在严重错误的信号出现时，我们仍冥顽不化地拒绝接受另一种可能性，这是更需要警惕的一点。

没有记忆功能的水

让我们暂且将这个令人担忧的例子给予的启示牢记于心，再回到前文论述的关于高倍稀释后的水能保持某种分子记忆的可能性案例上来。如前所述，相较于冷聚变，这项科学论断有着更广泛、更直接的个人影响，因为它可以被视为一种支持顺势疗法的外部证据。著名科学家雅克·邦弗尼斯特（Jacques Benveniste）向《自然》杂志递交了一篇拟发表的文章，宣称将抗体溶液用水稀释 10^{120} 倍后，稀释后的溶液仍能表现出原溶液所含抗体的生物活性。《自然》杂志处理"水拥有记忆"这个故事的方式不可谓不"精彩"，其编辑约翰·马多克斯（John Maddox）更是一度陷入了十分尴尬的境地。马多克斯的本意是希望给予那些新颖的、打破常规的科学研究一定的激励，以鼓励他们超越现有的科学范式，然而这篇文章提出的主张不仅远超当前的主流观念，更是彻底颠覆了我们对科学认知的基本框架。正如马多克斯后来表示："与其说我们的思想故步自封，不如说我们尚未做好准备去彻底改变人类对现有科学构建方式的整体看法。"[6]

为了解决这个非同寻常的难题，马多克斯想到了一个折中之法。他表示，只要审稿人找不出这篇论文的问题（考虑到论文出自享有盛誉的实验室，显然非伪科学之作），他就答应将其发表。然而，鉴于它可能会误导广大国际受众（譬如，约半数法国民众曾接受过顺势疗法治疗），马多克斯还添加了主编特别提醒："明智之士应有充分和特别的理由暂缓定论。"[7]此外，马多克斯坚持要求《自然》杂志派遣专项小组前往邦弗尼斯特的实验室监督实验全过程。考虑到科学家也有可能"当局者迷"（难以看清他们是如何自欺欺人或被他人愚弄的），马多克斯选择了沃尔特·斯图尔特（Walter Stewart）和詹姆斯·兰迪（James Randi）作为特别检查组的成员，前者是美国国立卫生研究院的物理学家，在科学打假方面可谓经验丰富，后者则是一位舞台魔术师，人称"神奇的兰迪"，曾拆穿过自称"通灵者"的尤里·盖勒（Uri Geller）等人制造的超自然把戏。

新闻报道了在重现实验的初期阶段，邦弗尼斯特的实验室里发生的看起来颇为有趣的一幕：兰迪会时不时地表演一些小魔术来逗大家开心。首先，检查组遵循实验室的常规流程，多次观摩了实验过程，所有的化学试剂瓶都贴好了标签且实验人员可见。然后，按照事先约定，待检查组对试剂瓶的标签和位置进行随机遮盖和变动（盲法实验）后，相关人员又在他们的监督下重复了几次实验。在此过程中，兰迪将样品用锡箔纸裹好，并用胶带粘到了天花板上（大概是为了增强戏剧效果）。直到实验结束，所有参与者都准备就绪后，他才逐一揭开试剂瓶的外包装。然而，实验结果表明双盲实验未能取得预期的结果：只有相对未稀释的溶液呈现出了生物活性，而非先前引起轰动的高倍稀释后的溶液。这意味着实验者在没有"盲"的情况下，即知道哪瓶溶液应该产生哪种结果时，论文描述的显著结果在实验过程的某个环节中就被创造了出来。于是马多克斯、兰迪和斯图尔特在下一期的《自然》杂志上发表声明称："我们得出结论认为，含有抗 IgE（免疫球蛋白）抗体的溶液在高度稀释（10^{120} 倍稀释）下仍能保持其生物活性的观点缺乏实质性依据，水分子可'拓印'原溶质'记忆'的假说实属毫无意义的异想天开。"[8]

马多克斯、兰迪和斯图尔特在这份调查报告的结尾处列出了实验过程中的一系列问题，它们都触及了朗缪尔提出的那几条警示标准。比如，实验有时候"未能检测出结果"（朗缪尔标准 5），而邦弗尼斯特的研究团队亦观察到，在某一特定时段内的实验效果普遍不佳，他们猜测可能是稀释用水出了问题。此外，报告还提及了实验室内部的一些"神秘谣传"，例如稀释液从一个试管转移到另一个试管就会导致实验失效，或者如果稀释的次数是 3 或 7 的整数倍而非 10 的整数倍，也会导致实验失败，等等。马多克斯发布的调查报告还指出，该实验结果的测量难度极高（类似于在多种血细胞中计算特定种类血胞的数量），但实验室的部分成员似乎尤为擅长这项工作（或许符合朗缪尔标准2：结果几乎检测不到）。最后，计数的精确度似乎过于完美（朗缪尔标准3），尤其是相同样品的两次测量结果吻合度过高，未显露出计数实验中会不可避免地出现的测量误差。

原论文得出的惊人结论显然符合朗缪尔的病态科学标准1：效应与原因完全无关，因为一次接一次被稀释的溶液仍然保持着生物活性。对曾存在于水中的无数物质，水分子能保留其中某种物质的记忆，这本身就是一种反经验的奇异理论（朗缪尔标准4）。这些都让我们强烈感觉到，这个发现或许就是病态科学的一个典型案例。正如马多克斯、兰迪和斯图尔特的报告所述："我们认为，实验室在解读数据时产生了一种虚妄的错觉，并过于沉迷其中。"然而，论文的作者邦弗尼斯特却从未改变其立场。

如果你是顺势疗法的支持者，当年看到这篇论文后应该十分欣慰吧：在顺势疗法诞生200多年后，终于出现了支撑它的科学证据。然而，事实必然会令你大失所望。当然，本书读者或许有兴趣了解的是，破解这些错误观点的最直接方式就是本书第3章提到的随机对照实验，它们均有力地驳斥了顺势疗法的治疗效果。[9]事实上，此类实验有着悠久的历史，因为人们于1835年进行的史上首次双盲随机对照实验针对的就是顺势疗法！[10]

扭转性精神分裂症假说

为避免让读者形成全力以赴追求突破的科学家（像美国棒球运动员贝比·鲁斯那样）实际上都在搞病态科学的错误印象，我们一起来看一个疑似病态科学陷阱的案例。西奥多·布劳（Theodore Blau）是一位德高望重的临床医生，他于 1977 年借着向美国心理学会发表主席演讲的机会，提出了一个异常大胆的假设：让孩子们在字母 X 周围画圆圈，就可以预测其患精神分裂症的风险！

布劳认为（并提供了相关证据），逆时针画圆圈（他称之为"扭转"）的儿童患精神分裂症的风险显著高于顺时针画圈的儿童。这个观点并非乍听起来那么疯狂。布劳认为，这个简单的测试可能揭示了"大脑半球优势混乱"的问题，即大脑左右半球之间的交流信号受到了干扰。遗憾的是，尽管这项假设在提出时引起广泛关注，但随后 10 年间开展的众多研究均没能为其提供有力的支持。

为何它没有与"冷聚变"或"水有记忆能力"一样沦为病态科学？我们认为，布劳的情况之所以不同，是因为他非常坦率地承认了自身观点中的潜在错误。他明确表示："本研究在方法论和基数层面存在显著的缺陷，若要应用于高危儿童群体的预防工作，就必须对这些问题进行深入探讨和解读。"他还指出，为了验证其观点的正确性，还应通过其他研究来取证。或许正因他秉持了这种谨慎的态度，即使在面临质疑时，其批判者也能以专业和尊重的态度做出评价（尽管有人仍忍不住使用了"转入歧途"等充满调侃意味的副标题）。

与你何干

投身科学研究并担心自己会落入病态科学陷阱的人毕竟是少数，大多数普通人都期望能基于对现实的最佳理解在日常生活中做出决策（比如是否采用顺势疗法）。因此，我们迫切希望建立一个可鉴别错误科学论断的机制，并期待看到我们信赖的专家能用上类似的严苛标准来检验支撑其观点的证据。这也是我们为何要着重阐释上述两个充满戏剧性的案例：朗缪尔所说的病态科学陷阱，两位德高望重的科学家又是如何踩中的？我们可以从中知晓一二。

然而，这些案例分析或许揭示了一个更核心的问题：不管我们是否从事科学研究，人人都有可能疯狂地迷恋上某个信念，视其为真并为其疯狂，无论它们与我们自认已知的其他事实存在多么显著的矛盾。例如，"万万没想到，我在超负荷工作和同时处理多项任务时的效率是最高的"。每当自己的信念不起作用时，我们就会为它找一些蹩脚的开脱理由，如上一章所述，我们眼里往往只关注为这些虚妄信念提供最有力支撑的事实，例如："当然，同时处理多项工作的本事在周五失效了，因为我前一天晚上没睡好！"正如上文的两个案例所示，即使是功成名就的科学家，即使他们接受的科学训练本应使他们更能抵御这种心理陷阱，他们还是中招了。因此，每当你察觉到自己出现这种倾向时，就应该停下脚步，想想"水有记忆能力"和"冷聚变"的案例，并提醒自己："我得多一点儿怀疑精神。"

回到"科学也犯错"这个大主题上，我们还需要警惕的一点是，人们有时会刻意频繁使用科学语言来掩盖不真实的东西（比如伪科学），或为基于欺诈性证据的科学主张打掩护。从好的一面来看，这让我们可以更宽容地对待真正的、诚信的科学研究成果，即便它们因随机噪声的统计波动而偶尔出错，或有时被其他科学家抓到错处；从坏的一面来看，尽管在审视科学成果时，数据造假或许已经是人们能发现的最难以容忍的行径，然而纵观历史，我们还发现了一种打着科学的旗号，但情节更为恶劣的情况：用科学语言和科学主张来煽动或合理化歧视、压迫，甚至大屠杀等行为。

这些令人震惊的科学滥用行为的本质目的是依据人种的研究成

果，为那些种族迫害政策（或支持此类研究的群体）提供辩护。它造成的伤害有大有小，比如轻微的种族歧视、根深蒂固且得到法律承认的种族偏见、种族隔离（贫民窟化）甚至是种族灭绝。颅相学、优生运动、以约瑟夫·门格勒为代表的纳粹科学，以及塔斯基吉梅毒实验等臭名昭著的案例皆在此之列。显然，这里探讨的问题涉及人类行为的劣根性，它反映了人类文化和文明的根本性失败，而非科学领域的简单失误。更重要的是，我们需要就以下问题进行反思和探寻：如何以科学为武器来对抗这些危机，防止科学变成这种压迫行为的助力，甚至沦为其帮凶？

通过本书的论述，我们希望广大读者能认识到，人类多年来（经常在科学文化的熏陶之下）学到了自欺欺人、误解现实或打着科学的幌子剥削压迫他人（通常被视为罪大恶极版的自欺欺人）的各种手段。诚然，没人敢保证人类不会重蹈覆辙，再次以同样的方式自我愚弄，但我们可以提升对这些失败模式的认识（策略 A），这样就能知道自己何时走错了路并及时调整方向，以及适时地采取一系列技术手段和防护措施（策略 B），规避特定的失败模式。至于人种研究导致的风险，我们通常采取策略 A，即提升自我认知，以史为鉴，在看到基于此类研究的政策时就会有所警觉。一旦我们发现自己正在参与此类研究的创建或运用，就能敏感地察觉到警示信号，因为这会让我们想起那些血淋淋的历史教训。

至于策略 B（即制定防范措施），我们能轻松列举好几个著名案例。比如在纳粹人体实验、塔斯基吉梅毒实验及其他一些恶性事件被媒体曝光后，美国国会立即成立了国家生物医学和行为研究人类受试者保护委员会。[11] 该委员会在《贝尔蒙报告》中明确提出了人类受试者参与科学研究的三项伦理原则：（1）尊重个人原则，即保障受试者自主权利不受侵犯;(2)善行原则,即恪守"不伤害"理念,并在此基础上力求最大化受益;(3)平等公平原则,即实现成本与收益的公平分配。它们已成为独立机构伦理审查委员会在批准和监督各项拟开展的人体研究期间必须遵循的防范性标准。例如,目前所有接受联邦拨款的美国大学及研究机构均需成立伦理审查委员会(属于常设机构),负责严格审查任何可能涉及人类受试者的研究计划,包括那些未获联邦政府资金支持的研究项目。伦理审查委员会最初的工作重心是医学研究领域,但随后迅速扩展到社会科学研究领域。其他国家亦纷纷效仿,建立了类似的审查程序,并设立了专门的伦理审查委员会来负责动物研究。

然而,与人类开展的其他科学探索一样,伦理审查委员会的审查程序也并非完美无缺,它也会面临本书前述章节讨论过的"假阳性/假阴性"之间的平衡问题。例如,委员会可以设定极高的标准,严格到任何研究计划都不可能满足其要求,这固然能将研究项目对人类受试者造成伤害的可能性降到几近于无,但同时也对许多可能有助于扩大人类未来福祉的研究关上了大门。

最近,"基于社群的参与性研究"(有时简称为 CBPR)的发展成为建立和实施道德防范准则的又一项重要尝试,其核心理念是让被研究社群的成员以正式合作伙伴的身份全程参与研究工作。社群成员或其代表将参与研究的各个环节,比如确定有价值的研究问题、制定研究方案和采集数据以及数据分析和结果解读等。尽管这种方法的实际操作性还有待改善,但对于那些有争议的、对某个社会群体/阶层有重大影响的课题,其价值和意义尤为显著。这种方法的目标是确保社会群体能够从相关研究得出的知识和政策中受益,在理想的情况下,至少能确保针对人类亚群体的研究能反过来切实服务于这些群体。

这些旨在防范研究人类的科学被滥用的努力的确很有价值，但它终究是个异常复杂的问题，不存在一蹴而就的解决之法。尽管面临重重困难，我们仍需努力克服，因为即使在社群无法参与，或者没有特定的、可界定的社群可供收集意见的情况下，针对人类亚群体的研究仍然具有不可否认的重要意义。

本书的大部分内容都致力于颂扬科学思维与科学方法论作为理解现实的工具所具备的强大优势，因为掌握这些工具能帮助我们做出更明智且高效的决策。但我们深知，仅是给一个观点贴上"科学制造"的标签，还不足以构成人们必须接纳它的充分理由。我们衷心希望广大读者能充分保持警惕，以审慎的态度看待各类所谓的"科学"主张，避免不假思索地全盘接受。在下一章中，我们将介绍一种相对新颖的方法，它将解决所有这些"科学犯错模式"中的关键问题，更是一剂治疗科学谬误的良方。

第 14 章
证真偏差和盲法分析

艰巨的任务的推进过程是否都存在"感情线"？在探讨科学乐观主义时，我们思考了如下问题：它如何激励我们坚定不移地追求问题的答案，即使可能要重复无数次（这是取得进展所必需的探索过程）？这无疑揭示了一个事实：面对艰难的任务，无论最终能否取得引人注目的成就，都要经历一段相当艰难的时期。学习如何理性地认识世界，从而使人类能蓬勃发展，或至少能做出明智的决策，也是我们面临的一项伟大事业，所以其过程必将充满曲折与挑战。阅读至此，相信前述章节的论述已经令你认识到人类犯错的无数种方式，你或许会因此而感到些许绝望，甚至严重怀疑人类是否真的具备理性思考的能力。

正是在这些看似前路无望的关头，在想要屈服于挫败，高举双手投降之时，我们尤为需要科学乐观主义及其提倡的"永不言弃"的精神。在此情此景之中，本书提出的第三个千年思维的目标就是：只要能看到些许进步的微光，我们便可以将这些失败的思维模式视为需要通过"迭代"方式来逐步解决的一项艰巨的挑战。事实上，进步的迹象早已真实可见：本书前三部分探讨的诸多思维方法都代表了人类于过去一个世纪中在思想领域里取得的巨大飞跃。轻言放弃还为时尚早，相反地，我们应迎难而上，开始着手剖析新发现的问题并寻找切实可行的解决之道。

无论是令人担忧的病态科学故事，还是为披着科学主张外衣行压迫其他族群之实开脱的惨剧，当事人为支持自己的论断都遵循了相似的"思想路线"。此类"路线"本质上都是由证真偏差（即本书第 12 章结尾处强调的、潜在危害尤为显著的人类认知缺陷）铺就而成的。

让我们先花点儿时间来了解一下，证真偏差的问题到底有多严重。正如第 12 章所述，人们在验证某个信念时，往往倾向于寻找能为其提供支持的事实证据。这个做法看似合情合理，实则暗藏风险。心理学家彼得·沃森（Peter Wason）设计过的一个"沃森四卡片选择作业"，对证真偏差进行了充分揭露。现在请想象以下场景：你面前摆着 4 张卡片，每张卡片有一面是字母，另一面是数字，如下所示：

$$\boxed{A}\ \boxed{K}\ \boxed{2}\ \boxed{7}$$

现在，如果你要验证"一张卡片的一面是元音字母，那么它的另一面是偶数"这个说法的真伪，你必须翻开哪些卡片来验证？

你的答案是什么？请尝试尽快回答，答完之后再往下看。

按照逻辑推理，只需翻开印着元音字母"A"和奇数"7"的卡片（翻开卡片"A"能确认其背面是偶数，翻开"7"能确认其背面不是元音）就能检验上述假设的真假。然而，同时选对这两张卡的人不足 5%，约 1/3 的人只选了翻开卡片"A"。翻开卡片"A"并没有错，因为它可以确认前述说法为真，但他们忽视了卡片"7"的重要性，因为如果前述说法不正确，卡片"7"便可以用来证明其为假，这就是证真偏差的又一例证。（近半数受试者选择了同时翻开卡片"A"和卡片"2"，然而翻开卡片"2"对假设的验证毫无作用，因为拟证的假设并不是"若卡面为偶数，则背面必为元音"。）[1]

由此可见，证真偏差会导致人们只寻求支持自身观点的证据，而忽视那些不利于自身观点的证据。然而，另一种与其相反的认知偏差——失证偏差——同样普遍存在，即人们往往会更严苛地审视或拼命拆穿或驳斥与自身假设相悖的证据。对推理逻辑简单而片面的理解（沃森卡片实验）会产生所谓的冷证真偏差，而更苛刻地对待我们不愿接受的证据则构成了热证真偏差——一种带有动机的推理过程，即试图确保自己偏爱的那个结论能压倒反面结论。[2]

在阐释热偏差现象时，罗伯特很喜欢拿自己在研究政府政策对毒品滥用影响时的行为来举例子。意大利政府曾在 1975 年将各种精神类药物的持有行为（不含销售）合法化，但 1990 年的公民投票再次将持有毒品的行为入罪，不过短短 3 年后的新一次公投又重新将毒品的持有合法化。罗伯特将这一系列政策变动视为一个自然实验，并认为它可以揭示毒品的相关政策对毒品滥用问题的影响方面的诸多信息。遗憾的是，意大利政府并未在此期间定期评估毒品的使用情况，倒是记录了与毒品相关的死亡数据。罗伯特在绘制数据图时观察到，与毒品相关的死亡人数从 20 世纪 80 年代中期开始呈稳步上升趋势。令他惊讶的是，在 1990 年毒品持有被重新定为非法后，相关死亡率呈下降态势，待 1993 年毒品持有再度合法化后，相关死亡率又再度攀升。从表面数据看来，这种变化似乎表明：加大毒品持有的惩处力度，能降低与毒品相关的死亡率。但罗伯特为何感到惊讶呢？因为他在 1993 年发表了一份全面分析报告称，毒品持有合法化对毒品使用的影响几乎不可察，并为此结论提供了多种理论层面的支撑。

意大利记录的数据表明，罗伯特之前得出的结论存在严重的错误。于是，深感不安的他便决定展开更深入的调查。随后，他发现还有两个欧洲国家也在大概同一时期记录了与毒品相关的死亡数据：其中之一的西班牙与意大利在大致相同的时间实施了毒品持有合法化政策，但之后便再未将其定为违法。尽管三国在这方面的政策经历了不同的变革，但数据显示它们的毒品相关死亡率均在 1991 年前后出现了短暂的攀升，继而推翻了"合法化导致死亡率上升"的假设。罗伯特松了一口气，因为他在 1993 年提出的论点依然可以成立。

那么，罗伯特的行为算得上是良好的科学实践吗？他事后（非常尴尬地）表示，他在研究过程中犯了冷证真偏差的错误，即积极寻找支持自身观点而非与之相悖的证据，同时也犯了热证真偏差的错误，即在对最初的结果感到不满后，他才开始引入新数据并做进一步的论证。

你或许觉得，在更加冷静的物理学测量领域，或离日常生活更远的宇宙学测量领域，带动机性的热证真偏差会稍微罕见一些。毕竟，不管宇宙膨胀率被证明为 50 千米 / 秒 / 兆秒差距（Mpc）还是 100 千米 / 秒 / 兆秒差距，都不会对我们的政治目标或经济运行造成实质性影响。[3] 然而，自 20 世纪 70 年代中期以来，围绕这个主题的争论持续了近 20 年之久：在一个科研团队连续发表论文支持 50 千米 / 秒 / 兆秒差距的同时，另一个科研团队也在不停地发表论文支持 100 千米 / 秒 / 兆秒差距。两个团队都由杰出的科学家组成，他们都在论文中提供了令人信服的论据和强有力的支撑数据。毫不夸张地说，在这段充满争论的时期，光看一篇论文的结论，你就能知道它出自哪个团队之手。这个现象说明了什么问题？

在近期对粒子物理学的测量历史进行回顾的过程中，人们发现了一种现象：几十年来，尽管测量方法随着科学技术的进步获得了持续升级，类似的异常趋势（见第5章）却在一次又一次的测量中重复出现。这种异常趋势表现为：与测量噪声可能产生的影响不同，新测量结果与原测量结果的一致性越来越高。当然，主导测量的科学家都是业界的杰出人物，他们得出的成果绝非科学欺诈，更不能说是病态科学的产物。所以我们想知道，到底是什么地方出了问题？

我们最终发现，前述两个案例之所以会有如此结果，无意识的证真偏差的另一种隐藏极深的影响或许就是根本原因。以前，科学分析可能需要进行12次测量，汇总相关数据除以12，得到的平均值即被视为测量结果。在这种情况下，无意识的证真偏差出现的可能性不大。然而，如今的物理测量要复杂得多，研究人员通常需要收集大量数据并导入计算机，然后编写繁多的计算机程序来辅助分析数据以提炼出结论。此外，研究人员还需要花费大量的时间去完成筛选可靠数据、调试计算机程序等至关重要的工作任务。庞大的数据集意味着它将不可避免地含有因收集不当而产生的错误数据，比如测量设备未充分预热，或是在针对成年人群的研究数据中意外掺杂了部分青少年的数据，等等，这些都是科学家们需要识别和剔除的干扰项。此外，事实已经证明，具有一定复杂程度的计算机程序必然会隐藏一些难以察觉的漏洞。其中一些无伤大雅，但有一些可能会严重影响分析结果。因此，科学家们还得多承担一份工作——计算机程序漏洞的查找和修复。

问题在于，人们确实愿意去识别和剔除不可信的数据，以及发现和修复程序的漏洞，直到获得一个符合预期的答案。换言之，只有在结果出乎意料时，人们才会主动查找不良数据或程序漏洞，一旦得到了看似合理的结果，探究便会止步于此，即使这些看似合理的结果可能是来自未经验证的不良数据，或是由计算机程序中未发现的漏洞产生的。这种"见好就收"的心理会导致最终的测量结果以及据此撰写的科研论文呈现出系统性偏差，即倾向于科学家们事前预期的结果。这似乎揭示了为何过去的一些物理测量结果并未如预期般产生随机噪声导致的波动。在宇宙膨胀率测量这个更具戏剧性的案例中，两个团队得出了50千米/秒/兆秒差距与100千米/秒/兆秒差距这两个相差1倍的结果，背后的原因或许是两个团队采用了不同的标准来筛选可信数据。

令人惊奇的是，像宇宙膨胀率案例中的证真偏差，并没有造成更严重的损害。在这些早已被证实有误的历史案例中，我们可以看到，科学的其他积极面发挥了一定作用，为科学挽回了些许名声，因为它推动该领域的测量方法实现了长足进步，并使这些不科学的研究成果变得更容易暴露。然而，在前述两个案例中，人们都在原本有误的结果上浪费了多年的科研时间。更值得警惕的是，如果在埋头改进测量方法多年之后仍无法获得后见之明，我们依然有可能以这些被证真偏差扭曲的结果为依据做出决策。

我们在本书中反复强调，人类完全可以从科学实践中汲取教训（因为它经常能揭示人类在理性思维方面的局限与不足），然后将学到的东西运用于日常生活的诸多领域。在此背景下，大家或许都曾落入这样一个心理陷阱：我们都有过向经验丰富的前辈寻求建议的经历，如果对方提供的答案令你不甚满意，你会不会转头询问更多人的意见，直到某个值得信赖的人终于说出了你心里想听到的话才肯罢休？如此，我们才会心满意足地停止四处求问。所以，这与那些一看到预期结果就不再检查计算机程序漏洞的科学家又有何不同呢？

然而，我们剖析科学领域的实例是为了学习科学界发明的窍门、秘诀和方法，以避开前文讲到的种种认知偏差。在这种情况下，物理学家一旦发现新问题并意识到其普遍性，就会立即着手开发一系列应对之策来避免犯错，身为普通人的我们也应该了解和掌握这些策略。鉴于这部分科学方法论尚处于刚刚起步的阶段，还未被广泛应用于其他科学领域，我们在此恭喜本书的读者，因为诸位获得了一个好机会，至少可以在思维领域方面领先某些专家数年时间。

源自"无知是福"的解决方案

乍看之下，这类证真偏差确实很难消除，因为我们不能要求人们无休止地研究同一个问题、不停歇地搜索计算机程序中的漏洞，或在已获得心满意足的答案后仍四处咨询一个又一个专家。更有效的解决方案的核心原理竟然来自一个出人意料之处，即"一无所知的状态"。相信我们小时候在分蛋糕时都会用到一种十分有趣的策略：为了公平地分一块蛋糕，我们会选择"你切我选"的方法，因为切蛋糕的人不知道自己最终会分到哪一块，所以他在切蛋糕时必须秉持公平原则。利用这种"无知是福"的策略，大家都拿到了满意的蛋糕。

我们也可采用类似的思路来解决证真偏差的问题。想象一下，你是一位想要筛选并剔除不良数据以及找出计算机程序漏洞的科学家，你观察到了出人意料的结果，但又不确定自己找出的不良数据或程序漏洞是不是其原因。如果你在确定自己已完成分析并做好发布成果的准备之前，刻意不让自己获知数据清理和程序除错的最终成效，不管它们是否符合预期或是否令你满意，结果会怎么样？

事实上，在你做出决定之际，比如剔除哪些数据或何时停止程序除错，你不知道自己会分到"哪块蛋糕"（即不知道自己将会对结果感到满意或失望）。这种无知将迫使你在完成分析的过程中，秉持坦诚的态度去做每一个微小的决定，如此一来便不会产生任何证真偏差，即结果不会偏向于你的喜好而出现。物理学家将这种科学创新称为"盲法分析"，它借用了医学领域的双盲实验概念。在双盲实验中，医生和患者都不知道真正接受了药物治疗的实验组与只接受了安慰剂的对照组都是哪些人。[4]

在知晓了盲法分析的种种好处后，为何不是每个科学家都能立即使用呢？原因在于他们确实需要一点儿时间来适应，毕竟大多数科学家早已习惯于通过观察结果的特性来判断其数据或计算机程序是否有问题。使用盲法分析需要在不透露关键结果的前提下，发明新的方法来寻找潜在的问题，这需要科学家们接受新的科学训练，有时甚至还要发挥一定的想象力。假设一项科学研究的关键结果取决于大量测量结果的平均值，在这种情况下，可行的盲法分析就是在测量开始前，请朋友（第三方）在每个数据点上添加一个数值，并将其保密，以隐藏真实的平均值。在你觉得最终分析完成后，再由朋友公布被隐藏的添加数，你将其减除后得出真实的平均值。这样一来，你就可以剔除实验错误，例如仔细审查同（被隐藏的）平均值偏差较大的数据点，并有可能将其视为异常数据（例如，探测器故障导致），从而不必过早揭示关键的最终结果。

关于当前宇宙膨胀率的争论告一段落后，索尔主导的研究小组在随后几年又转向了宇宙学的下一个难题：宇宙膨胀率在漫长的时间周期里到底是如何变化的？在研究过程中，他们采用了类似上文所述的盲法分析。彼时，这种分析方法还是一种新玩意儿，而且鉴于此前各个团队在宇宙测量相关问题上争议不断，他们觉得此法值得一试。随着时间的推移，它最终成为宇宙学诸多测量的标准方法。一开始，这看起来像是多此一举，因为它平白无故地增加了许多工作量，但索尔的团队重新分析了其他团队的早期测量结果，并发现了显著的证真偏差迹象，即得到的结果是我们希望看到的。更糟糕的是，对自己团队的一些早期测量数据做了重新分析后，他们也发现了类似的迹象，这凸显了盲法分析的必要性！尽管索尔认为自己的团队（以及其他科研团队）已经在研究中十分谨慎，但研究结果仍不可避免地受到了这种证真偏差的影响。在认识到证真偏差有多么狡猾后，对于未采用盲法分析来规避掉此类常见偏差影响的结果，你或许很难对其正确性抱有信心。

盲法分析的意外之惊与意外之喜

如果整个研究团队都采用这种充满游戏趣味的遮三瞒四式方法，那它会带来哪些充满戏剧性的故事呢？经历了长达 40 年的不懈努力与持续改进后，致力于探测引力波的国际研究团队终于做好了启用一台高灵敏度仪器的准备，它能探测到几乎难以想象的微弱引力波信号。但这个名为激光干涉引力波天文台（LIGO）的合作小组面临着双重挑战：一是担心会错过极为罕见的真实信号（虽然预估它存在的可能性很低），二是需要避免将噪声误认为引力波（因为他们猜测噪声不仅看起来与真实信号一模一样，并且出现的频率更高，所以有可能频繁触发探测器的误报，从而一次次上演"狼来了"的故事）。于是，研究团队的成员都同意玩一个盲法测试的游戏。他们成立了一个特别小组，专门负责随机向探测器系统投放看起来很像引力波的干扰信号，有时微弱难辨，有时又十分强烈，以此来测试团队的其他成员是否会对这些罕见信号进行严谨的分析。值得一提的是，只有在团队的其他成员完成详尽的分析，撰写完科研论文，并承诺只要信号为真就直接发表之后，特别小组才会揭晓信号的真伪。

索尔首次听闻这个研究机制时，这个人员众多的团队已经在信号分析和论文撰写上奔忙了数月，但最后特别小组揭示的结果表明，他们在研究论文中分析的信号其实是假的模拟信号，整个团队劳师动众地白忙了一场！数年后，这个小组又探测到了一个疑似信号，他们一开始笃定它是个假信号，因为其强度异常显著，远超探测器正常运作所需的阈值。然而，令他们大跌眼镜的是，此信号竟是真的，它标志着人类历史上首次成功探测到了引力波！

再举一个盲法分析的实例：在测试生物治疗在不同剂量下的有效性时，你需要运用对照比较法，并且特定试剂的剂量大小是该实验的唯一变量。为确保分析的客观性，你可以请朋友随机打乱试管的顺序，并在你完成所有分析后再揭示试管的真实排序。你应该觉得这个例子很眼熟，因为它跟上文"水分子有记忆能力"案例中"神奇兰迪"采用的盲法策略颇为相似。因此，我们希望研究冷聚变的科学家也能掌握这种弥补思维缺陷的科学方法。

如何将盲法分析应用于日常生活

盲法分析作为科学方法的重要性已不言而喻，但它不仅适用于科学实验，在日常生活中也能发挥意想不到的魔力。举个简单的例子，如果你真想知道哪款葡萄酒最合自己的口味，不妨在不考虑价格和品牌影响的情况下进行一次"盲品",当然这也是葡萄酒专家常用的品鉴之法。

我们最喜欢的一个盲法分析案例源自心理学家、前职业扑克玩家安妮·杜克(Annie Duke)的著作《对赌:信息不足时如何做出高明决策》(*Thinking in Bets: Making Smarter Decisions When You Don't Have All the Facts*),杜克表示,职业扑克玩家在与同行讨论牌局打得好不好时,通常会刻意不提牌局的最终输赢,因为"说出最终的输赢,会诱导对方陷入结果主义的误区,使其倾向于根据结果来倒推和解读牌局的过程和细节……在结果已知的情况下,人们对决策质量的评估更容易倾向于与结果保持一致,继而导致偏差"。

杜克坦承,当她在不提最后输赢的情况下探讨扑克的强势和弱势打法时,非职业玩家出身的听众往往会流露出失望之情。每当听众追问结果,杜克都会说:"其实最终的输赢并不重要。"扑克游戏就如百态的人生,我们选择的策略固然能影响最终的成败,但人力掌控之外的偶然因素同样重要。优秀的扑克玩家深知,即便没能立即让自己在当下的牌局中获胜,充满智慧的策略也能提升长期的胜算。

越来越多具备"慧眼"的雇主也开始采用盲法分析,以减少招聘决策过程中对弱势群体的歧视。其中最为人熟知的案例之一就是在专业交响乐队的面试中让应聘者藏于幕布之后,此举显著提升了女性音乐家入选的概率。此外,在欧洲,越来越多的用人单位纷纷要求在筛选面试候选人之前,对求职申请中的个人信息(如年龄、性别、种族、受教育水平等)进行模糊处理。[5]

然而,盲法分析并非万无一失的灵丹妙药,它也会产生诸多意料之外的后果。例如,美国的许多司法管辖区都执行了"禁止询问犯罪记录"政策,即禁止雇主在求职申请中设置"有无既往犯罪史"勾选框。一些研究表明，这可能会导致雇主将少数族裔身份视为存在犯罪史的替代考量指标，继而加剧了就业歧视。[6]

P值操纵游戏：致使政治信仰产生（证真）偏差

诸位或许仍记得第7章讨论过的"查看别处效应"：如果你尝试足够多的方法来验证数据，并进行足够多次的分析，最终一定能找到一个令你满意的结果，它看似符合你期望验证的假设，实则是由噪声的随机波动引发的。盲法分析正是为了应对这种潜在风险而诞生的，因为人类天生擅长事后找理由，喜欢专注于恰好支持自身假设的分析，即便其他分析并不支持这些假设。心理学家尤里·西蒙逊（Uri Simonsohn）、约瑟夫·西蒙斯（Joseph Simmons）和利夫·纳尔逊（Leif Nelson）将这种尝试进行不同的分析，直到得出满意结果的现象称为"P值操纵"。

FiveThirtyEight开发了一个"P值操纵"的在线互动游戏，游戏围绕一个既重要又富有争议性的问题展开：民主党和共和党，谁执政对经济更有利？在这个采用了真实数据集的游戏中，你可以通过多种不同的方式定义自变量（哪个党派执政）及因变量（经济状况如何）。对你而言，谁的影响力更大（是州长，还是总统）？衡量经济好坏的指标应该是GDP、就业率、通货膨胀率、股票价格等单一指标，还是四者叠加？你定义变量的方式将直接决定最终得出统计显著性的模式，通过变量的巧妙设定，你可以让选定的政党（无论是民主党，还是共和党）在统计上呈现出对经济发展更有利的形象。

一旦你发现有分析结果表明，你看好的党派执政将对经济发展更有利，就会产生后见之明，就"自己为何要如此设定变量"这个问题寻找合理的解释。这个自证的过程将进一步强化你的信念，令你更坚信所选的政党确实更有助于国家经济的发展。盲法分析就是杜绝这种主观倾向影响的唯一可行之法。具体来说就是，在得出满意的变量定义之前，你需要暂时隐藏党派信息，确保分析过程不受个人主观偏好的干扰。随后，在完成盲法分析后，你应接受和遵循其结果，不管它是否符合你的预期。不过，得到事与愿违的结果是人生之常态。

专家意见的盲法分析

除了科学研究领域，盲法分析还在评估专家意见方面发挥着举足轻重的作用。以犯罪案件中法医专家的意见为例，这是非常具有代表性的案例，因为我们深知人们最热衷的一些悬疑故事的套路，比如证明犯罪行为确凿无疑的指纹证据，同样会受到证真偏差的影响。指纹专家长久以来遵循着一套传统的专业实践方法，即便到了近代也没有采用盲法分析，这导致他们在一些指纹鉴定上形成了强烈的偏向。随着现代科学实践的引入，以及人们对此的广泛讨论，指纹专家的校准能力遭到了来自新研究成果的质疑，以至于各大主要科学机构纷纷发布报告，建议对此类法律证据（指纹鉴定）进行重新校准。[7]（令人震惊的是，在盲测过程中，多名备受尊敬的指纹专家甚至推翻了他们的鉴定结果，包括他们之前鉴定无误的指纹。）[8] 现在，这种基于盲法分析的校准已逐步成为法医学研究实践中不可或缺的工作内容。

有鉴于此，我们应该要求接受咨询的专家在提供意见时尽量采用盲法分析。此举尽管看似有违常规，但其实很有必要。例如，医生在给出第二医疗意见时，通常会参考第一次的诊疗结果。[9]但如果你是问诊的病患，医生不看第一次诊疗的结论可能还会给你带来额外的益处。我们同样认为，法官和陪审员也能从基于盲法分析的专家意见中受益，尽管部分持不同意见者可能更中意现行的非盲法评审方式。

开放科学之利

以结果为导向的盲法分析不过是减少证真偏差的一种方法，其他方法也同样适用，它们作为"开放科学运动"这一影响范围越来越广的趋势的一部分得到了广泛的讨论。[10]我们非常看好开放科学运动，因为它是本书提倡的第三个千年思维的重要组成部分。尽管开放科学运动囊括的诸多方法先于该运动出现，但其最大的贡献在于，它将这些独立出现的方法整合成了一个综合性的通用之法，并有效地提升了科学实践的可信度和完整性。

"预注册"就是其中一种研究方法，也是越来越多的顶级学术期刊规定的科研工作者必须采纳的方法。具体来说，它指的是在研究尚未开始时，研究者就将拟定的研究方法、待检验的具体假设及相应的数据分析计划公开存档。尽管有人认为预注册的使用可以替代结果的盲法分析（或反之亦然），但两者实际上是相辅相成、互为补充的，应一并采用。预注册能促使研究者在收集数据前就充分考虑拟采用的研究方法和策略，盲法分析则可以让研究团队验证研究开始前未想到的新思路，或合理应对数据分析方面未预见的新问题，同时确保其研究结论不受主观意愿的干扰。

开放科学的拥护者还倡导了其他许多方法，在此仅列举几种。第一种是更为常见的多实验室调查，即多个实验室同时对某个特定假设开展独立验证，它可以用来复现科研论文中颇具争议性的发现，或用于探索重要的新兴研究课题。第二种是所谓的"多分析师"项目，即向各个独立的研究团队提供相同的数据集，请他们验证同一假设。（这两种方法相当于是在不同实验室和分析师的证真偏差之间进行三角测量，旨在期望所有实验室或团队的偏差没有全部指向同一方向。）近年来逐渐兴起的一种策略是：专业期刊给已登记的报告留出版面，研究人员则需向期刊提交研究计划，只要其理论依据和拟定的研究方法通过了技术同行的评审，期刊就会在研究正式开启前承诺发表该报告。此举旨在消除期刊的固有偏差，包括只发表符合预期的研究成果，以及只发表证实了较为有趣的假设的结果，从而忽视了驳斥该假设结果的其他研究。当两个或更多研究者对某一假设存在意见分歧时，他们便可采取对抗性合作，即竞争各方共同设计、实施一项或多项实验并发表其结果。前提是，他们需要一致认同，这些实验对各方的观点都进行了公平的检验。尽管每位研究人员都有权在论文结尾处陈述自己的结论，但由于预先敲定了实验方法，他们不能试图通过攻击研究过程本身来否定不符合自身预期的结果。[11]

开放科学倡导者还在努力说服各大期刊部分接受或全盘采纳这些实践方法，或对应用了这些方法的作者予以奖励，例如在他们的文章上标注特定图标以示褒奖，或颁发"开放科学徽章"等。[12]他们还大力推动各种举措，鼓励科学家在发现自己较早的研究存在错误或缺陷时，主动公开承认原先工作的不足（第 5 章讨论的"置信度缺失项目"就是一个范例[13]）。重要的是，科研人员正运用科学工具对这些建议进行更严格的审视，而针对这些实践方法的成本与效益的实证评估也逐渐涌现。我们衷心期望，这套开放科学的工具能够随着时间的推移不断地得到拓展和完善。

你能从中学到什么

熟练掌握盲法分析后，每当你想要遴选专家或采纳专家意见时，你都应该看看这些专家及其给出的意见是否运用了盲法分析或其他旨在减少证真偏差影响的替代方法。如果能够洞悉人们自我欺骗的各种方式的专家才算得上真专家，那么他在得出结果（或表达对他人结果的支持）前就已经充分使用了盲法分析、预注册或其他防范证真偏差的合理措施。从更个人的层面来说，若你在探究问题之前就预设了答案，那么当你需要就某项结果做出是或否的判断，需要确定某项数值或决定采取什么行动时，就应该随时保持警觉。比如，你可能需要决定是否开始服用他汀类药物来降低有害胆固醇的水平，或者要不要花钱做广告来招揽生意，或者要不要帮即将上大学的孩子选择专业以确保他们日后能借此谋生，等等。

要得到最贴合实际的答案，你必然要决定采纳哪些数据及如何使用数据，比如你应该相信哪个网站的数据，以及忽略哪些网站不靠谱的数据。（比如，你可能会说："我们还是用 WebMD 网站上的数据吧，它们比妙佑医疗国际网站上的数据易懂，而且就我期望看到的健康结果来说，也没那么吓人。"）你还需要判断哪些数据与具体病情有足够的关联性。（如果你对初步搜索到的结果不满意，甚至可能会说："我再找一找更符合我这个年龄段和健康水平的医疗数据。"）然而，如果你能发现这些有意的数据选择对最终答案的影响，就不应该做出任何决定，因为你会无意识地倾向于选择符合自身预期的信息，最终削弱答案的真实性。如果你想客观地评估两家网站提供的诊疗方案的质量高低,可能需要请朋友帮忙,让他将两个网站的信息分别复制粘贴到两个文档中,隐去网站名称和最终结果,做个盲法分析。

因此,无论何时,每当你需要做出类似决策,并发现自己对事实的选择可能受到其导致的决策后果的影响时,就应立即停下脚步,并以夸张的语气向所有人(尤其是同样致力于研究此问题的人)宣布:"我们必须立即停止研究(或思考这个问题或选择后续的行动),因为眼下的做法可能导致结果出现偏差。我们应该在选定全部数据并审查完所有决策程序之后再查看结果!"

这当然不会是人类最后一次需要发明新技术来避免自我欺骗,也绝非最后一次对人类是否有能力保持清晰的思维而感到绝望,因为每当我们发明一种新技术,改变我们与世界、与他人、与人类对现实的集体认识的互动方式时,"自欺欺人"的新花招也如影随形。未来,情况不仅仅是计算机通过提供更复杂的分析工具和更多的程序漏洞来重塑游戏规则。设想一下,当人类大脑都被植入了芯片,能将各种想法以图像形式直接逼真地投射到镜片上(这是多么令人不寒而栗的画面)时,人类就必须发明新的技术来避免新型的自我欺骗!

由此可见,科学乐观主义者的生活(即具备第三个千年思维之人的生活)必然是一种极富创造力的、精彩纷呈的生活。

群策群力思维的力量

第 15 章
群体的智慧与疯狂

截至目前,我们都在探讨个体思维的优与劣,然而大多数重大问题的解决都有赖于群策群力,如夫妻齐心调整家庭开支,邻里协力共同制定地震应急预案,同事合作完成复杂的项目,NASA 工程师团队携手共保火星探测器安全着陆,以及市议会、州议会、国会乃至联合国等国际组织多方协调共同完成壮举,等等。

然而,群体思维是其个体成员思维的简单集合,还是另有玄机?群体的能量要大于还是小于各成员能量之和?观察家们曾提出两种截然不同的观点,一种较为悲观,另一种则较为乐观,然而二者都不具备压倒性的说服力。悲观的观点往往是对现实生活中表现糟糕的群体决策事件的事后反思与描述,积极的观点则源自 20 世纪初便广泛流传的一个简单演示,它似乎证明群体的表现是极为卓越的,但你可能会惊讶地发现,这个演示根本没涉及任何真实的小组讨论。

现在,你已经知道针对群体思维的两种截然相反的观点,接下来我们要介绍的是更为系统的小团体表现实验研究,看看我们能否从中学到些什么。在这些研究中,我们能精确控制小组和任务的各项特征,并观察到不同小组在决策过程中的具体表现。研究表明,悲观和乐观的观点在特定情况下都是正确的：集体决策确实会令事情变得更糟或更好。值得庆幸的是，通过研究，我们能揭示影响小组决策过程顺利与否的一些关键因素。明确什么条件会令小组表现变好或变糟之后，我们便能开始探索团队在何时及如何能发挥最佳作用，并制定相关策略（这将是本章结尾部分及后续两章论述的重点）。

非理性的群体行为和群体思维

在 1841 年出版的《大癫狂：非同寻常的大众幻想与群体性疯狂》（*Extraordinary Popular Delusions and the Madness of Crowds*）一书中，作者查尔斯·麦基（Charles Mackay）对群体行为表达了一种近乎悲观的看法，并首次提出了"从众心理"的概念。麦基在书中提供了大量的关于群体错觉和群体性疯狂的案例，其中包括广为人知的郁金香狂热，即民众疯狂迷信郁金香的投资价值，有些人甚至不惜变卖家产来筹集资金，只为购得一枚郁金香种球。（古斯塔夫·勒庞在 1895 年出版的《乌合之众：大众心理研究》中也深入探讨了此类现象。）

麦基在书中罗列的大多数案例都聚焦于群体行为，但并未涉及委员会等正式组织的集体决策过程。在他列举的多数案例中，参与群体行为的个体甚至互不相识，此类现象通常被公众称为"非理性群体行为"，还有部分实证研究深入剖析了某些令人不寒而栗的历史事件。统计分析显示，参与者越多，滥用私刑者实施虐杀（多为绞刑）的概率越大，这一概率在黄昏之后显著上升。

拥挤的人群和夜幕的遮掩让施暴者更好地隐藏身形。参与者越多，施暴者个人的身份特征就越发隐蔽，而且随着光线变得越来越昏暗，他们越不可能被人认出。因此，随着个人身份特征的弱化和"匿名感"的增强，责任分散现象便会逐渐显现，最终变成"人人有责即人人无责"，即心理学家所说的"去个体化"。情绪传染则是非理性群体行为的另一个推动因素，即接触他人的情绪会引发个体产生相似的情绪反应。当你因某事而感到悲伤，悲伤情绪的传染会使我也感到悲伤，感受到我的悲伤之后，你的悲伤情绪还会被进一步放大，最终形成恶性循环。[1]

尽管很多去个体化和情绪传染的案例看起来极端且罕见，但此类现象的轻度表现事实上在日常生活中并不少见。如果你参加过因争议性问题而召开的学校董事会或市政府议会会议，就能发现它们的身影。

欧文·贾尼斯（Irving Janis）1972年出版的《小集团思维：决策及其失败的心理学研究》（*Victims of Groupthink: A Psychological Study of Foreign-Policy Decisions and Fiascoes*）一书也残酷地揭示了群体内部可能滋生的非理性现象。然而贾尼斯在书中研究的对象并非无组织的"暴民"，而是精英阶层的愚蠢决策过程，其中最引人注目的当数约翰·肯尼迪政府在吉隆滩战役及随后在古巴导弹危机中的失误决策。尽管遭到了部分同行（学术心理学家）和历史学家的严厉抨击（心理学家认为贾尼斯引用的案例缺乏随机抽样和对照实验的严谨性，历史学家则质疑他对历史事件叙述的准确性），这本书的影响力仍历久弥新（当之无愧），因为贾尼斯在识别和命名群体病态思维方面确实有独到之处。此外，已经有大量证据表明，他在书中描述的群体病态现象，有时的确能在现实生活中看到。

尽管威廉·怀特（William Whyte）在1952年就提出了"群体思维"一词，贾尼斯还是在1971年的《今日心理学》（*Psychology*

Today）杂志上给出了自己的定义：

> （一种）简便易行的思维模式，特指在一个有凝聚力的内部群体中，追求一致性变得如此重要，以至于它压倒了对其他行动方案的现实评估的必要性。"群体思维"这个术语与乔治·奥威尔在《1984》这部令人沮丧的小说中描绘的"新话"异曲同工。

贾尼斯列出了群体思维的八大"症状"：（1）顽固到无懈可击的错觉；（2）对群体道德深信不疑；（3）集体合理化（即借助集体意志将团体做出的决策合理化）；（4）对"圈外人"抱有刻板偏见；（5）缺乏自我审查（即团体成员在面对疑虑时会趋于一致，不给出批评性意见）；（6）出现全员一致的错觉（即成员的意见看似统一，进而形成团体和谐统一的错觉）；（7）直接打压异议者；（8）"自封的心灵守卫"（即某些成员会自发地拦截或隐藏对立的观点或信息，保护团队领导者不受其影响）。贾尼斯还指出了诱发上述"症状"的两大风险因素：首先是所谓的"挑衅性情景"，即群体面临迫在眉睫的威胁（很大程度上超出了群体的控制范围）且缺乏有效的规避方法；其次是特定形式的、不健康的组织文化，表现为群体与外界的"绝缘"、缺乏公正的领导、群体成员背景和价值观的同质化等。

针对群体思维的问题，贾尼斯提出了多种可行的应对之策。比如，他曾提出领导者在参会时应尽量避免发表自己的看法或干脆不参会，以确保小组成员可以畅所欲言。我们可以鼓励小组成员"唱黑脸"，对小组提出的意见进行批判性评价，并论证其他备选方案的优势。我们还可以时常将团体分成若干小组，独立开展讨论后再合议。[2] 群体思维概念最初并非基于并针对科学团队而提，因此并不完全适用于科学团队的组织与运作。事实上，这个概念从对政策精英而非普通民众的决策研究中发展而来。然而从实际角度来看，它似乎可以轻松地被拓展并应用于科学团队、家长委员会、大学教师会议，以及任何需要群策群力来解决问题的场合。

群体智慧

关于群体思维的糟心之处就论述到此，接下来我们再看看它积极的一面，即群体智慧的观点。1907年，弗朗西斯·高尔顿（Francis Galton）在《自然》杂志上发表的一篇文章描述了一项令人瞩目的发现。他曾邀请很多人对各类事物进行某种估算，比如物体的高度或重量等。他发现，即使大多数人给出的猜测都比较离谱，但将这些估值汇总再计算出平均值后，得到的结果却与实际值非常接近。我们也做了类似的测试：在某次课堂演示中，我们请每个学生估算活鸵鸟的最大重量（以磅为单位），学生们给出的估值从15磅到2吨不等，但所有估值的平均数是326磅，极为接近345磅的实际重量！虽然明白其中原理（我们将在下文揭晓），但这个结果依然令我们惊奇不已，其背后似乎反映出了一种无形的群体意识。

本杰明·佩奇（Benjamin Page）和罗伯特·夏皮罗（Robert Shapiro）在1992年出版的《理性的公众》（*The Rational Public*）一书，以及詹姆斯·索诺维尔基（James Surowiecki）在2004年出版的畅销书《百万大决定》（*The Wisdom of Crowds*）中，都详尽地记录了群体智慧效应在现实世界中的诸多表现。这两本书的内容都给人一种欢欣鼓舞的感觉，而且作者们都沉醉于这样一种信念：尽管每个人都存在各自的局限和无知范围，但只要汇聚成群，即便所有人"大脑一片空白"的无知状态没有丝毫改变，也能共创非凡成就。

我们不想泼冷水，但这里确实不存在什么神奇魔法，人们最终阴差阳错获得的正确结果既非群体思维的神奇作用，也非人类能力的超凡体现。事实上，正如这些作者坦言的，所谓群体智慧，不过是统计学一个基本概念（大数定律）运行的自然结果。我们在前面的章节中讲过噪声（随机误差或统计误差）和偏差（系统性误差）的区别：在进行数据测量或搜集人们对某事、某物的估值时，每项估值都不可避免地带有一定的随机误差，而大数定律最朴素的逻辑便是：在对一大组估算数据进行汇总处理（如取平均值）时，这些随机误差会相互抵消，最终使平均值趋同于真实值。以上文学生们对活鸵鸟最大体重的猜测为例，大多数人对鸵鸟的了解有限，然而利用费米估算（详见第11章），我们可以推算出正确体重值范围：应该远超大多数人的体重，因此可能大于200磅，但同时应该远轻于汽车，所以很可能小于1 000磅。除了能确定上下限，剩下的就全凭主观臆测了。由于随机误差可能导致估值偏高或偏低，在汇总多人的估值时，过高或过低的误差便可以相互抵消。比如，我的估值偏高了50磅，而你的估值偏低了30磅，那么相互抵消后的偏差值仅为20磅。

理解大数定律效应后，我们会发现，群体结果与群体商议或群体智慧并无直接关联。事实上，我们有充分的证据表明，允许群体成员交流意见反而会令群体表现更加糟糕。

例如，我们曾要求学生尝试估测阿拉梅达县（包括伯克利和奥克兰等地）在2012年总统大选中支持米特·罗姆尼的选民比例。学生们给出的平均估值为19.8%，非常接近18.4%的真实支持率。然而，在揭晓正确答案之前，我们要求学生尝试群策群力，讨论并分析各自的估值。一番讨论后，学生们给出的新平均估值变成了24.2%（换言之，他们的预测准确性反而下降了）。这也揭示了小组表现方面一个鲜为人知的事实：当人们聚在一起交流后，汇总个体意见带来的诸多好处就会丧失殆尽！当然，我们依旧提倡人们多交流互动，前提是需要谨慎设计交流的组织和流程。

利用小组实验揭示群体性成功与失败的根源

我们认为，"群体性疯狂"、"群体思维"和"群体智慧"等研究文献并不能全面反映决策群体的常规表现。所以，我们又将目光投向了涉及实验性小团体的研究资料。它们记录了普通人被召集起来，在多种不同的控制条件下被随机分组，共同完成任务、解决问题或做出决策的过程。在此，我们将略过这些实验的详尽细节，仅聚焦于探讨若干重要的启示。

在系统梳理这些实验发现的过程中，我们发现了一个关键区别，即群体内存在两种不同的影响力：第一种是信息性影响力（或称"论据优势"），即整合群体的集体智慧，利用其推理出解决方案的能力；第二种是规范性影响力（或称"数量优势"），指的是群体成员倾向于服从群体内人数最多的派别或投票集团。有时候，这两种影响力因相互交织而难以区分，因为大多数人倾向于追随论据最充分且支持者最多的一方。然而在实验过程中，通过调整群体内的派系规模（同时保证论据不变），或调整论据的可靠程度（同时保持派系规模不变），我们能有效区分两种影响力各自发挥的作用。[3]

在某些特定情况下，"人多力量大"的原则（即少数服从多数）貌似相当适用，尤其是在一群人需要做出凭借理性逻辑或证据无法获得"正确"答案的决定时。例如，吉米·亨德里克斯（Jimi Hendrix）和安德烈斯·塞戈维亚（Andrés Segovia），谁是更优秀的吉他手？这本质上是一个品味问题。有人说"塞戈维亚更优秀，因为他的演奏技巧已出神入化，他演奏的曲目所需的灵巧程度是亨德里克斯难以企及的"，但有人反驳说"亨德里克斯更胜一筹，他在情感表达和表演戏剧性方面很有一手（好吧，是很有两手，毕竟演奏吉他得用上两只手），为流行音乐开辟出了新天地"。因此，当存在争议的话题主要关乎意见或品味时，群体成员通常会采用少数服从多数的原则，不管是选择哪个乐队给活动助兴，还是新公司应采用哪个形象标识，或是选举前为哪个候选人背书，等等。在一些非常正式的议题上，或许绝大多数（如 2/3）的成员同意后才能通过。然而在很多问题上，采用简单多数就足够了。利用少数服从多数的原则，大多数存在不可调和的意见和分歧的问题都能得到解决。

然而，少数服从多数原则也存在严重的弊端，例如在某些情况下，为了赢得支持，某个派系可能会诉诸威逼利诱或恃强凌弱等不光彩的手段，这往往会令少数派成员感到不满，甚至感觉遭到排挤。此外，当群体中的派系划分与性别、种族等个人特征紧密相连时，部分成员可能永远都是弱势方。

话说回来，对于大部分问题，"明显正确"的解决方案的确存在，前提是人们能找到它。当这些方案得到清晰的阐述，群体中的多数或全体人员均能认识到其合理性，这就是论据优势在发挥作用。然而，要实现这个目标，只提供最佳解决方案还远远不够。群体成员必须具备某种共同的概念体系，否则便无法有效辨别论据的强弱（我们将在下文详述）。

即便没有亲自观察过一个群体的讨论过程，只要你知道讨论开始前成员们分别持有什么立场（即派别的分布情况），往往也能大致推断出该群体中规范性影响力和信息性影响力的大小。[4] 因此，社会心理学家也发现，了解一个群体最初的派系分布（哪个派系占大多数），往往就能推测出它在涉及品味或观念等议题上的最终决定，即使该群体并未明确表示将采用少数服从多数的原则，最终结果往往也会遵循这个原则。

那么我们该如何确定是否存在较为强势的信息性影响力呢？在最极端的情况下，依据论据优势原则运作的群体，通常都会采纳成员提供的最佳方案或论据，哪怕该立场在讨论伊始只有一个支持者。社会心理学家将其称为"真理胜出过程"。

如前所述，要实现这个目标，群体必须确立某种共同的概念体系，使某些立场成为"明显正确"的答案，或至少明显优于其他立场。那么"明显正确"到底是什么意思？它指的是群体成员具备一套评价备选答案正确与否的共同方法（即共同概念体系）。

算术便是这样一套共享的概念体系，如果有人问："12×321等于多少？"大多数人可能无法立即给出答案，但如果这时有一个群体成员高声宣布"答案是3 852"，那么每一个会做乘法的人都能验证它是否正确。

另外一个案例则是对逻辑的共同理解。请看这个例子：杰克正看着安妮，安妮却看着乔治，杰克已婚，乔治未婚，那么这是一个已婚人士在看着一个未婚人士吗？是、不是或无法断定？小组成员很迅速地分别在三个选项中做出了选择，只要稍作进一步解释，三个答案中任何一个都可能是正确答案（至于是哪一个，由你或你最喜欢的小组来决定）。

此外，常识也可被视为共享的概念体系。比如说，假设一群人在散步时迷了路，大家都觉得应该朝北走，但对于到底哪边是北各执一词，直到有人指出了一座山，众人才达成共识，因为他们都知道这座山在东边。

在科学领域，我们致力于追求真理得以胜出的过程。优秀的科学理论也可以作为共享概念体系被广泛接受，前提是得拥有经得起考验的内在逻辑和充分的外部证据作为支持。那么在科学领域，真理是否终将获胜？我们的看法是，真理终将胜出，但这一过程道阻且长，而且会不可避免地遭遇一些困难，比如错误的科学观点在短时间内占据主流。（可以说，所有主流科学观点都存在缺陷——只是在前人的观点上有所改善罢了。）当爱因斯坦获知，德国在纳粹执政时期出版了一本名为《100个反爱因斯坦的作家》（*100 Authors Against Einstein*）的书时，他打趣地说："为什么需要100个反对者？如果我错了，只需要1个人反对就够了。"对爱因斯坦来说，只要我们能停下来"做一做计算"，真理无疑会胜出。当然，爱因斯坦所指的"计算"并非简单的算术题，而是涉及光的物理特性的复杂计算。只有在具备解决相关问题所需的共同概念体系（本例中则是一系列经过经验验证的物理概念及相关的数学知识）的人群中，物理学领域的计算结果正确与否才有可能得到验证。如果有人要求本书三位作者去解决一个物理问题，恐怕约翰跟罗伯特会选择喝杯咖啡休息一下，把这个艰巨的任务交给身为物理专家的索尔。[5] 许多小组实验都是围绕记忆任务、数学问题和逻辑谜题展开的，在这些实验中，说服大多数成员相信某个答案的正确性相对容易，继而使小组的整体表现超越其个体成员的平均表现。然而这个过程更像是"得到多数支持的真理胜出"而非"真理的胜出"，因为一个解决方案通常至少需要得到两三个成员的支持后，其他人才会停下来深入探究这个方案为何是正确的。因此，群体的表现并不一定总能超越其最优秀成员的个人发挥。此外，如果缺乏逻辑、算术或科学推理等共享的认知框架来帮助群体成员理解为何某个方案更具合理性，那么小组的整体表现将大打折扣。

然而在另一种情境中，"人多力量大"的原则却产生了不良的影响。通过前面的章节介绍，我们已经知道，个人在做判断时容易受到各种系统性偏差的干扰（比如之前提到的可得性启发和后见之明等）。事实证明，群体效应可能会加强或减弱人们对偏差的判断。[6] 当群体主要在"人多力量大"（即少数服从多数）的原则下运作时，群体力量反而会放大个体判断过程中的共同偏差，从而让事情变得更糟糕。需要注意的是，即使不存在被贾尼斯视为群体思维的风险因素的制度性弊病（比如缺乏公正的领导或团体与外界隔绝等），这个结论同样成立。假设你召集了一群互不认识的陌生人，给他们布置了一项会激发"后见之明偏差"和"可得性启发偏差"的任务，只要他们采用了"少数服从多数"的运作机制，个体偏差被群体放大的效果就会显现出来。

那么，群体有可能减少偏差吗？幸运的是，在两种特定情况下可以做到。

第一种情况是，群体成员的偏差各不相同。我们从上文的案例中看到，随机误差可以在汇总时相互抵消，但偏差并非随机产生，因此理论上不太可能相互抵消。群体成员是否存在多种偏差则是很关键的一点，如果每个人的偏差确实存在差异（如政治意识形态的不同），它们的作用有可能相互抵消，这也是群体成员的多样性可以提升整体表现的原因所在。[7]

请注意，我们的结论是：群体成员的多样性"可以提升"而非"必然提升"整体表现。它能否发挥促进作用，取决于多样性是否具备能帮助群体发现新思路的某种属性。要充分发挥多样性的优势，群体需要构建一种相互尊重、积极参与的文化，让少数派的观点得到表达和认真对待。当然，不管多样性能否提升整体表现，它都能带来公平性、合法性、新颖性和趣味性等诸多额外的好处。

能够让群体克服组内共同偏差，避免判断失误的第二种情况是始终遵循"真理胜出"的机制。以本书第 12 章中提到的锚定与调整启发法为例：假设一个小组正在估算翻新大楼所需的资金数额，其初步预算很容易就会被一个突出的锚点影响。例如，领导建议以 10 万美元为标准线进行估算，并围绕它上下调整。然而，如果有成员提出"等一下，10 万美元显然太少了"，并列举了可能推高预算的各项费用，只要其他成员觉得其计算结果可信，锚定值（10 万美元）就会失去意义。

如何利用群体的最佳优势

如前所述，关于群体决策能否解决致人误入歧途的偏差和非理性思维，正反两方的论据都很充分。值得庆幸的是，判断群体之力能否优化个人决策并非全凭运气，我们可以系统性地总结有助于形成最佳群体决策的关键因素，并致力于将它们应用于我们所处的群体中，包括：

- 如有可能，致力于寻求最佳解决方案的群体领导者应避免过早表态。此外，群体还可以通过将投票推迟到所有相关证据得到充分讨论和评估之后，以避免过早下定论。
- 群体应该培养相互尊重的讨论文化，确保每个成员都能认真倾听他人的观点，不因害怕被多数意见压制而怀疑或改变自己的立场。群体可以鼓励部分成员扮演"魔鬼代言人"（唱反调）的角色，通过他们的参与，使小组养成接纳并考虑非多数派观点的习惯，继而促进互尊互重型讨论文化的形成。
- 在群体成员的背景、偏差和品味都趋同的情况下，小组讨论会很轻松，但同质化的特性不利于形成有效的决策机制。相较之下，具备成员多样性的小组更有可能减少随机噪声、克服初始偏差并得出更有效的解决方案，即便这意味着全体成员都需要付出更多的努力。多元化的另一个额外优势是，能够提升规模更大的群体对该团队的认可度。
- 群体确实能减少判断偏差和启发式偏差的影响，但只有在群体掌握了共同的概念工具并能在正确答案出现时识别它的时候，才有可能发挥这种力量。在我们看来，本书提供的信息就好比一套概念工具，可以帮助人们更好地做到这一点，并在此基础上进一步提升优秀思维的广度和深度，实现思维层面的跨越。

关于最后一点，我们不妨多说几句：我们需要解决的问题是，如何开发可用的工具，使群体能更有效地识别出正确答案。那么何为正确答案？首先，我们期望群体决策能在现实世界中发挥实效，所以群体在条件允许的范围内，对世上真与假的辨识能力就成为关键。群体决策的过程应符合本书第2章讨论的共同现实。若整个群体都掌握了本书反复强调的诸多概念工具，如概率思维、因果推理、（在理想状态下)"理解顺序"与费米估算等，显然就能更轻松地识别出正确答案，因为这些重要概念共同构成了一套完整的方法论，可以用来检验假设是否得到了可观察、可验证及可重现的证据支持。

然而，群体决策的另一特征让它变得比个人决策更复杂，因为人们往往不会简单地凭借对世界的正确认识来做决策。大多数决策往往都取决于人们的价值观，以及促使人们做出决策的情感，无论它是源自恐惧和欲望，或是野心和目标。事实上，价值观和情感是极为重要的决策驱动因素，如果一个群体在决策过程中缺乏清晰的原则或方法论的引导，那么最终的决策结果将由价值观和情感决定，而非本书反复探讨的对现实的理性追溯过程。因此，在第 16 章中，我们将探讨有助于群体决策的原则性方法，它们充分体现了个体激励及个体意义层面的价值观，包括精神、道德、哲学、政治、情感及人际关系等领域，而且我们对其寄予了厚望，即希望它能护住人们理性思考与行动的能力。在第 17 章中，我们将探讨一些能帮助增强群体决策有效性的创新方法。

第 16 章
难解难分的事实与价值观

假设你是欧洲某大城市的市长，你的智囊团建议你试行一项新政策，即允许医疗机构免费向瘾君子提供海洛因，以降低毒品犯罪率和吸毒过量的风险。你应该批准吗？若试行结果显示，两个目标均可实现，那么你是否同意将这项政策全面铺开？在此过程中，事实与价值观如何共同作用于你的决策过程？如果事实指向一端，而价值观指向另一端，你又将如何抉择？面对价值观层面的分歧，我们该如何处理？

在我们需要做出重大决策时，查明相关事实固然十分重要，但事实本身并不足以让决策落地。就算所有人均掌握了事实，它也并不能告诉我们接下来该怎么做。所以，即便事实已经确凿无疑到无可置喙的程度，行动的决策依然需要考虑价值观和情感因素。本书的前述章节已经充分论述就事实展开辩论的一系列有效方法，但面对价值观层面的冲突，我们还能否以建设性的方式展开讨论？如果人们在价值观层面的分歧严重到无法调和，我们是否还能就行动方案达成共识？

事实与价值观

让我们先从一个粗略的概念着手,即事实性命题和描述性命题,比如:

- 地球的历史已有 45.43 亿年。
- 中央车站位于四十二街。
- 流感是一种病毒。

它们与下列规范性命题或评价性命题不同,比如:

- 我不应该接受这个提议。
- 食言而肥是不可接受的行为。
- 政府应该负责修补路面坑洼。

因此,如果你是市长,将决策过程拆分为两大步骤看起来是合理的策略:第一步,确定哪些价值观和目标对决策最为重要;第二步,确定客观事实,即不同政策方案将如何影响这些价值观和目标。基于此,你可以开展一项调研,其中包含两个任务:(1)确立对选民所期望的结果有决定作用的社会价值观;(2)请专家评估该计划对每种结果的影响。你可以先草拟一份清单,列出公众可能关心的事项,然后广邀社会团体、压力集团[①]及广大民众奉献自己的意见与智慧,最终提炼出一份关于某项政策的重要议题清单。

---

① 压力集团是指那些致力于影响国家政策方向但其本身并不谋求组织政府的组织。——译者注

丹佛子弹研究

1974 年，丹佛市警察局做出了一项极具争议的决定：将当时使用的普通子弹改为空心弹（通常被视为达姆弹①的一种）。¹这种子弹是禁用的，因为它在击中目标时弹头会扩张变形，对人体造成更严重的伤害。美国公民自由协会（ACLU）及各路活动家和社区团体纷纷表示强烈抗议，广大民众更是对此愤慨不已。

恰逢此时，一名警察不幸被空心弹击中身亡。数百名警察因而集结在市政厅表达诉求：他们不想死在使用空心弹的犯罪分子枪下。此事逐渐演变成一场旷日持久的激烈争论，参与各方纷纷阐述自身立场。支持者提出了各种理由来说明使用空心弹的必要性，反对者亦不甘示弱地举证反驳，争论过程之激烈，丝毫不逊色于法庭上的唇枪舌剑。

双方都请来专家为自己站台，并且随着争论愈演愈烈，双方达成和解的希望越发渺茫。人们普遍认为，整个社区的法律和秩序体系濒临瓦解。就连市议会成员及其他相关决策者也似乎觉得，传统的对抗性解决方法已经失效，双方已走进一个十分危险的死胡同。

当时的情况是，立法者咨询了弹道专家的意见，请他们告知哪种子弹是"最好"的。但这是一个无法纯粹依据技术指标界定的标准，因为这个问题本身就已经超出专家们的专业知识范畴。在解决技术性"疑难杂症"时，专业知识固然具有参考价值，但这是涉及价值判断的问题，牵涉了对各方安全利益的考量。在价值判断上，弹道专家的权威性并未显著强于普通人。

与此同时，立法者对子弹的技术特征和现有的各种子弹类型并不

---

① 达姆弹指弹头尖端去掉被甲，裸露铅心的枪弹。它击中目标后，铅心从被甲内喷出，具有类似爆炸的致伤效果，杀伤力很强。——译者注

了解，他们在一知半解的情况下做出的支持或反对使用空心弹的决定根本就不能服众。由于对明智决策所需的客观事实缺乏认识，其观点几乎全部来源于主观的价值判断。所以，将事实与价值混为一谈便成为导致民事政府机构的常用决策方法失效的关键因素之一。

激烈的争论仍在继续，结果却遥遥无期，法律和秩序也在日益崩解。面对市政厅外聚集的数百名怒火中烧的警察，你能找谁来打破僵持，帮助双方达成一种切实可行的解决方案？市议会最终选择了与科罗拉多大学心理学教授肯尼斯·哈蒙德（Kenneth Hammond）组建的专家团队合作。

哈蒙德带领团队深入分析问题后发现，子弹的特定属性显然是这场争论的重点。他们成功区分出两大核心因素：一是子弹对被命中者造成的伤害，主要是指被击中者在两周内死亡的风险大小；二是子弹的阻击效果，即被子弹击中的人予以还击的可能性高低。此前的争论通常将它们混为一谈，但二者的影响力完全不同。此外，子弹对路人的潜在威胁，即子弹反弹后击中路人的风险高低，也是一个不可忽视的标准。虽然对这些因素进行区分可能显得有些冷酷无情，但这一步是极为关键的，因为如果我们想要通过对话让矛盾双方在十分棘手的话题上达成共识，那么每笔账都要拎出来算清楚。市面上的每种子弹都有着独特的技术特征，包括重量、出膛速度及击中目标时的动能损耗等，它们都会不同程度地影响子弹的杀伤力、阻击效果和对路人的威胁程度。因此，不同的子弹在这三点上的效果各不相同。所有这些都是弹道学专家基于事实可以判断的东西。除此之外，我们还需要明确价值考量，即所有利益相关者关于上述三点的诉求是什么。

鉴于此，在沸沸扬扬的争议声中，哈蒙德团队召集了市议会成员、警界团体、游说组织和随机抽取的普通民众，请他们坐到电脑控制台前，观看电脑模拟的每种子弹在阻击效果、杀伤力及对路人的威胁方面的表现，然后给每种子弹的可接受度评分。随后，研究人员向评分者展示了评分结果曲线。数据显示，子弹造成的伤害程度越高，以及对路人的威胁越大，其可接受度就越低，而阻击效果的提升却能提高可接受度。科研团队从每位参与者那里获悉了前述价值观的权重，这是一种有组织的方法，可以用来衡量价值观的重要程度，其中还包括参与者对人身伤害等关键问题的重要情绪反应。

完成这些研究后，团队还特别邀请弹道学专家全面分析了市面上所有类型子弹的基本技术特征：出膛初速，进入人体后的动能损耗，造成的伤口类型、大小和形状及子弹穿入人体的深度等，并在此基础上系统评估每种子弹的杀伤力、阻击效果及对路人可能造成的威胁程度等。

这时候，专家们此前从未考虑过的一种子弹——空尖弹——冒了出来，它与之前备选的子弹均有区别。经过细致分析，弹道学专家们发现，它比之前讨论的任何一款子弹都更符合各个社会群体预设的可接受度标准。它不仅具备了出色的阻击效果，为警员提供了更强的安全保障，而且杀伤力和对路人的潜在威胁也比较低。

在各方看来，这个筛选流程确实做到了不偏不倚，既未偏向于警方立场，也未偏袒反对警方使用达姆弹的社会团体。他们一致认为，警方应使用各方协商后选定的空尖弹。

实际上，自那之后这款子弹一直使用了多年，并未再引起争议。双方调停成功的关键之处在于，事实与价值观的区分，使得最有资格的人能做出相应的判断。从某种意义上说，这个决策过程同样采用了双盲法：负责评估子弹特性的弹道学专家并不了解各社会团体对相关因素权重的看法，因而无法预知哪种子弹会被选中；同样，坐在电脑控制台前给出权重评分的人，也无从知晓专家对各种子弹的具体评估结论。无论你最初是支持警方还是当地的社会团体，在不知道个人判断会产生什么后果的情况下，个人的立场也就变得不重要了。该流程还有另一个优点：整个推理过程是非常清晰透明的，完全经得起复审和更细致的评估。

为何这个方法未能频繁应用

显然，许多争议性政策都可以应用此法，其一大优势在于，它有助于应对前文讨论的"身份归属标识"问题，即你的表态（比如支持或反对枪支管控）往往都是在你身为某个特定社会群体成员的前提下做出的。因此，当你直接询问某人关于枪支持有问题的看法时，他给出的答案大概率会符合特定社群的态度倾向。但如果你换个问法，比如"关于受枪支政策影响的各类因素，它们在你心中的权重各是多少"，或许就能得到截然不同的回答。你更有希望通过第二个问法获得能反映个人真实想法的答案，而非基于受询人群体身份的"标准答案"。当然，这种方法也有不能发挥作用的时候。比如在某些争议中，各方的价值存在根本性对立，即便邀请专家对事实进行梳理（将其与价值观剥离），也很难取得可接受度方面的共识。比如在某个地区，若两种备选官方语言的使用人数各占一半，那么仅凭事实来决策是很难达成共识的。

在研究毒品政策的社会影响时，罗伯特也在区分事实与价值观考量方面遇到了困难。例如，他曾同经济学家彼得·路透和汤姆·谢林合著过一篇论文，将毒品的相关危害进行了详细的分类，从吸毒过量死亡、吸毒引发的交通事故到毒贩之间的暴力行为等。[2] 几位作者将每种危害的来源分成了两类：由毒品自身造成的危害，以及主要由毒品政策导致的危害。3位作者（略显天真地）认为，这种两分法将促使毒品合法派和禁毒派在辩论各自立场的优势时，能更有效地开展理性交流。他们原本以为文章中的观点会遭到禁毒派的严厉驳斥，但始料未及的是大多数批评反而来自合法派。（可能是因为禁毒派从没认真读过这篇论文！）

这个案例或许反映了罗伯特个人的认知局限，但我们认为它也揭示了一项事实，即在公共辩论中，明确区分事实和价值观是非常重要的。如前所述，在做重大政策决定时，专家们也未必全盘了解各种因素的重要性及其影响大小。所以，每个人都有发言权，都可以提出自己的见解。

诚然，要确定这个决策方法所需的全部核心因素并非易事，但丹佛子弹研究仍然给我们提供了一项重要启示：即使存在激烈的争论，人们也能接受反思性决策方法，使得我们的推理变得冷静且清晰，进而促使各方参与决策的审查和讨论。

扭曲了事实性主张和方法论的价值观

即便影响政治决策过程的主要因素已经确凿无疑，也还存在另一个阻碍人们采用事实和价值观区分决策法的问题。到了20世纪后半叶，我们逐渐发现，不同的文化、目标和社会不平等现象显著影响了人们的行为和信仰，科学界亦不能幸免（如第13章所述）。事实构成了共同客观现实的基础，人类决策的有效性又高度依赖于客观现实，然而事实性主张及其方法论基础（被我们称为"事实故事"）却极易受社会力量的改造与扭曲。对某些人来说，在商议政策的过程中将事实从价值观中分离出来，此举简直难以想象。

这是一个不容轻视的问题。我们无须过分担心价值观会扭曲物理学研究得出的事实故事，比如力等于质量乘以加速度等物理法则。然而在众多社会科学的研究结论方面，情况变得扑朔迷离。爱丽斯·伊格莉（Alice Eagly）和琳达·卡莉（Linda Carli）于1981年开展的一项研究就是社会科学事实故事遭到扭曲的一个典型例子，这也是我们十分担心的地方。为了研究男女在遵从他人观点方面的性别差异，两人分析了148项已发表的实验汇总数据。结果表明，女性总体上要比男性更容易受他人影响（鉴于大部分研究都是在20世纪70年代或更早之前完成，其结论是否适用于当前社会仍有待考证）。然而，在她们根据此类研究的第一作者的性别对研究数据进行细分后发现，女性主导的研究中并未出现"性别从众效应"。

女性（至少在1981年之前）比男性更加循规蹈矩，这是否属实？或许是，但如果这是事实的话，为何只有男性观察者记录到了？是否男性研究者都倾向于采用凸显女性从众性的研究项目或测量方法，或女性研究者都倾向于选择可以淡化女性从众性的研究项目或测量方法？我们无从得知，但伊格莉和卡莉的分析表明，男性和女性研究人员对性别的看法可能会影响研究结果。伊格莉和卡莉相信迷雾之下必有真相。因此，她们对"实验定义和实验测试的选择如何受到文化/性别影响"这个问题非常感兴趣，然而1981年的调查显示，这些关于从众性的实验在主张和方法论上显然存在问题。

有人认为，从理论上讲，"价值观扭曲事实故事"这个问题会对"区分事实与价值观"的理念造成冲击，但我们不同意此观点。如本书前述章节探讨的诸多概念一样，区分基于事实的讨论和基于价值观、目标与情感的讨论，具有十分重要的现实意义。即使这种区分所依据的定义和分类标准可能存疑，但为实现这一目标而付出努力也能带来不菲的收获，因为它能迫使各相关方分别对现实制约决策的各种方式进行审视。

价值观与冲突

人们拥有什么样的价值观？我们能否以系统的方式描述每个人（不管他们是什么人）最看重什么，进而在实际决策中利用这些信息？一个可行之法是直接询问人们重视什么，以及重视程度如何。诚然，人们可以口头说一套，然后在实践过程中采用另一套价值观，然而这并不意味着直接询问是没有意义的。

价值观是否总是相互冲突？事实并非如此。即便存在冲突，冲突的严重程度也有大有小。在社会科学领域，价值观冲突的主要研究框架是由谢洛姆·施瓦茨（Shalom Schwartz）创建的。[3] 他调查了来自20个不同国家的人，请他们对56种不同的价值观作为"人生指导原则"的重要性进行评价。统计模型显示，权力地位、成就、享乐、精彩刺激、独立自主、博爱、友善、老实听话/保守和安全等核心价值观之间存在三种关系：紧密结合（重视其中一个价值观的人，可能也会重视其他价值观）、相互冲突（重视其中一个价值观的人，可能不会重视其他价值观）、毫不相干且互不影响。也就是说，对大多数人而言，如果一项决策涉及多种价值观，那么其中某些价值观（如享乐与保守）将难以共存，因为它们往往是相互矛盾的。然而，其他价值观（如权力地位与成就）

却能够相辅相成，不会造成政策决策的对立。施瓦茨描绘的价值观地图在国际上引发了大量的相关研究，它们从不同角度探讨了现实世界中的群体间冲突，比如移民、气候变化及全球多个地区的种族冲突等。

根据菲利普·泰洛克的价值多元主义模型[4]，价值观冲突（例如经济效率和平等之间的取舍）往往会引发心理层面的厌恶感。人们会采取不同策略应对这些令人不适的取舍，比如否决，即选择性忽略相互冲突的价值观中的一种。面对观点不明或意见不一的受众，他们可能会选择推诿责任（让别人做决定）或采用"拖字诀"；面对观点相同且立场明确的受众，他们可能会拿出相反的态度，说一些迎合受众的话，并习惯性地抹黑那些（往往不在场的）反对者。

然而，能减轻价值观权衡痛苦的可行之法并非不存在。克劳德·斯蒂尔（Claude Steele）认为，"态度"所具有的自我防御和价值表达功能均源自心理层面的自我肯定机制，该机制旨在让我们能积极地看待自己，即认为自己是具备优秀道德品质、通情达理、独立自主且能力出众的人。[5] 如果我们接触到的信息动摇了这种积极的自我认知，我们往往会倾向于利用反对、否认、自我合理化辩解或其他方式来拒绝它们。截至目前，斯蒂尔的观点与前文讨论的价值观权衡及决策者的态度函数在本质上是一致的。值得关注的是，斯蒂尔从这些观点中成功提炼出了一个启示和一套处理价值观冲突的建设性方法。在斯蒂尔看来，由于挑战自身现有信念的信息存在威胁性，那么给人们提供肯定自身价值观的机会就能增强人们的心理韧性，继而更好地防御此类威胁。斯蒂尔及其团队通过多项实验证明，如果人们在面对新证据时，先获得机会公开肯定自身的核心价值观（例如，填写一份价值观清单问卷），降低誓死捍卫自身价值观的需要，他们就更愿意考虑接纳这些新证据，甚至改变原有立场。此外，许多研究人员已经在学校等现实环境中尝试实行这种自我肯定计划。他们发现，定期的自我肯定能有效提升学生吸收新信息的意愿，进而提高学习成绩。[6]

超越"身份归属标识"的共同价值观

这些视角和要素论及了人类与价值观的关系及其起源，也促使我们开始探讨一个更宏观的问题：我们如何能在拥有不同文化背景和群体身份的情况下，在价值观方面达成集体共识和进步？譬如，几个世纪以来，人们成功地说服彼此接受了一些至关重要的共同价值观。如今，对于奴隶制、强奸或故意羞辱弱势群体等行为，其善恶属性似乎已无人再去辩驳。这表明我们确实有办法达成共同的价值观。

那么，我们是如何对价值观问题进行推理的？我们在前文中论述了"木筏"这个隐喻在科学论证中发挥的作用，它同样能在描述人们关于价值观的思辨上提供一定帮助。事实上，孩子在很小的时候便开始探索价值观了，这个思辨的过程通常发生在与父母的日常交流中：

孩子说："婷安把钢笔借给我了，我觉得我不应该还给她，如果还给她，我就没有钢笔可用了，那我为什么还要还给她？"

父母问："所以你觉得人们不应该归还借来的东西？"

孩子说："嗯，或许一般情况下应该归还，但我的情况不一样。"

父母问："有什么不一样？"

孩子说："因为婷安年纪比我小。"

父母问："但如果人们不用归还从年纪比自己小的人那里借

来的东西，那詹姆斯从你这里借走的陀螺应该也不用还了。"

这个论证过程从对特定情况下什么是合理的行为（你把钢笔还给婷安，詹姆斯把陀螺还给你）的判断，上升到了对普遍行为准则的提炼（人们应该归还借来的物品）。我们的决策通常属于在特殊情况下做出的判断，但我们同样期望能利用特殊情况中体现的普遍性原则来验证这些判断的正误。若基本原则看似并没有给我们造成麻烦，我们便不会放在心上；若基本原则与我们的行事原则产生了冲突，比如你发现自己认为人们无须归还从更年轻的人那里借来的物品，那么你有两个选择：一是撤回你对特定情况的行为判断（认为扣留婷安的钢笔是错误的），二是重构基本原则，直到你找到一条能支持你的特定判断的基本原则为止。需要做出价值观的判断时，我们通常会在特殊情况的判断与基本原则的判断之间反复权衡，直至达到平衡状态，即待我们对特定情境中的行为及其体现的基本原则都感到满意后，才会采取行动。这就是"反思平衡"的核心要义。[7]

成年人也会进行类似的价值观交流，但不同于亲子交流的"教与学"模式，这是一个相互学习的过程（至少成年人知道要考虑他人的利益）。所以人类不仅能相互学习，还能实现跨文化的交流互鉴。例如，如果有人无法理解奴隶制或欺凌弱小为什么是错的，那么教育他们的一个方法就是拿出一个具有代表性的鲜活案例，让他们看到这些行为的错处。然后，再从个例出发进行逆向推理，看看背后的基本原则是什么，比如人类无权占有、残害或暴力对待他人，强权不等同于公理，等等。确立基本原则后，我们便可以审视其自身观念的合理性，或进一步分析更多相关案例，并根据我们确定的基本原则对其进行判断。

在价值观的判断方面，木筏的比喻同样适用。我们无须从零开始构建价值观的判断体系，也无须从头论证现存价值观的合理性。相反，我们可以从社会现存的价值观构成的"木筏"出发，依托常识辨别哪些行为是可取的、哪些是不可取的。面对这些由价值观判断组成的合集，我们可以逐一挑选出一部分，然后判断其是否正确。对于基本原则，我们要评估它在特定案例中产生的判断是否恰当；对于特定案例的判断，我们则需识别并检验其背后的基本原则是否合理。因此，价值观的反复审议也发挥着重要作用，正如我们在确定某项事实时，对不同来源的证据和专业知识进行审慎的反复权衡一样。

实际上，这些讨论和最新研究成果都提供了完善审议过程中价值观判断的方法：

- 首先，在讨论过程中，你和交谈的对方都会反复进行"反思平衡"，因为讨论将会在特定情况（涉及参与者的情绪反应）和可能阐释这些情绪反应的基本原则之间来回切换。
- 在讨论伊始，应为参与各方提供机会，让他们可以公开阐述自己看重的价值观。
- 当你与价值观不同的对手进行辩论，并且彼此的价值观看似相互冲突时，你需要认识到，你们可能都认同这些价值观，只不过在其重要性和优先级上的看法有所不同。因此，双方可以尽量以创造性的方法来探讨这些价值观问题。

多方协商的价值

哲学家彼得·斯特劳森（Peter Strawson）曾写道：

有传闻称，18世纪末的一位苏格兰法官在被问及他是如何做出判决时，曾这样回答："我会先详尽阅读所有诉状，然后让它们在我的脑海中（和托迪酒混在一起）待上两三天后，再给出自己的判断。"然而，这或许表明他并不是一个很好的法官。[8]

用上述文字来描述大多数人进行全民投票时的状态也十分贴切：先详细阅读关于某项政策的所有信息，琢磨数日后就直接投票。本章关于事实和价值观的讨论或许能令我们清醒地认识到这种方法的诸多弊端：我们不清楚做出政策决定需要哪些要素，不知道如何有效评估政策，也不懂如何与不同意我方底线决策的人进行理性讨论。

在本章开篇，我们曾为群体提供了一个看似颇为实用的流程，帮助他们在事实与价值观混淆不清的情况下做出政策决定。相比任凭相互冲突的观点在脑海中胡乱掐架，此举无疑更科学。可惜的是，丹佛子弹研究的实例依然不能被视为区分事实与价值观并将两者合理纳入决策过程的理想模式。这个案例采用的代数和算法程序并未囊括我们在权衡事实和价值观时期望看到的若干原则性要素。比如，对于专家提供的事实性数据或公民提供的价值权重分数，我们不应该只取其平均数，而应对其进行迭代式审议，或许可以在讨论前先采用斯蒂尔提出的自我肯定策略。这种动态的协商审议机制将是下一章的讨论主题。

第 17 章
多方审议面临的挑战

在本章的开篇,我们郑重提出一个令人震惊的命题,以及一项需要深思熟虑的挑战:我们这一代人或许有幸能成为人类历史上首批致力于构建一个长期可持续、人人皆可蓬勃发展的世界的先驱者。这个命题的真实性当然有待商榷,甚至不太可能实现,然而哪怕只有一丝希望,也足以令我们振奋不已。这个命题到底是什么意思呢?首先,如本书第 10 章所述,只有我们这几代人(目前尚存于世的众人)亲眼见证了全球为养活日益增长的人口而付出的巨大努力及取得的瞩目成就:自 1960 年以来,尽管全球人口数量激增了 2.5 倍,但生活在极端贫困中的人口比例已经从超过半数锐减至不足 1/10。同一时期,全球识字率也实现了大幅提升,从不足半数攀升至如今的 87%。此外,我们首次见证了人口增速的放缓,甚至在诸多国家(包括长期占据世界人口榜首的国家),人口数量开始负增长。因此,让每个人都过上富足而美好的生活,直到现在才成为一个有可能实现的合理愿景,因为我们生活的世界并没有遵循马尔萨斯的人口理论(资源的增加赶不上人口数量的增长,所以人类将不可避免地走向贫穷)。

新冠大流行固然令人胆寒,但也证明了人类有能力凭借日新月异的生物学知识迅速研发出可用的疫苗。要做到自信且及时地应对未来的每一次潜在威胁，虽然仍有一段很漫长的路要走，但我们已经在朝着正确的方向进发。

从更宏观的全球视角来看，我们也是首批有能力且有意愿主动改变全球环境的人类。诚然，过去的工业化进程已经引发全球变暖这一严峻问题，但拥有影响环境的能力也昭示着"人定可以胜天"，我们不再需要被动地承受地球环境的变化。地球的大冰期（或干旱时期）塑造了人类的历史，更影响了全球各个民族的兴衰。虽然人类尚未掌握安全有效的方法来管理气候，以及稳定极端的气候波动，但我们有史以来第一次拥有了可以考虑使用（和发明）的工具和手段，它们将有望在下一次威胁人类存亡的冰期到来时发挥重要作用。

每隔2 600万年左右，就会有一颗大彗星或小行星与地球相撞，导致地球上大多数物种走向灭绝，但人类显然有望成为首个有能力防范下一次大灭绝的物种。我们搭建了先进的望远镜，可在彗星或小行星逼近地球前探测到它们的存在。此外，我们还曾尝试发射航天器来推动遥远的小行星脱离原本的轨道，避免它们与地球"硬碰硬"。

总而言之，尽管我们还不清楚如何实现这些伟大的愿景，但我们深知，当下活着的几代人都生活在一个充满希望的时代，有机会共同构建一个繁荣昌盛（人类的延续能力或许将仅次于微生物）的世界。我们设想，在你严肃思考这个有些异想天开的命题时，或许会跟我们一样又惊又疑："没错，但这可能吗……也许吧，然而……"诚然，充分秉持科学乐观主义赋予的坚持不懈的精神固然值得称赞，但现实世界并不是能让梦想轻易成真的天堂。我们甚至尚不能充分利用现有的知识，更遑说我们已经为实现这些宏伟愿景做好了充分的准备。

这又回到了本章开篇提到的"深思熟虑的挑战"。可以说，从人类当前的处境来看，要实现这个目标，我们得掌握一种至关重要的工具，即一种建设性的、大规模集体思考的方法，这也是人类当前尚未掌握的技能。只有齐心协力、共同思考，我们才有望实现看似不可能完成的惊人创举。如果我们是一盘散沙，就很容易停滞不前，甚至造成灾难性的后果。人类面临的共同挑战（或许是当前时代最艰巨的挑战）就是努力发明一套工具，促使人们富有成效地共同思考，并借此取得实质性成果。如果我们能够在第三个千年之始就着眼于解决这项挑战，并成功地开发出这样一套思维工具，就有可能为全球的繁荣与昌盛奠定坚实的基础。

人类最擅长的一项能力便是：在发现问题之后，能汇聚群体智慧创造诸多方法来解决问题。同理，在培养富有成效的集体思维方面，我们已经初步有了一些头绪。正如我们已经认识到人类的工业发展对全球气候造成了不容忽视的影响（有好有坏），我们也应意识到大规模信息技术对集体思维的影响可能波及全国乃至全球。

例如，在过去的10年里，信息技术的发展显然导致了信息传播范围局限性的加剧，形成了所谓的"信息茧房"，即人们往往只能接收到有利于自身观点的信息。这无疑加剧了人们的证真偏差，继而导致党派的两极分化日趋严重，使全球许多国家的众多问题难以取得实质性进展。然而，既然人们有能力创造出两极分化的思想群体，也应该有能力构建更高效的集体思考环境。要实现这个目标，我们只需要弄清楚如何以更合理、科学的方式利用信息技术。

本书的前述章节探讨了科学思考的若干方法、技巧和思维习惯，它们不仅能提升个人效率，还能提高集体思维的成效。聚焦于"如何在数字化世界中开发高效集体思维工具"这项艰巨的挑战时，我们将再次意识到，这些思维工具既适用于宏观层面的伟大愿景，也适用于微观层面的各种小目标。我们创造的每种思维方法，既有助于构建繁荣发展的全球社会，也能用来推动城市、企业、非营利组织，乃至家庭和友谊关系的蓬勃发展。

多方商议的思维技术

要应对这个艰巨的挑战，就要仔细分析已经获得成功的高效集体思维案例。尽管单个案例可能无法满足我们的全部需求，但它必能提供可借鉴的宝贵经验。在第 16 章中，我们深入探讨了区分事实与价值观不同权重的方法，它在丹佛子弹研究这个具体情境中极具价值。然而，我们尚不能明确这个案例是否涵盖了高效集体思维所需的全部要素，因而也无法知道它们是不是第三个千年思维工具箱中不可或缺的重要部分。因此，让我们进一步探讨一种可以发挥更大作用的技术，它被称为"商议式民意调查"，是我们已知的、最具启发性和变革性的集体思维工具之一。

丹佛子弹研究这个案例凸显了在争议性讨论中引入事实的难度，主要是因为参与讨论的各方有着不同的价值观和优先考量的事项，在这种情况下，恐惧、欲望、野心和目标往往会驱使人们支持不同的观点。不可否认，这就是当前政治环境的现状，即人们时常感觉难以与对方有效沟通，位于政治光谱两端的人往往固守着截然相反的观点，这就导致每次选举后，近半国民都有被政治体系排除在外的感觉。待下次选举后，风水轮流转，同样的感受又转移到另一半人身上。这显然不是理想的治国之道。在做出决策、制订计划和确定政策时，我们必须找到一种方法，让人们将各自的不同利益、目标和愿望与他们在解决相关问题时所需的专业知识结合起来，而这就是商议式民调致力于实现的目标。

商议式民调的概念创立于 20 世纪 80 年代末，由时任得克萨斯大学教授的吉姆·菲什金（Jim Fishkin）提出，他后又跳槽到斯坦福大学担任商议民主实验室负责人。谈及商议式民调的起源，菲什金表示，它源自对常规民调方式的反思。以某家民调机构或媒体机构（如《纽约时报》）为例，其通常做法是随机采访 1 000 名美国民众，询问他们对"美国是否应签署跨太平洋贸易协定"有何看法等类似的问题。然而，大多数受访者的第一反应可能是"嗯，我不知道"。然而，即便对此一无所知，他们依然可以出乎意料地基于个人猜测给出明确的支持或反对意见，如"嗯……是的（或不是）"。[1] 基于这随机访问的结果，《纽约时报》次日就会发布头条新闻称"美国民众赞成和反对贸易协定的比例达到了 2∶1"。对《纽约时报》开展这项民意调查的方式稍加思考，你便会发现这个结论没有任何参考价值。因为受访者对这个话题知之甚少，所以他们只是在提供"自认为应该给出的答案"。

我们真正想要了解的是，在美国公民对某个议题有所了解的情况下，从中选取的公民代表有何想法。在理想的情况下，民调探寻的是这些公民代表在了解了相关信息，并仔细权衡不同选项及其潜在影响后的想法。菲什金不禁自问：为何我们不尝试这个做法呢？我们为何不将美国公民代表召集到一个会议中心并设立一套决策机制，让他们在考虑问题的同时，通过讨论和商议从专家和其他参与会议的公民处获得更多信息，从而丰富自己对议题的理解呢？

基于这个理念，菲什金带领团队制定出了一套科学的商议程序：他们随机选取几百名公民，将他们召集到一起，共同参与为期 3 天的讨论，围绕社会福利改革等具体政策议题展开商议。在商议开始前，研究团队会进行一个商议前的民调，以了解参与者对核心议题的认识和看法。以福利改革为例，研究团队会先行询问每位参与者在福利改革问题上的政治倾向，以及对基础经济理论的了解程度等多方面的信息。采集初步意见后，研究团队会将参与者分成若干小组（每组十几人），并为每个小组配备一名专业主持人。接下来，各小组会以阅读（或观看视频）的方式来了解团队事先精心准备的介绍材料，并以此为基础展开讨论。这些材料旨在为小组成员介绍拟议的政策，阐明各方一致认同或存在争议的事实和价值观，提供支持或反对各方立场的论据，以及对拟议政策的赞成和反对意见，等等，所有这些材料均来自该政策问题所涉领域的专家。为了最大限度地保障讨论效果，商议过程是开放的，但也需要遵守一定的规则：各小组的主持人不得擅自添加讨论内容，只需确保每位参与讨论的人都有机会发表意见，或在必要时为小组成员指出介绍材料提供的相关信息。主持人还需要确保商议过程中不进行任何投票。与电影中常见的陪审团投票审判的形式完全不同，除了应该向专家咨询的问题，商议小组在讨论过程中不允许对其他议题进行投票表决。

随着讨论的推进，每个小组最终都会遇到成员们无法得出正确答案的情况。这时候，各小组就要将还未得到解答的全部问题进行汇总，如实施某项政策可能会出现什么情况、如何规避意外的后果，以及如何积极推动预期结果的实现等，然后提交给一个由各未决议题所涉领域的专家组成的团队。

这些专家也代表着不同的立场，因此必然存在意见分歧，但他们都具备与议题相关的各领域的专业知识。专家的主要职责是解答问题，他们不能对参与者说教或试图影响其观点。待就之前未解决的问题询问过专家后，各小组便可根据获得的新信息继续开展组内商议。这时候，一位参与者可能会引用某位专家的观点，其他成员则会结合其他专家的观点进行反驳。经过数轮唇枪舌剑，商议小组通常会产生一种模糊的共识，即哪位专家在某一特定主题上具备更深厚的知识。在理想的情况下，小组成员还能确定哪位专家更具慧眼，即能更准确地看出他们不知晓答案的事实，或他们对某个问题答案的置信度较低（用第5章的话来说，即哪位专家拥有更优秀的校准能力）。随着讨论的持续深入，商议小组会提出更多问题，并再次向专家组寻求解答。在漫长的两三天里，他们会多次重复这个迭代流程。需要注意的是，与每个人都必须做出选择以达成一致意见的陪审团不同，小组商议的目标并不是达成共识。然而，在商议结束时，小组成员往往会因获得了新信息和观点而改变立场。通过在商议前后开展民调，菲什金及其团队跟踪和量化了参与者前后的意见变化。他们发现，参与者之所以转变观点，不是因为哪位专家极具个人魅力、能说会道或在商议小组中的地位最高，而是因为他们获得了相关议题的新信息。

完成商议后，参与者通常表示，他们本是怀抱着既定观点参加讨论的，后来却发现自己错了。小组的其他成员还会分享亲朋好友身上出现的类似情况，这些鲜活的个人案例令其他人意识到，自己在解决问题时需要考虑不同的观点。又或者，小组成员在听取专家意见后发现，他们可能遗漏了一些事实，而它们恰恰是整个事实故事的重要内容。

放下"事不关己"和"身份归属标识"的立场

面对阻碍民主进程的事不关己或漠不关心的态度，商议式民调或许也是一剂良药。在菲什金及其团队组织的商议式民调实验中，参与者普遍展现出高度认真和积极投入的态度。菲什金及其团队发现，随机抽取的参与者群体有时能表现出极高的参与率——超过95%的参与者都能顺利完成商议过程。更重要的是，他们还发现，在商议开始前，被选中参与讨论的人会主动阅读更多新闻媒体的相关报道。比如，那些从来不看报的人竟然开始每天看3份报纸，还有些人更是把受邀参加商议视为一项履行自身职责的严肃任务。

在这种讨论形势下，本书第12章讨论的"身份归属标识"现象似乎也有所减弱。在商议式民主讨论的过程中，参与者会逐渐对共同参与商议的成员产生认同感，继而将"坚定的自由主义者"或"经济保守派"等原本的个人身份抛到一旁。当人们在这种情况下进行商议时，原本的归属标识就不会成为话题的主导因素。

菲什金的商议式民调研究结果给我们带来了更乐观的展望，即从美国公众中随机抽取一组"陪审团"，让他们在掌握专业知识的基础上，共同致力于解决一个社会问题，而非仅仅依赖于投票选出的政党代表，这或许能带来令人喜出望外的好结果。因为选举产生的政党代表在履行职责时，往往面临巨大的压力，即需要迎合与其意识形态最相符的群体的诉求，而非真正代表其所属地区或州（更遑论全国）的民众的利益。

我们能否想到办法，在更大范围内重现商议式民调讨论的积极效果？比如，利用更大规模的线上小组视频会议能否取得同样的效果？又或者，建立一个由慈善基金会组成的联盟，每年定期举办全国性的面对面商议式讨论，然后斥巨资宣传，将参与者在特定话题上转变了观点的原因和方式广而告之，以此激发全国范围内对这一主题的思考和讨论？这种大规模的商议式讨论运动，不仅能帮助公众提升公正理解事实、将事实纳入考虑范围及寻找各方都能接受的折中方案的能力，还能激励公众充分倾听和理解他人的观点，而这也可以让选民和立法者变得更有见识，继而做出更明智的决策。

情景规划

商议式民调之所以令人振奋，是因为它能够整合专业知识和随机抽样人群的合法性（即得到关注的权利），确保随机抽取的参与者人数规模大到足以充分代表所有利益相关者的价值观和情感。然而，当规划决策过程中还存在更多未知因素，人们掌握的专业知识仍然十分有限，并且不可预测的未来或将改变我们的决策时，又该如何应对呢？答案就是情景规划法，它为这个问题的解决提供了有力支撑。

情景规划最早由赫尔曼·卡恩（Herman Kahn）在 20 世纪 60 年代提出，他一开始供职于兰德公司，后入职哈德逊研究所（卡恩的思想还为彼得·塞勒斯在斯坦利·库布里克于 1964 年执导的讽刺影片《奇爱博士》中塑造的主角形象提供了重要的灵感）。此外，斯坦福研究所与荷兰皇家壳牌集团也是构建情景规划法的重要"元老"，特别是在彼得·施瓦茨（Peter Schwartz）担任壳牌集团规划部门负责人期间，情景规划法得到了极大的发展与完善。施瓦茨在《前瞻的艺术》（*The Art of the Long View*）一书中描述了情景规划在商业领域中的进一步运用，并最终成功将其推广至各行各业，上至"无比崇高"的人类福祉，如规划南非种族隔离制度结束后的社会重建，下至以"荒诞离奇"为基调的文化产业，如为科幻电影《少数派报告》构建未来世界等。

情景规划的基本概念是：构建一系列可能发生的未来情景，以测试和评估各项决策在这些情境中的适用性。[2] 情景规划的参与者应首先确立好一项待定的重要决策（虽然情景规划也可以在没有待定决策的情况下进行，但聚焦于一项具体决策，能使规划过程更具体且富有实用性）。例如，一家企业需要判断员工队伍结构在未来几十年的调整方向，或者从个人角度看，一个大学生需要决定攻读什么专业或接受什么培训。

然后，情景规划的参与者需识别与待决策事项紧密相关的、直接存在于当地环境中的"关键力量"，以及存在于更大的宏观环境中的"推动力量"。由于当地环境和宏观环境中存在的潜在力量没有数量限制，参与者应尽量筛选出最有可能决定决策最终成败的因素。以上述劳动力结构调整/大学生专业培训决策为例，推动力量可能包括：

- 优质教育（是免费的全民教育，还是昂贵的精英教育）；
- 经济（增长或是停滞、萧条）；
- 财富和权力的分配（高度集中，还是更平均的分配）；
- 年龄分布（人口是否会继续向老龄化方向发展）；
- 人工智能和机器人（它们将如何发挥比现在更重要的作用）；
- 未来可能出现的流行病（以及我们的应对能力）；
- 工作与生活平衡方面可能出现的文化转变；
- 全球化程度（相互依存/低冲突与孤立主义/高冲突）；
- 能源成本（变得微不足道，或是变得更加昂贵）。

接下来，参与者需依据重要性及不确定性，对每种力量进行排序。具有较高不确定性的推动力量更值得考虑，因为"不可能"或

"一定会出现"的推动力量，在你即将规划的所有情景中（下个操作步骤）必然都是一样的，因此无须考虑。例如，未来能源成本的不确定性很可能高于人口结构向老龄化转变的不确定性。因此，相较于人口结构的变化，我们应该花更多时间研究能源因素，因为在未来所有情景中，人口老龄化是一定会发生的。

尽管不同的推动力量所对应的相关数据可能各不相同，任由数据的易获得性去影响排序的内容与方式显然是错误的做法，因为这个排序的目标与划分一阶和二阶因果因素的目标是截然不同的。划分因果因素的目标是了解现实状况，所以数据能在各类因素的排序中发挥巨大的作用，然而推动力量排序的目标则是考量未来可能出现的种种情景，包括那些不太可能发生的情况。正是得益于其广泛的考察范围，情景规划才能发挥预测作用，即使它探索的特定范围并未覆盖所有潜在的未来走向。

随后，参与者需要选择并设计数个未来情景。正如创作小说或剧本那样，情景规划的参与者虽然可以自由决定情景的数量或复杂程度，但适度的数量（通常不超过 4 个）有利于取得最佳效果。这 4 种情景通常依据两大推动力量进行构建，每一种推动力量又进一步按照其未来可能的发展方向（如"财富实现平均分配"与"财富高度集中"）被一分为二。因此，两大推动力量及其细分后的两大未来走向共同构成了一个 2×2 矩阵，一共包含 4 个单元格，每个单元格分别代表了对决策成败具有显著影响的不同可能性。我们强烈建议参与者给每种假设情景起一个朗朗上口、富有深意且容易记住的名称，以便于在后续的决策商议中使用。随后，参与者可以将它们转化为简短的叙述，类似于事件发生后的新闻报道（虚构的），每段叙述都应阐明情景的成因及发展脉络（即便它不太可能发生）。

例如，在企业劳动力结构和大学生的培训决策中，如果我们选择了"财富高度集中"和"更高效的人工智能和机器人技术"作为两大关键推动力量，情景规划的矩阵就如图17-1所示。

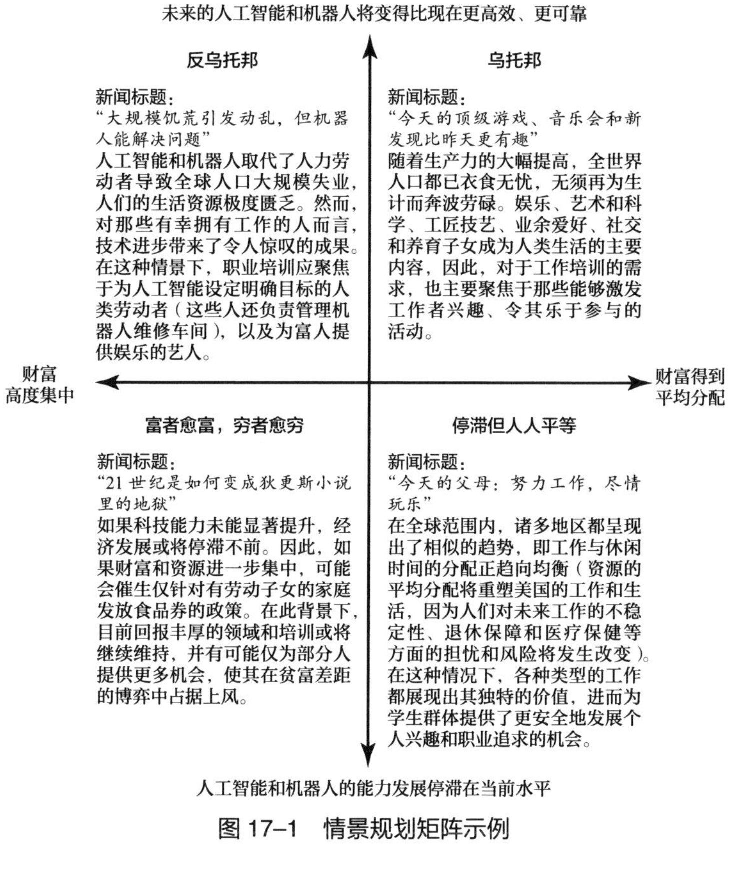

未来的人工智能和机器人将变得比现在更高效、更可靠

反乌托邦

新闻标题：
"大规模饥荒引发动乱，但机器人能解决问题"
人工智能和机器人取代了人力劳动者而导致全球人口大规模失业，人们的生活资源极度匮乏。然而，对那些有幸拥有工作的人而言，技术进步带来了令人惊叹的成果。在这种情景下，职业培训应聚焦于为人工智能设定明确目标的人类劳动者（这些人还负责管理机器人维修车间），以及为富人提供娱乐的艺人。

乌托邦

新闻标题：
"今天的顶级游戏、音乐会和新发现比昨天更有趣"
随着生产力的大幅提高，全世界人口都已衣食无忧，无须再为生计而奔波劳碌。娱乐、艺术和科学、工匠技艺、业余爱好、社交和养育子女成为人类生活的主要内容，因此，对于工作培训的需求，也主要聚焦于那些能够激发工作者兴趣、令其乐于参与的活动。

财富高度集中 ←——————→ 财富得到平均分配

富者愈富，穷者愈穷

新闻标题：
"21世纪是如何变成狄更斯小说里的地狱"
如果科技能力未能显著提升，经济发展或将停滞不前。因此，如果财富和资源进一步集中，可能会催生仅针对有劳动子女的家庭发放食品券的政策。在此背景下，目前回报丰厚的领域和培训或将继续保持，并有可能仅为部分人提供更多机会，使其在贫富差距的博弈中占据上风。

停滞但人人平等

新闻标题：
"今天的父母：努力工作，尽情玩乐"
在全球范围内，诸多地区都呈现出了相似的趋势，即工作与休闲时间的分配正趋向均衡（资源的平均分配将重塑美国的工作和生活，因为人们对未来工作的不稳定性、退休保障和医疗保健等方面的担忧和风险将发生改变）。在这种情况下，各种类型的工作都展现出其独特的价值，进而为学生群体提供了更安全地发展个人兴趣和职业追求的机会。

人工智能和机器人的能力发展停滞在当前水平

图 17-1 情景规划矩阵示例

在情景规划的最后一步，参与者将评估他们权衡过的每个决策方案是否（如施瓦茨所言）"在各种情景下均适用"。尽管最稳健的方案可能意味着最小的风险，但它不一定是最优解。相反地，那些稳健性表现较差的方案或能在特定情景下取得最佳效果，并因此更具吸引力，即便这意味着人们需要冒其他可能的情景成为现实的风险。（更喜欢趋利避害的人，或许会选择接受为人工智能设定目标方面的培训，只要它在所有可能发生的情景下都有很稳健的职业前景；风险承受力更强的人，则更有可能选择建筑学等更富创造性的工作，只要他们认为"富者愈富，穷者愈穷"的情景不会发生，那么它在其他情景下都是最优选。）然而，确定每种选择的稳健性，这种思维练习能显著改善前文关于群体思维的讨论中描述的过于偏执且扭曲的偏差。

最后，出于将这些情景变得更真实和便于监测决策成果的目的，参与者可以利用关键力量清单构建一套科学的指标或指示体系，以确定任一情景变成现实的可能性。若在未来数年内，报纸头版头条纷纷报道，人工智能领域取得显著突破，实现了可靠性和效率的显著提升，抑或"全民基本收入"理念成为各党派政治纲领的核心内容，人们或许会开始猜测，图17-1左下栏描绘的情景应该不太可能成为现实。

情景规划本身也是一种有效纠正证真偏差的方法，它与第12章提到的"考虑对立事实"这个去伪存真的方法有着异曲同工之妙。

预测未来的有效方法

情景规划作为一种实用工具，能促使人们对未来深思熟虑并细致规划，这也是集体思维和决策的常态目标。然而，其功能并不是预测最有可能成为现实的未来情景，为做到这一点，人类开发了多种集群体之力进行预测的方法。其中，兰德公司在冷战期间发明的德尔菲法就是集体预测领域最出名的早期方法之一。德尔菲法存在许多"翻版"，但其核心理念源于弗朗西斯·高尔顿早期对群体智慧的论证，即汇聚了个体判断的集合，往往比大多数（或所有）个人的判断更准确。在德尔菲法的实践中，相关领域的专家被邀请就焦点问题提供最佳量化评级或预测。专家需匿名表达意见，以便促进坦诚交流，避免受胆怯或哗众取宠等心理因素的影响。值得注意的是，高尔顿的方法通常只适用于一次性的评级或预测。而德尔菲法通常要经历多轮循环往复的迭代式评价和预测，然后将判断结果反馈给参与者，由他们决定是否根据其他人的意见修改自身判断。在德尔菲法的一个"翻版"中，该过程仅需重复数次，取最后一轮意见的平均值作为最终结果，无须进一步讨论；在另一个"翻版"中，专家们则需要通过集体讨论来解决剩余的所有分歧并达成共识。如前所述，若专家们有充分的理由去改变自己的判断，并共享一个概念框架进而能从提交的判断中筛选出最优方案（即真理获胜的过程），那么允许人们依据他人的意见调整自身观点，也能取得显著的效果。然而，若某位专家的判断原本极为精准，但为迎合其他专家的观点而改变了自身立场（会在"少数服从多数"的情境中发生），则此法的效果便不如仅取专家观点的平均值。现代预测市场作为集体预测方法的最新运用形式，其起源可至少追溯到 20 世纪初，甚至可能更早：赌徒们早就开始投注于民众选举的结果。然而现代制度化的预测做法，主要源自 20 世纪 80 年代末艾奥瓦大学商学院教授们的开创性工作，此后又被 Intrade[①] 和 PredictIt[②] 等营利性公司商业化。

在常规的"群体智慧"场景下，参与者往往只求自身表现过得去，对准确性没有任何要求。然而在预测市场上，参与者则是通过购买特定结果（如某个候选人将赢得下届大选）的合约，真金白银地为

---

① Intrade 是一家已关闭的爱尔兰在线预测市场公司，允许用户对政治选举、经济事件等进行投注。——译者注
② PredictIt 是一个位于新西兰的预测市场网站，提供政治和金融事件的预测交流。——译者注

自己的观点押注，这与花钱买五花肉等农产品的实物交易并无不同。1998 年，预测市场在预测美国全国大选结果方面的表现超越了专业民调公司，人们对预测市场的热情在 2000 年后一路高涨。多项研究结果表明，预测市场的表现往往优于民调的平均水平（尽管通过消除单个民调结果中的误差等方式，民调的整体准确度已经有所提升）。因此，预测市场很快被视为群体智慧现象与经济学家鼓吹的"有效市场假说"的完美结合（有效市场假说的观点是，通过全盘考虑所有相关信息，市场会趋于达成最优表现）。

然而在过去的一二十年间，预测市场却屡屡失手：事实证明，他们预测"第一次海湾战争中会发现大规模杀伤性武器"根本就是天方夜谭，他们也未能正确预见英国脱欧事件或唐纳德·特朗普爆冷战胜希拉里·克林顿赢得美国总统大选等结果。更近期的失败案例是，他们（与其他人一样）错误地高估了共和党在 2022 年美国中期选举中的胜率。即便如此，预测市场依赖的两个基础概念——能消除误差的群体智慧现象和市场效率——仍具备"长期效益"，尽管这并不等于他们能够准确地预测每个具体事件的结果。可以确定的是，预测市场将继续存在并发挥作用，展示出其作为集体思考工具的长处。

关于预测，我们的最后一个案例是菲利普·泰洛克和芭芭拉·梅勒斯（Barbara Mellers）在沃顿商学院开发的精准预测项目。泰洛克和梅勒斯将职业生涯都奉献给了人类判断力的优势和缺陷研究，为我们对这个领域的理解做出了重大贡献。2005 年，泰洛克出版了一部颇具争议的著作，声称根据精心设计的测试，政治专家在具体预测方面的表现并不明显优于"黑猩猩扔飞镖的结果"。（泰洛克的观点没有全盘否定专家的价值，而是强调他们的价值更多地体现在帮助我们理解这个纷繁复杂的世界上，但由于世界受到复杂多变的多重因果关系网的影响，专家们在预测实际会发生的结果方面确实表现不佳。）出人意料的是，就在10年后，泰洛克在2015年出版的《超预测》①（与丹·加德纳合著）一书中描绘了一个更振奋人心的未来，即利用精准预测项目开发的方法，我们有望实现更精准的政治预测。

美国情报高级研究计划局是美国情报界的一个重要研究部门，精准预测项目正是在其发起的精准预测公开赛中脱颖而出的。在对人类判断力的局限性有了深刻认识的基础上，泰洛克和梅勒斯开发了一种能充分利用人类判断力优势的方法。令人欣喜的是，他们开发的方法非常有效并取得了惊人的成果。精准预测项目团队不仅在2011年的首届精准预测公开赛中大获全胜，还成功蝉联了后续各届比赛的冠军，其采用的方法明显优于群体智慧法（即简单聚合）、预测市场及类似德尔菲模型的其他集体思维方法，尽管他们在开发过程中选择性地借鉴了上述三种方法的长处。更令人吃惊的是，精准预测项目团队的预测结果甚至优于专业情报分析师，哪怕后者掌握了他们无法获悉的机密信息。

虽然精准预测项目采用的方法过于复杂，本书无法详尽阐述，但我们可以简要概述其主要内容。该项目选择了公开招募的方式，不对参与者的学术或专业背景做特殊要求。通过公开的预测积分排行榜，参与者可实时比较自身与同行的表现，以激励自己取得更优异的成绩。参与者不仅要对预测进行量化（即给出在特定日期前发生特定离散事件的概率），还要提供预测结果的说明。收到新信息或查阅完其他参与者的预测和解释后，他们可再度更新自身的预测。排行榜采用了计分制，同时也会给予预测准确性和自我校准方面表现良好的参与者奖励。精准预测项目的方法致力于筛选出表现稳定的预测员（而不是那些碰

---

① 该书中文版已由中信出版集团于2016年出版。——编者注

巧在某次预测中"走了狗屎运"的人），然后组成超级预测员团队。值得注意的是，这些超级预测员往往是没有特殊资历的普通人。

精准预测项目的成功很神奇，其中还有很多东西有待了解。根据泰洛克和梅勒斯的研究成果，我们发现了以下几个要点：

> 我们发现了（超级预测员取得更高精度结果的）四个驱动因素：（1）招募和留住更优秀的预测员（相较其他研究项目的预测员，该项目预测员的预测精准度高出约10%）；（2）开展减少认知偏差的培训（相较于无培训的预测员，培训后的预测员在预测精准度方面同样高出了约10%）；（3）以团队协作和预测市场为核心，构建更具吸引力的工作环境（相对于单打独斗的预测者，良好的工作环境亦将预测精准度提升了约10%）；（4）采用更好的统计方法，以提炼集体智慧并有效剔除极端或不稳定的预测（使得预测精度相较于未加权的平均预测提升了35%）。[3]

超级预测员与普通预测员之间为何有如此差异呢？如前所述，虽然他们没有各种花里胡哨的资质证书，但通常具备深厚的政治知识储备和超乎常人的智力水平，而且他们在认知层面有着更开放的态度，愿意承认自身知识的局限，正视论点的不足，并随时准备根据新的学习成果修正自己的观点。这些优良品质在他们超高的校准得分上得到了充分体现，相较于普通预测员，他们并未表现出过度自信。

关于超级预测员的优秀预测能力及其预测流程的描述，你现在应该耳熟能详，因为他们似乎运用了第三个千年思维中的诸多要素，并取得了令人瞩目的成效。他们充分展示了集体思维的强大力量！

互联网时代的思维工具

截至目前，我们已经探讨了源于人际交互和面对面对话的集体思维实例，在此基础上，我们还致力于探索将这些经验拓展到更广阔的网络世界的方法和途径。事实上，一些为网络环境量身打造的集体思维方法已经出现。总体而言，我们的目标是构建有效的算法系统以规避损害高效网络对话的不利因素，如信息茧房、身份归属标识的刻意强化，以及愤怒和仇恨评论的传播等。

几年前，索尔曾与加州大学伯克利分校的工程学教授肯·戈德堡（Ken Goldberg）就后者主导的研究小组开发的线上商议系统进行研讨。该系统可以帮助参与者认识到自己在各种问题上的立场，并与使用同一商议系统的人进行比较，理解彼此在立场上的不同。索尔询问道：是否有可能让该系统尝试一种新的算法，以激励人们理解反方的立场，而不只是拉拢观点相同的人。这个系统能否为清晰理解并表达出对方观点的人提供积分奖励？

最后，他们搭建了一个名为DebateCAFE（辩论激励平台）的演示系统，鼓励使用者就某一特定问题的正反两方观点提出他们能想到的最佳论据，并给其他用户的论据打分。这个平台的独特之处在于其排名机制：为确保参与者有足够的驱动力去精心打磨正反两方的论点，他们的排名由其他用户就其正反两方论点打分的各自平均值中，较低的那个分数决定。

充分利用群体协作思维的另一个有效手段是将讨论的内容进行分解，比如将一篇新闻报道分解为若干"可验证"的小单元，然后逐一分析验证每部分，如这句话表现出了清晰的概率思维，还是落入了之前探讨过的概率思维陷阱，比如"查看别处效应"或"p值操纵"？

另一段论述是否反映了作者"考虑对立事实"的能力，还是其挑选的论据存在典型的证真偏差问题？如果每个独立的问题都可以由全体公民中选出的代表性群体来回答，我们就能验证他们是否在这些细分问题上达成了共识，即政治立场各不相同的人是否达成了共识。运用得当的情况下，他们会给出符合科学思维模式的表达，如"我喜欢（或不喜欢）这项讨论结果，但至少它不存在 p 值操纵"。然后，如果我们能整合对某个论点、网站或新闻稿的所有类似评价，就能全面评估其说服力和可信度。

虽然用这种方法来分析单个立场声明、网站或报刊文章看起来费时费力，但"众人拾柴火焰高"——集体的力量是无穷的。实际上，已经有一些公民科学家网站在利用算法征集成千上万的普通公民对此类项目的看法。这些网站通常致力于解决重大的科学问题，比如，如何从哈勃空间望远镜获得的图像中识别出成千上万个星系的某些特征。索尔及其同事曾在超新星搜索项目中成功运用此法，因此他认为，至少应创建一个类似的公民科学家网站来专门分析各类新闻报道，这促成了索尔担任主任的伯克利数据科学研究所与非营利组织古德利实验室（Goodly Labs）的合作。古德利实验室的管理者尼古拉斯·布里格姆·亚当斯（Nicholas Brigham Adams）一直致力于创建公共编辑网站以尝试推行这一概念。[4]

当前时代面临的挑战，既复杂艰巨又鼓舞人心

那么，关于这些例子展示的、需要通过理性思考和商议才能处理的挑战，我们是否已经找到满意的解决之法？答案显然是否定的。截

至目前，我们论述的每种方法只能说是满足了部分要求。例如，尽管丹佛子弹研究采用了事实与价值观区分法，实现了事实与价值观的区分考量（即让专家处理事实问题，让公民处理价值观问题），但缺乏了商议式民调中那些真正随机抽取的参与者所代表的权威性和公正性。同时，该方法也未能充分利用商议式民调的阶段性结果优化方法（即小组讨论—专家咨询—再讨论的过程），这是商议式民调在代表性参与者的小组讨论中强调的重点。另一方面，商议式民调法未能引导参与者将他们关注的事实问题和价值观问题明确区分开。再者，无论是商议式民调还是丹佛子弹研究，两者都未能像公共编辑网站那样，进一步将论点细分成更多可供验证的小话题，以促进人们就这些细分内容达成共识。如果我们期望公民能够理解他们不认同的观点，从而真正利用好观念市场——美国法学界长期以来捍卫言论自由的重要依据，那么我们似乎就只剩下了 DebateCAFE 可用。

当最重要的决策因素取决于未来会发生什么时，基于集体思维的解决之法只有两种：情景规划和精准预测项目的超级预测员，但只有情景规划强调了对各种可能发生的结果进行预先规划的能力，包括那些发生概率很低的结果。毕竟，在这个充满变数的世界，突如其来的意外事件往往会打乱既定计划，令人措手不及，这也使得提升"防患于未然"的能力成为一个重要目标。然而，如果我们需要去赌某个特定事件是否会发生，并在此基础上做出决策，就应该选择超级预测员策略。

利用这些集体思维方法的同时，我们还需要关注通常都存在相互矛盾和冲突的其他目标。例如，在理想的情况下，我们期望这些方法能让相关群体的每个个体都参与决策过程，而不仅是一小部分代表，因为我们的初衷是让每个受到决策影响的人都能理解做出决策的依据，并让他们感受到决策的过程公平且合理，即使他们不认同决策的结果。然而，不管使用哪种方法，这都是一个难以实现的目标，因为它要求参与者之间能进行真正的面对面交流，以建立起信任和相互理解，这往往是实现公平合理的决策不可或缺的基础。此外，在现实生活中，人们越来越难以判断自己看到或听到的信息是否真实可靠：它们是由人工智能生成的，还是某些人出于经济利益、政治动机或其他目的刻意伪造的？毕竟，这些信息编造者根本不在乎民众是否会被误导。在这种情况下，我们更需要在发挥集体思维作用的过程中，更多地应用面对面沟通的方法保障信息的真实性，而这又给这个科学思维方法的大范围推广制造了困难。

所有这些听起来都令人沮丧无比！但只要出现一种实质性的、迭代式的、科学的思维方法，我们就能在应对这些艰巨的挑战的道路上迈出一大步。本书列举的十几个真实案例带来的启示是：每个具体问题的解决都促进了富有成效的集体思维的进步，同时还出现了更多的迭代、变体与创新方法等着我们去探索和发现。我们无须追求完美，只需要每一次都做得比之前更好（一步一个脚印地取得切实的进步）即可。应对特定挑战的有效方法无须满足所有的目标，因为我们可以为不同的挑战量身打造适用的方法。最后，尽管我们已经意识到，互联网可能会导致公共对话的两极分化或混淆难辨，但好消息是，互联网同样蕴藏着促进集体思维发展、亟待我们去发掘与利用的大好机会。

我们想要传递这样一种乐观主义精神：尽管前路漫漫，但人类并非束手无策，这些艰巨的任务并未超越人类的能力。令人欣慰的是，所有这些努力都将带来丰厚的回报。当前存在的几乎所有难题与困境，对我们的集体思维能力提出了更高的要求。我们曾在本章开篇抛出了一个有些过分美好的愿景：我们这一代人或许有幸能成为人类历史上首批致力于构建一个长期可持续、人人皆可蓬勃发展的世界的先驱者。然而，需要指出的是，我们在通往这个美好愿景的道路上，必将面临诸多迫在眉睫的挑战和亟待实现的目标，它们将共同激励人类大幅提升集体思维水平，从而更有效地应对未来的挑战。

第 18 章
为新的千年重塑信心

我们在上一章的开篇提出，要实现构建一个安全和繁荣的世界这一宏伟愿景，我们需要开发协作性思维的全新工具。在本书的最后一章，我们将从更个人化的角度探讨：为何每个人应该关注或拥有第三个千年思维工具？以及为何本书的 3 位作者选择了这套特殊的理念作为第三个千年思维的必备入门之物？

对于第一个问题"我们为何要关注"，我们可以用"萝卜加大棒"的比喻来解释。萝卜指的是利用这些工具来适应日新月异的世界，并见证它们如何帮助我们提升效率，确实是其乐无穷。大棒则指的是我们别无选择！由少数精英群体（主流媒体、医学权威、科研院所等）通过书信、电报和电话等传统联络网来消化这世界上稀缺的数据资源，为普罗大众提供决策所需答案的时代，早已一去不返。也许人类历史上第三个千年最显著的不同之处便是，我们每个人都是"游戏的玩家"，不管你是否乐意，在互联网的帮助下，我们彼此已然紧密相连，无人再是一座孤岛。鉴于人人都可以在浩瀚无垠的数据海洋中遨游，应该基于哪些事实做出决策、何时应自主展开研究、何时需寻求专家帮助、哪些专家是值得信赖的（以及在哪些特定领域），以及何时需要在价值观的整合方面寻求明智的指引，都需要我们自己去判断。

可以肯定的是，第三个千年内人类社会诸多领域的发展并非全然是消极的，甚至大多数都不是坏事，毕竟一个由独立思考者构成的世界总是好过人云亦云者扎堆的世界。然而，我们依然要解决诸多挑战：当前，国内和国际对话已经被狭隘的新闻和社交媒体的信息茧房效应切割得支离破碎，错误信息和虚假信息的病毒式传播也限制了大众的视野，人工智能技术的飞速发展同样会带来前所未有的、真假莫辨的虚假现实表象。

那么，为何在这个历史大变革的紧要关头，我们选择了本书探讨的这套特殊思维工具呢？部分原因是，这些概念工具代表着科学实践的最新进展，这些科学实践则帮助我们克服了曾经遭遇的诸多认知困境。当然，还有其他概念工具（未来还将有更多）同样能实现这个目标，但本书探讨的这些思维概念已足够庇护我们安然前行，帮助我们直面需要深入探究的外部现实。无论我们喜欢与否，现实既可能拖慢人类发展的脚步，也可能为我们的发展插上翅膀，关键取决于我们对它的理解有多深。

我们必须认识到以下问题：在未能理解手中掌握的不确凿（充满噪声的）证据时，人们是如何愚弄自我的？因此，我们必须充分利用掌握的概率线索建立正确的认知。当我们学会从意见相左的人身上汲取智慧，利用对方的观点来洞察和映照我们在何处会受限于错误的认知，就必然能有所成长。此外，当我们能够选择那些对这些关键概念有着深刻理解的专家，尤其是那些能主动寻找对立观点的专家时，我们必然能取得更显著的进步。

本书论述了很多重要的思维工具，我们挑出了其中最重要的一部分，将它们大致分为"人人都可自行采用的思维工具"和"需要与他人合作使用的思维工具"并列明在表 18-1 中。

表 18-1 重要的思维工具

个体思维习惯	群体思维习惯
打造更出色的思维工具	明确说出你的置信度
尝试将事实与价值观分开	对所有潜在解决方案保持怀疑态度，但要充分利用"敢做能为"、坚持不懈的科学精神追求解决方案的实现
应用概率思维，避免非真即假的二元对立思维	确保彼此诚实
不要被随机噪声呈现的模式迷惑	商定合理的风险水平（假阳性和假阴性）
搞清楚噪声与偏差的区别	施行富有成效的商议程序
警惕思维捷径	在发现自欺欺人的新方式，以及个体思维和群体思维的新习惯时，更新此表内容，以避免自我愚弄
避免陷入证真偏差的陷阱	

熟练掌握和应用这一整套复杂的思维工具与方法可不是什么轻松的任务（本书 3 位作者也时常会忘记在适当的时候运用它们），然而全球思维变革的一项积极进步应该能给予我们更多信心，即在积极运用这些工具、采纳这些思维方法时，我们会有一种如虎添翼之感，因为我们身处的更广阔的世界及其蕴含的科学思维，正以多种有趣的方

式朝着同样的方向不断进步。你或许已经注意到，本书讨论的工具与概念已经在你身边得到了实践和应用。

要描述我们正在经历的文化变革（它正在改变科学思维的方式），最简单直接的方法或许就是将其与历史上之前的文化时期相比较，如表18–2所示。人类的文化变革在表18–2中被分成了三个历史时期，此处需要提醒诸位，它们并非严格对应了人类历史的三个千年。第一栏详述了科学革命及其后续影响带来的伟大知识成果，它们大多集中在上一个千年里。第二栏揭示了人类对科学的失望和倒退潮的根源，

表18–2 人类的文化变革

科学成就（20世纪前）	科学的祛魅与倒退（过渡期的阵痛）	第三个千年思维革新
仪器法	科学家的制度性"隐身"	从"事实思维"向"概率思维"转变
实验法	专家的同质性：	从"还原论是一切"转变为多层次、细致入微的观点，包括突发现象
重复实验	• 种族、民族、性别 • 阶层	
计算法	• 地理位置 • 政治观点	从"大跃进式解决方案"（飞跃式的进步）转向"迭代式解决方案"（循序渐进的进步）和"实验社会"
科学学会和同行评审期刊	经济利益冲突	从"技术专家统治性决策"（专家和领导决定）转向"协商式决策"（集体磋商和寻求共识）
单盲和双盲对照法	专家过度自信和大放厥词，宣称"建造是因为我们可以"，以及技术风险的上升：	从零和博弈式取舍向更有雄心、更有可为、做大蛋糕的共赢解决方案转变
科学怀疑论（主张需要确凿证据）	• 核武器 • 气候变化	
科学乐观主义（只要有坚持不懈的"敢做能为"精神，我们就能发现什么是真实的，问题必能解决）	• 生物危害 • 阿片类物质 • 人工智能、纳米技术等 • 自动化的战争 • 社交媒体的病毒式传播 • 自动化的证券交易所	跨学科团队合作 群体思维新工具：开放科学（预注册、数据共享）、盲法分析、多实验室合作与验证、公民科学与事实核查、商议式民调、情景规划、预测市场、超级预测、线上交流与辩论平台
科学实在论		

它们大多在 20 世纪末开始显现，并在新千年伊始达到高峰。第三栏则聚焦于我们正在经历的文化演变阶段，以及第三个千年思维为弥合科学与社会鸿沟而提出的伟大愿景。

表 18–2 呈现的内容是对相关信息的概述，我们不能声称它是本书的原创内容，也不主张诸位将本书视为一部权威的思想史巨著。虽然众多不同领域学者都已探讨和剖析过表格前两栏的内容，但我们确定第三栏描绘的新兴模式尚未得到充分的认识和广泛的关注。

尽管新千年才刚刚拉开序幕，但它已展现出与之前两个千年截然不同的风貌。面对新千年带来的诸多新兴变化与变革，人们有时会感到步履维艰，缺乏共同的目标和方向感，但这些变革同样在帮助我们解决个人与群体面临的难题，促使我们迈出规划未来的下一步。

为了更好地解释文化变革的脉络，让我们先深入了解一下表 18–2 所列的过渡期里发生的历史事件。上一个千年的后半段无疑见证了人类斐然夺目的成就：15 世纪和 16 世纪的欧洲文艺复兴使得艺术与哲学焕发了全新的生机与活力，伽利略、开普勒和培根等杰出人物提出的创新见解与科学方法引领了一场科学革命的浪潮（尤为契合本书主题）。随后，诞生于 17 世纪与 18 世纪的启蒙运动带来了理性主义、经验主义、道德哲学与政治理论等领域层出不穷的研究成果。牛顿和莱布尼茨等科学家在理论层面取得了重大突破。与此同时，科学界逐渐开始组织化，学会、学术期刊及同行评审制度也建立起来。进入 19 世纪与 20 世纪后，爱因斯坦和达尔文等伟大的科学家给时间、空间及生命等领域的基本假设带来了新突破，瓦特、贝尔与爱迪生等发明家的杰出贡献更是推动了技术的飞跃式发展。到了 20 世纪末，数字技术又从根本上颠覆和重塑了我们的经济和文化。

然而，正如本书开篇所述，截至 20 世纪末，这种对进步的乐观情绪显然已经成为过眼云烟。曾一度被视为十分激进且震撼人心的发展与进步，如今已沦为司空见惯、平平无奇之事。在许多人眼中，人类进步的美好愿景无异于乌托邦，显得幼稚可笑，还有人将其视为早已过时的、声名狼藉的殖民主义权力体系徒劳的垂死挣扎。更糟糕的是，近年来公众对科学乐观主义的批判之声越发尖锐，甚至与最为犀利且严苛的学术评论相比，有过之而无不及。"有证据才能下论断"及"科学调查是我们寻找证据的最有力的方法"是两个看起来十分基础的假设，但人们对其抱有的信念正在逐渐消失，而且速度似乎比许多人想象的要快得多。[1]（尽管在最近几年的美国和国际民调中，科学家和医生仍位居最受信赖的专业人士之列，但某些特定派别人士对他们的信任度已呈下滑之势。）

这里的问题不只是部分人群对科学的无知，即使是科学最狂热的粉丝（你现在肯定知道，我们也把自己看作"科学的狂热粉丝"）也不得不承认，尽管科学推动了技术的飞速发展，但人类在改变世界方面取得丰功伟绩的同时，付出的代价也不可小觑。随着干预手段的不断增多，我们取得了越发显著的预期效果，但相伴而生的副作用也日益加剧。比如，更高效的止痛药更容易使人上瘾；更迅捷的交通加剧了道路拥堵与环境污染；更便捷的社交扩展了信息沟通，但也更便于虚假信息的传播。

身为社会的一分子，我们不仅希望科学能丰富自身见识，还希望它能解决各类问题。但"解决"问题本身或许就是个令人困惑的概念，毕竟"解决方案"一词往往意味着"盖棺论定"（但这只是一种妄想）。我们总是渴望一劳永逸地解决某个问题，以便可以转而处理其他重要事务，但现实往往事与愿违。或许我们应该转变想法，将解决问题当成一个不断调整与适应的过程，就好比打理花园或调试吉他那样。

唐纳德·坎贝尔（Donald Campbell）写过一篇题为《实验社会》（The Experimenting Society）的精彩文章[2]，他为我们描绘了一个理想的社会愿景：一个社会"就反复出现的问题积极尝试各种潜在解决方案，并对结果进行理性的、多维度的评估，若某项改革被证实为无效或有害，人们就会继续探索其他替代方案"。坎贝尔认为，实验社会不是一个固定不变的静态的结构，而是一个持续发展的过程，它"旨在对现实进行检验、对自我进行批判，以及避免自欺欺人"。

因此，尽管表18-1左侧一栏概括了第三个千年思维中有助于培育这种实验社会的"个体思维习惯"，右侧一栏仍强调了仅凭思维习惯还不足以解决问题并推动社会发展。将它们与第三个千年思维倡导的"群体思维习惯"相结合非常有必要。基于这些群体思维，我们既要保持彼此间的诚实与信任，又要相互鼓励、避免气馁，不断提醒自己：我们可以做得更好，能百尺竿头更进一步。[3]

信任，思维战场的第一个和最后一个必争之地

这份"群体思维习惯"清单的重要性与日俱增，并深刻地改变了第三个千年思维的特质。这就是为何我们没有将本书写成一本常见的励志类图书（比如，命名为"像科学家一样思考，成为人生赢家"或"写给忙碌的经理人、律师、父母、医生及病患的思维指南"）。我们确信，这些思维工具能在日常生活中发挥重要作用，毕竟书中有诸多案例为证。然而我们也认为，将个体思维习惯与群体思维习惯结合，二者将共同构成一幅更宏大的图景：这些思想是社会思维大变革的基

石，之所以在表18-2中将其命名为"第三个千年思维革新"，是因为我们期望它们能为社会开辟出一条新道路，以摆脱当前令人倍感困扰的信心和信任危机。

在不同的历史时期，人类总是能依据不同的组织原则展开讨论和决策，这些增强相互信任的网络成为讨论与决策的共同基础。有时，它们是政治或经济结构，如封建主义下的君主制、资本主义或共产主义，它们的表现也有好有坏。有时，人们围绕着共同的民族文化、历史与神话建立思维模式。然而，在步入第三个千年之际，我们需要与来自不同文化背景的人士合作。因为我们所处的当地社会日益多元化，并以一种比以往任何时候都更加持久和普遍的方式，与全球社会联系在了一起，形成了相互依存的关系。

为了适应新时代的群体生活，我们将被称为"第三个千年思维"的共同思想视为一种有可能得到全球认同的文化、一种适应新未来的组织原则，并在此基础上展开"第三个千年"相关话题的讨论和决策。第三个千年思维的集体思考方式自带的自我质疑属性，既体现了我们对信任的渴求，又成为信任之源：我们越是了解人类自身的心理弱点，尤其是自我欺骗的陷阱，就越能深刻地认识到，与他人通力合作才是有效的解决之法。

然而，我们必须直面"房间里的大象"（显而易见却被忽略的问题）：在本身就需要建立在信任之上的文化中，我们如何构建一套促进信任的组织原则？诚然，如果你认为与你打交道的人普遍心怀善意，则第三个千年思维就能显著地促进集体思维的发展，然而我们也需要认识到，总会有人拒绝接受这种文化，而且宁死不肯承认错误。基于"人人都诚信行事"的假设来构建社会是行不通的，幸运的是，我们有其他选择。

一报还一报策略和社会乐观主义

在一个善意与自私并存的复杂世界里，心怀善意者如何齐心协力共创成功、共谋发展并非全新的挑战。合作关系是如何产生的？这个疑问已经成为人文科学、行为科学及生物科学等领域学者长久以来的研究课题，这些领域的研究成果也提供了诸多宝贵的见解。如何在善恶并存的群体中催生合作行为？答案就是将上述专家的见解应用于建立信任和理解现实的具体实践。

20世纪末，人们在"如何在善恶并存的群体中催生合作"这一问题的研究上取得了重大进展。来自数学领域的博弈论（也是决策理论领域的产物）成为推动突破的重要动力。"如何在不确定性条件下做出最优选"是决策论负责解决的问题，而作为决策论的一个重要分支，博弈论则聚焦于"如何在冲突条件下做出最优选"。在冲突情境中，在各方的偏好与动机都有所不同的情况下，一个人的选择同他人的选择之间存在相互依赖的关系。博弈论中的"博弈"二字指的是各方参与者在不同的选择策略下可能实现的不同收益组合，它们取决于每位参与者做出的一系列自主选择。博弈论研究了不同策略的表现，它们被定义为"不同情境中的决策选择"。尽管博弈游戏的形式通常表现为数字矩阵，但为了更形象地描述和理解，它们通常被冠以"囚徒困境""懦夫博弈""猎鹿博弈"等抓人眼球的名称。

其中囚徒困境或许是最引人注目的一种博弈游戏，其独特之处在于每位参与者均倾向于将"自私自利"作为自己的行事准则。然而，如果双方都选择"利己"，那么各自的结局将会比相互合作更不堪（"囚徒困境"源自这样一个故事，警察告知两名囚犯：若一名囚犯揭发同伙，则可从轻发落；若两人均抵赖罪行，则都有可能被无罪释放；若两人均选择揭发对方，那么都将被判处较长的刑期）。后来，这种博弈又衍生出一个"真金白银版本"：两名玩家共同参与多轮游戏，每位玩家均有权私自决定在某轮游戏中合作或背叛（即拒绝合作）。如果两人都选择合作，那么双方均可获得 100 美元；若一人选择背叛，另一方选择合作，前者可获得更多报酬（150 美元），选择合作的玩家则一无所获。值得注意的是，如果两名玩家均选择背叛，则双方都将分文不得。

为了研究人们在这种游戏中的行为，行为分析及博弈论专家罗伯特·阿克塞尔罗德（Robert Axelrod）曾在一场重复进行的囚徒游戏中邀请玩家递交可获得最高分的游戏策略。在游戏比赛结束前，玩家们有固定的概率重新相遇。在第一轮比赛中，获胜的策略很简单，就是一报还一报。[4]

这个策略到底是什么意思？很简单，一位玩家在初遇其他玩家时，总是会采取合作策略，然后照搬上次相遇时对方采用的策略。为何一报还一报策略能拿下高分？阿克塞尔罗德认为，这个策略具备了三大特征：善良性（初次相遇时总是选择合作）、报复性（面对利用过自己的玩家，友好程度会降低）和宽容性（一旦对方改过自新，愿意合作，双方就会再次合作）。一报还一报策略可以让玩家变成一个永远都倾向于合作的圣人，在初遇自私的玩家并导致自己表现不佳后，他不会重蹈覆辙，但如果与另一位善良的玩家再度联手，双方便会立刻建立互利共赢的合作模式。

让我们将视线转向一个历久弥新的重要议题：如何让人们齐心协力地寻求解决现实问题的最佳方案？尽管每个博弈案例（如囚徒困境）提供的启示都无法完全适用于这些现实问题，但我们依然认为博弈论的相关研究提供了一些值得借鉴的经验。在现实世界中，人们可能会因诸多诱惑而无法建立合作关系或提前结束合作。然而我们认为，阿克塞尔罗德提出的类似策略能有效促进长期合作及问题的解决。具体而言，如果参与者在碰面之初便展现出合作的意愿（即善良性），并能在此前拒绝合作的伙伴"洗心革面"后，恢复合作意愿（即宽容性），双方就有望顺利推进合作。这种在初次相逢之际就趋向于合作的意愿，实际上与前文讨论过的另一种特质（科学乐观主义）有着紧密的联系。毕竟科学乐观主义是一种坚信问题可以解决并愿意为此付出足够多的时间与努力的品质。因此，我们或许应该在合作策略的清单中增添一个新概念——社会乐观主义，即相信大多数人都有意愿和能力展开合作，并能够持之以恒，直至找到合作伙伴，共同解决问题。

然而，阿克塞尔罗德的研究也揭示了一些残酷的现实：与利用你的玩家继续合作，不会带来任何回报，这也是导致一些合作企业走向倒闭的根本原因。问题的关键在于愿意合作的人需要达到多少数量，才能避免大多数合作关系以破裂告终？[5]

在权衡成功合作的可能性时，我们可以借鉴从计算机竞赛中衍生出来的一项策略：两报还一报，它比一报还一报策略更宽容，即只有在对方两次拒绝合作后才会"以彼之道还施彼身"。"基本归因错误"是西方个人主义文化中普遍存在的偏见，即倾向于认定他人的恶行是故意为之（人性本恶），而自己的过错不过是无心之失。因此，两报还一报策略更像是一个人在努力克服自身的"基本归因错误"倾向，相信对方第一次的不合作之举仅是无心之失，而非本性之恶。

从两报还一报策略中，我们窥见了展开全球合作的希望之光。同样在现实世界中，投身于养活和教育全球人类这一伟大集体事业的人们所取得的成就，也让我们看到了合作的火种。与"背叛者"的合作是社会进步、知识积累和科学发展的源泉。事实上，尽管媒体报道往往聚焦于人与人之间的冲突与分歧，然而这不过是现实生活的一隅，社会生活的大基础仍是协作与合作。在课堂上，我们学习如何与同学、与老师携手共进；在企业中，我们身处的多元化团队中，每个人都发挥着不同的作用，唯有协作，方能共获成功；在闲暇之余，我们还会跟朋友一起共度美好时光。

发展心理学家迈克尔·托马塞洛（Michael Tomasello）多年来一直秉持的观点是：人类拥有独特的协作和合作能力，很少有其他物种能够在合作规模、合作范围和合作方式的多样性方面与人类比肩。[6] 合作精神在人类生命的早期就已萌芽：19个月大的孩童就已经会将珍视的食物分享给看起来饥肠辘辘的陌生人，还经常会捡起或拿手指向成人掉落或遗失的物品。协作活动，即人类在一个拥有共同目标的社会结构中扮演不同角色的行为，更是贯穿了所有成年人的生活。所以，虽然我们不指望遇到的每个人都有合作的意愿，但通力合作的可能性必定远超新闻报道造成的刻板偏见。

给未来的启示：永葆学习的意愿

显然，要构建一种深入了解第三个千年思维、建立信任和追踪现实的文化，第一步就是培养社会乐观主义，这种乐观态度之所以重要，并不在于它总能带来回报，而是因为它在我们警惕毫无诚信的背叛者的同时，只需适度的回报就能发挥作用。在现实世界中，我们都想明确知道对方是不是诚信的合作伙伴，以便施以回报而非报复。例如，致力于了解事实真相而非赢得争论，可能说明对方是一个有诚意的合作伙伴。因此，接下来的关键步骤是要如何确认我们找到了这样的伙伴。或许，第三个千年思维可以成为一项有效的测试手段。与其他测试方法一样，它能成为识别真诚的伙伴的重要标准，借用扑克玩家的说法就是"寻找诚信合作伙伴的线索"。

我们致力于在所有类型的交流互动中寻找这种开放性的学习态度：无论是与其他个人或团体合作，判断应该听从哪位专家的建议，还是判断提供这些专家意见的机构（如大学、报纸、专业协会）是否可信等。例如，我们会谨慎观察那些言之凿凿的专家，看他们如何处理可能改变其观点的新信息，并努力寻找那些会对改变原有观点的成员予以支持和奖励的机构。正是有了这些基础，身为个体的我们及全体社会才有望共同构建新一代信任网络。

在步入第三个千年之际，构建与重塑信任网络无疑是人类的首要任务。我们已经看到虚假信息的病毒式传播给社会造成的严重破坏，包括极端的政治两极分化。互联网及各大社交媒体平台上也充斥着点击诱饵式的文章和人工智能精心调整的黏性内容，我们可以预见，追踪真实信息在未来将变得更加艰难。尽管一些现行的交流方式，如人际关系网、大型会议和大学等，可以在一定程度上解决这个问题，但我们仍有机会（也有必要）采取更有效的举措。因此，我们需要从更务实的角度审视"信任经济"（同"注意力经济"一并被提出），并在新尝试的基础上积极探索奖励开放式集体思维的新方式。

例如，我们可以运用一套为高质量的调查性新闻报道提供支持的新机制：人们长期以来一直在探讨如何利用技术手段，让每一位互联网读者在阅读记者的报道时可打赏一小笔费用，聚少成多之下，就能为优秀的报道带来可观的经济回报。又或者，我们可以探索新做法，激励信息提供者在发现错误后主动承认被"事实打脸"：记者通常会将自己的报道和分析尽可能以客观且真实的方式呈现出来。试想一下，如果每篇新闻分析（如《经济学人》的专栏文章）都能在结尾处增设一个特殊版块，让文章作者在此处列出若干可能证明其分析有误的负面线索，提醒读者可以在未来的新闻中留意这些反证指征（例如，如果失业率在下个月再升高一个百分点，那么我在本文中关于"新利率政策将扭转当前就业率下降趋势"的观点将是错误的），会产生什么影响呢？这种做法不仅有助于引导读者思考其他可能性，也将迫使记者更审慎地反思自己的分析，考虑其出错的可能性，从而开辟出更强调追踪事件真相，而非炫耀记者能耐的新闻报道范式。

让我们将信任经济的实验推向更深层次，毕竟我们曾提出建立一个基于第三个千年思维的社会，即一个实验性社会。我们应致力于创设一套激励机制，鼓励当今时代的各大媒体巨头，积极促进其目标受众群体内部的正向互动和相互学习。倘若媒体公司股东的收益完全取决于公众的关注度及随之产生的广告收益，那么在这种模式下，整个行业便会形成一种自然趋势，即在公众的相互学习和对话中添加刻意制造的噪声与迷雾（此举的危害性还不算太大），然而在最坏的情况下，此种趋势或将把人们推向信息孤岛与极端主义的深渊。这无疑将造成信息行业的"公地悲剧"，即媒体公司为了自身利益而大肆污染公共空间，进而牺牲了整个社会的集体利益。正如人们最终学会利用激励同惩罚并举的手段成功应对环境污染问题那样，我们需要尝试利用同样的赏罚机制来革除认知领域的"公地污染"。

例如，我们可以为社会媒体与新闻媒体构思一套激励机制，其奖惩将取决于特定新闻媒体的用户在多大程度上被带入了政治思想的信息茧房，或者他们在多大程度上获得了关于政治辩论的广泛理解。通过持续追踪每种新闻媒体的核心受众数据，我们便能对他们在随机选择的话题上描述不同立场观点的能力进行评估，看看这些受众的评论质量是好是坏。如果用户表达不同观点的能力减弱，则媒体公司无法获得奖励；而如果他们的表达能力增强了，则可以给予相应的激励。这种做法将有助于遏制观点的两极分化，减弱所涉算法的孤立性。[7]

然而，在寄希望于更广泛的社会层面的努力，期待"认知公地"提供助力的同时，我们也不能忽视个人在构建更合理的个人信任网络方面发挥的作用。试问我们中有多少人可以同立场相反的朋友坦诚对话，即便他们对我们身边大多数朋友视为理所当然的立场提出了合情合理的质疑？个人信任网络的构建不仅是寻找志同道合的伙伴（这将导致信息茧房效应的出现），还要求我们主动接触意见与我们相左却能围绕分歧坦诚交流的人。想要在这个信息资源异常丰富但真假难辨的世界里追踪真相，我们就应该积极寻找这样的朋友和伙伴（或许我们应该考虑为本书读者牵线搭桥，帮你们找到意见不同但同样致力于利用第三个千年思维去探寻真相的良师益友）。

在本章开篇，我们论述了人类在进入第三个千年时面临的共同挑战，即需要利用第三个千年思维应对的挑战：鉴于人人都可以在浩瀚无垠的数据海洋中遨游，应该基于哪些事实来做出决策、何时应自主展开研究、何时需寻求专家帮助、哪些专家是值得信赖的（以及在哪些特定领域），以及何时需要在价值观的整合方面寻求明智的指引，都需要我们自己去判断。然而，更深入地思考这些问题后，我们会发现当前的挑战不仅是如何筛选信息，还存在诸多自诩完整且正确的信息源。为此，我们亟须借助第三个千年思维工具来构建一个富有成效的信任关系网，进而创造一个由值得信赖的个人、专家、机构及网站组成的可靠信息源网络。最终，当遭遇相互矛盾的观点或主张时，我们就有能力评估其可信度了。

与其说这是一个信息筛选的过程，不如将其视为一个信任网络的构建过程。当我们认为某些信息很可靠时，判断的依据并不是我们信奉的政治或文化组织视其为真，也不是对立方视其为假，而是站在对立面的人经过自我质疑后同样认定它们为真，这就是构建共同理解的基础。

倘若我们能取其精华，在这些最优秀的发展成果基础上再接再厉，那么我们将看到的，以及希望通过第三个千年思维来强化和孕育的，不仅仅是启蒙运动的复兴，而是有可能成为新千年里真正意义上的、能开启全新思想纪元的第二次思想启蒙运动。

本书旨在赋予诸位读者一种切实可行、振奋人心的信念，即在全球社会的携手努力之下，我们有望化困境为机遇，用新颖的合作模式来应对小至日常烦恼、大至全球性挑战的各类问题与机遇，从而顺利地跨越千年之交，大步迈进第三个千年。即使没有给大家描绘一个繁荣昌盛、宛如乌托邦般美好的世界，相信诸位也会对这个目标充满期待，因为很多成果已然近在咫尺，正等着我们去摘取。当然，提出这个更为宏大而美好的愿景，或许能更有效地激发部分人的热忱与追求。在第三个千年思维工具、十足的干劲及正确的科学乐观主义支持下，我们有能力将第三个千年打造成全球人类大家庭携手共进的辉煌时代。

我们将在未来的几十年里面临前所未有的艰巨挑战。然而，我们必须牢记，过去的20年不过是新千年的2%而已，我们仍拥有98%的漫长时光去共创辉煌。

致　谢

在本书成文与付梓的过程中，我们要感谢大家的无私贡献。首先，我们衷心感谢在相关课程筹备期间（耗时 9 个多月）与我们相遇并共同学习的学生们。其次，我们也要向敬业且富有创造力的助教团队（包括研究生和本科生）、博士后研究人员及顾问们表达衷心的感谢，你们在确定本书的核心理念与主题、教授方法及评估成果等方面发挥了至关重要的作用。在过去 9 次（截至目前）教授这门课程的过程中，我们的教学团队付出了极大的努力与心血，正是他们的创造性贡献与辛勤付出，才使得这门课程得以不断完善与提升。虽然难以在此细述每个人的具体贡献，但至少让我们在此向以下同人表达最诚挚的谢意：阿迪拉杰·阿胡贾、英格丽·阿尔图宁、施里汉·阿加瓦尔、索菲亚·巴金斯基、卡西亚·巴拉内克、克里斯廷·巴克、珍妮弗·巴恩斯、格兰特·贝尔斯特林、凯莉·比林斯、科莱特·布朗、迈卡·布拉什、贾斯明·凯西、保罗·克里斯蒂亚诺、伊桑·江、吉安娜·西罗利亚、安德鲁·克里奇、马修·戴维斯、布莱恩·德拉亨蒂、埃达·杜·穆莱·德拉迪亚、凯瑟琳·埃丁格、艾米·芬格尔勒、德雷·格杰、汤姆·吉尔伯特、利娅·古利亚斯、诺拉·哈亨、查德·哈珀、基安·何、雅各布·海斯勒、安德烈亚·亨加特纳、雷切尔·胡德、丽贝卡·胡、克里斯蒂娜·伊斯马洛斯、克里斯滕·艾瑟姆、科林·雅各布斯、埃米莎·贾恩、雷切尔·贾森、达伦·卡亨、路易斯·坎、丹·基斯、纳姆拉塔·康塔姆内尼、塔拉·科尔南、汉娜·拉克尔、阿莉莎·李、李光晨、埃米莉·丽昆、刘慧辰、安娜·莱昂斯、尼娜·玛丽恩、斯姆里蒂·梅塔、迪伦·摩尔、尼古莱·欧、古夫兰·帕坦、安东尼亚·皮科克、乔纳森·波伯、凯文·郭、拉迪卡·拉瓦特、埃琳·雷德温、杰姆·拉夫、特雷弗·施纳克、文森特·谢乌、赖尔登·史密斯、索菲亚·斯蒂芬斯、贝萨妮·苏特、亚伦·萨斯、凯特兰·曾、布里吉特·沃恩、达克斯·维维德、索菲·威纳、莉兹·维尔登海恩、丹尼尔·威尔肯菲尔德、爱丽丝·张、泰德·张、丽贝卡·朱和扎克里·齐默尔曼。

我们还要感谢选修了这门课程的9届本科生,他们为本书贡献了许多灵感与启示。

在此要特别感谢阿迪蒂亚·兰加纳坦、温斯顿·尹和加布里埃尔·佩尔科-恩格尔,多年来,他们一直领导着我们的学生教学团队,协助开展教材的编写工作,并为课程和本书的内容贡献了深思熟虑的想法和饱满的热情。S.埃姆伦·梅茨博士在这项工作中发挥着主导作用,他不仅是学习目标和评估材料开发工作的领导者,还是我们团队的一大智囊,负责根据不同的媒体和受众来改编我们的课程材料。艾丽西亚·阿朗佐教授是杰出的科学教育家,她为我们采用的严谨且可检验的教育方法提供了宝贵的早期指导,并与我们合作,贡献了课程和评估技术的大部分初期内容。在本书作者之一罗伯特·麦考恩转至他校任职后,我们与认知科学教授塔妮娅·兰姆布罗佐、心理学教授艾莉森·高普尼克及公共政策与政治学教授埃米·勒曼开展了数年的协同教学，并取得了显著的成果。这几位接受了原本由罗伯特负责的社会科学板块，给这门课程带来了全新的视角。此外，约翰·弗里克在接替约翰·坎贝尔教授哲学课程的那一年也做出了卓越的贡献。本书记录了我们迄今为止的探索与成就，但我们相信未来必将更加精彩！

威尔·利平科特作为图书经纪人和思考者，为我们提供了卓有成效的指导和鼓励。在本书的创作过程中，妮科尔·帕加诺的贡献不可或缺，倘若没有她的鼎力相助，本书不可能如期付梓。帕加诺不仅在组织协调方面发挥了关键作用，而且对于书中的每一个新颖观点，她都能凭借其超人的智慧、高超的交际技巧和热情为我们提供宝贵的支持。莉萨·考夫曼认真审读了本书的初稿，并提供了宝贵的反馈意见，使本书变得更通俗易懂。埃里克·恩格尔斯协助我们整理了课堂教案，将它们转化为更具可读性的文本内容并加入本书之中。我们还要感谢来自晨星公司的杰弗里·普塔克、罗布·维什尼和史蒂夫·卡普兰，他们为本书提供了关于管理型共同基金的图表和引文生成方面的专业意见。同样，我们也要对 Little，Brown Spark 出版社表示诚挚的谢意，特别是出版人兼主编特雷西·贝哈尔领导的优秀团队，他们帮助我们明确了本书的愿景并将其成功落到了纸面上。阿利克斯·施瓦茨在本书的背景研究方面做出了卓越的贡献，他曾在加州大学伯克利分校创建并运营了"大创意"课程，为这一具有创新性的课程理念注入了活力。施瓦茨为我们提供了概念和实践层面的支持，激励我们走上了撰写和出版本书的道路。戈登和贝蒂·穆尔基金会对本书所涉的众多研究给予了慷慨的资助。珍妮特·科菲则为本书的内容和教育方法提供了宝贵的专业知识和指导，其价值不亚于她管理的基金。此外，我们还要特别提及卡伦和弗兰克·达比夫妇，他们长期以来一直是本书的热心资助者。近年来，马克·罗森塔尔领导的慈善事业也给我们的课程提供了极大的支持。

最后，我们要衷心感谢我们的家人、朋友和导师，他们为本书的付梓提供了各方面的支持。索尔与里奇·马勒、鲍勃·卡恩及其父亲丹尼尔·珀尔马特共同深入探讨了本书中的诸多概念，并进行了富有成效的学习与交流。他的母亲费利丝·珀尔马特也在本书的撰写过程中热情洋溢地为我们提供了有力的支持。此外，索尔的妻子劳拉·尼尔森帮助他构思了大部分的想法和措辞，他的女儿诺亚·珀尔马特则细心地帮助他完成了文字编辑工作，并巧妙地设计了各章节的标题图标。他们的家庭生活温馨而和谐。约翰还要向卡桑德拉·陈、安东尼娅·皮科克、尼科·科洛德尼、蒂姆·克罗克特及自己的儿子罗里表示衷心的感谢，他们都以各自的方式给予了本书极大的支持。罗伯特要特别感谢父亲马尔科姆·麦考恩的悉心指导。对于罗伯特已故的妻子洛丽·戴尔，我们深感怀念与敬意，她在35岁时因渐冻症离世，在此之前，她一直是罗伯特的精神支柱和智慧源泉。同时，我们也要感谢罗伯特的女儿奥德丽和麦迪在洛丽患病期间对她的悉心照顾，并在2022—2023年罗伯特与癌症抗争的艰难时期给予的无微不至的关怀。

我们衷心期望，未来，人们能够相互倾听，积极分享想法，并享受共同分享创造的乐趣。在此，我们还要感谢那些通过分享音乐极大地丰富了我们生活的人。在我们当中，有人曾参与室内乐或管弦乐团的演出，也有人曾在爵士乐团中奏响美妙的乐章。我们从集体音乐创作里收获的乐趣与技巧也成为本书的核心精神。

注　释

导言

1. 大学课程名为"感性、理性及科学",加州大学伯克利分校的教师和学生均可在 sensesensibilityscience.berkeley.edu 网站上查阅到课程资料。我们与诺贝尔基金会外联部合作开发和提供的高中版课程"全民科学思维:工具包"也在开发和发布中,详细信息可参见 nobelprize.org/scientific-thinking-for-all/。
2. 美国全国舆论研究中心(2023 年 6 月 15 日),《新冠疫情暴发后,公众对科学的信心大幅减弱》。然而,我们注意到,相较于公众对专业人士的信任度下降得更快的其他专业,科学在公众信心方面仍领先。
3. 我们在本书中所说的"科学"指的是什么?维基百科对科学的定义是:"科学是一种严谨、系统的工作,它以可检验的解释和对宇宙的预测的形式来构建和组织知识。"这个定义概括了本书描述的大部分内容,但我们最好同时结合《韦氏新国际英语词典》的定义来理解"科学"在本书中的定义,即"涵盖一般真理或一般规律运作的知识或知识体系,特别是通过科学方法获得和检验的知识或知识体系"。

第 1 章

1. "智者治国"的概念详见 Estlund, David M. (2009), *Democratic authority*, Princeton University Press,也可参见 Brennan, Jason (2016), *Against democracy*, Princeton University Press。

第 2 章

1. 需要指出的是,这些研究室内空气质量对认知能力影响的项目难以深入,因为不管是受试者实际接触到的空气特性,还是可能受到影响的特定认知能力,都存在多种不同的测量技术变种。还有一种可能性是,认知能力的减弱可能是由于封闭房间的空气中积聚了其他污染物,二氧化浓度则成为其他类型污染物的替代测量值。关于所有这些问题的讨论,参见 Du, B., Tandoc, M. C., Mack, M. L., & Siegel, J. A. (2020), Indoor CO_2 concentrations and cognitive function: A critical review, *Indoor Air*, 30:1067–1082; 以及近期关于 Fana, Y., Caoa, X., Zhang, J., Laid, D., & Panga, L. (2023), Short-term exposure to indoor carbon dioxide and cognitive task performance: A systematic review and meta-analysis, *Building and Environment*, 237, 110331 的回顾。

2. Ronchi, V. (1967.) The influence of the early development of optics on science and philosophy. In E. McMullin (Ed.), *Galileo: Man of science*. Basic Books, 195–206.
3. Heyerdahl, T. (2013). *Kon Tiki*. Simon & Schuster. 关于如何将木筏和金字塔的比喻应用到我们的知识中,参见 Sosa, E. (1980), The raft and the pyramid, *Midwest Studies in Philosophy*, 5, 3–26。

第 3 章

1. 这种相关性的实际情况有点儿难以厘清(有迹象表明,少量饮酒对某些人来说可能具有相反的相关性,这一点还存在争议)。参见 Godos, J., Giampieri, F., Chisari, E., Micek, A., Paladino, N., Forbes-Hernández, T. Y., Quiles, J. L., Battino, M., La Vignera, S., Musumeci, G., & Grosso, G. (2022). Alcohol consumption, bone mineral density, and risk of osteoporotic fractures: A dose-response meta-analysis. *International Journal of Environmental Research and Public Health*, 19(3), 1515。
2. Pouresmaeili, F., Kamalidehghan, B., Kamarehei, M., & Goh, Y. M. (2018). A comprehensive overview on osteoporosis and its risk factors. *Therapeutics and Clinical Risk Management*, 14, 2029–2049.
3. Sober, E. (2001). Venetian sea levels, British bread prices and the principle of the common cause. *British Journal for the Philosophy of Science*, 52, 331–346.
4. Spurious Correlations(伪相关)网站用"伪"一词来描述两个变量之间不存在因果关系网络支撑的关联,也就是说,这种关联只是偶然的巧合。然而,你经常会发现"伪相关"一词被用来描述两个变量之间存在共同原因的情况,即模型 D。
5. 在接下来的讨论中,我们将大量借鉴朱迪·珀尔(Judea Pearl)的重要因果关系理论,以及统计学家唐纳德·鲁宾(Donald Rubin)和哲学家詹姆斯·伍德沃德（James Woodward）的研究成果。珀尔在基本书局出版社 2020 年出版的《为什么：关于因果关系的新科学》（*The book of why:The new science of cause and effect*）一书中对因果关系做了通俗易懂的介绍，并且在剑桥大学出版社 2009 年出版的《因果论》（第 2 版）（*Causality*）一书中对因果关系进行了更全面、更严谨的论述。鲁宾的框架可参见剑桥大学出版社出版的 Imbens, G. W., & Rubin, D. B. (2015),*Causal inference for statistics, social, & biomedical sciences: An introduction*。伍德沃德对干预哲学的论述见《因果关系与可操作性》（Causation and manipulability），收录于他 2016 年编写的斯坦福哲学百科中的词条，参见 https://plato.stanford.edu/ENTRIES/causation-mani/。

6. 值得注意的是随机分配的两个特点：第一，令人吃惊的是，在我们的研究中加入随机性这一看似没有信息量的举动，实际上却使研究的信息量更大；第二，随机分配与名称相似的"随机选择"是不同的做法，随机选择是使研究的样本结果可以推广到更大范围人群的重要方法，但它不是确定因果关系的方法，因果关系是另一个截然不同的研究目标。

7. 例如，20 世纪 60 年代，切斯特·M. 索瑟姆（Chester M. Southam）博士进行了几项实验，将病毒或癌细胞注射到一些不具备完全民事行为能力的受试者体内。Plumb, R. K. (1964, March 22). Scientists split on cancer tests; some back use of humans — more humility urged. *The New York Times*, 53.

8. Hill, A. B. (1965). The environment and disease: association or causation? *Proceedings of the Royal Society of Medicine*, 58(5): 295–300.

9. 在特定的应用中，这种非实验证据都可以使用之前曾引用的朱迪·珀尔或唐纳德·鲁宾的因果框架进行评估，这使研究人员能够明确哪些潜在原因可以被数据排除，哪些因果解释仍然可行。

第 4 章

1. https://www.usgs.gov/faqs/what-probability-earthquake-will-occur-los-angeles-area-san-francisco-bay-area?qt-news_science_products=0#qt-news_science_products，访问时间为 2021 年 11 月 21 日。

2. 这句话出现在尼古拉斯·塔勒布的《随机漫步的傻瓜》（*Fooled by Randomness*）一书中，其引言是："苏格兰哲学家大卫·休谟以如下方式提出了这个问题（约翰·斯图亚特·穆勒在如今著名的黑天鹅问题中对此进行了重新表述）。"

3. Reddy, V. (2007). Getting back to the rough ground: deception and "social living." *Philosophical Transactions of the Royal Society, London, B: Biological Science*, 362 (1480): 621–637.

4. 表明磁单极子发现证据的期刊文章是 Price, P. B., Shirk, E. K., Osborne, W. Z., & Pinsky, L.S. (1975), Evidence for detection of a moving magnetic monopole, *Physical Review Letters*, 35, 487。表明科学家改变了观点的文章是 Price, P. B., Shirk, E. K., Osborne, W. Z., & Pinsky, L. S. (1978), Further measurements and reassessment of the magnetic-monopole candidate, *Physical Review D*, 18, 1382。

第 5 章

1. 探讨切尔诺贝利事故和"挑战者号"事故的案例文章是 Freudenburg, W. R. (1988), Perceived risk, real risk: Social science and the art of probabilistic risk assessment, *Science*, 242, 44–49。
2. 2012 年对 2 000 多份科学撤稿的研究发现，只有不到 1/4 的撤稿归因于错误，2/3 的撤稿归因于不当科研行为，参见 Fang, F. C., Steen, R. G., & Casadevall, A., (2012), Misconduct accounts for the majority of retracted scientific publications, Proceedings of the National Academy of Sciences, USA, 109, 17028–17033。（有趣的是，作者后来发表了更正论文中表格错误的声明。）这项研究可能会给人一种印象，即科学不端行为远比科学错误更常见，但事实肯定恰恰相反。事实上，其他研究表明专家有时不愿意承认错误，即使承认了，也往往会尽量淡化错误及其造成的威胁。参见 Tetlock, P. E. (2006). *Expert political judgment: How good is it?How can we know*? Princeton University Press。
3. Asness, C., et al. [23 authors] (2010, Nov. 15). Open letter to Ben Bernanke. *The Wall Street Journal*. Carey, D., & Willmer, S. (2014, Oct.10). Fed naysayers warning of inflation say they're still right. *Bloomberg*.
4. Krugman, P. (2022, Jan. 21). Honey, I shrank the economy's capacity. *The New York Times.*
5. Leary, M. R., (2018), *The psychology of intellectual humility*, John Templeton Foundation. https:// www.templeton.org/wp-content/uploads/2020/08/JTF_Intellectual_Humility_final.pdf.
6. Rohrer, J. M., Tierney, W., Uhlmann, E. L., DeBruine, L. M., Heyman, T., et al. Putting the self in self-correction: Findings from the Loss-of-Confidence Project. *Perspectives on Psychological Science*, 16: 1255–1269.
7. 这项任务的设计参见 Koriat, A., Lichtenstein, S., & Fischhoff, B. (1980), Reasons for confidence, *Journal of Experimental Psychology: Human Learning and Memory*, 6, 107–118。我们要提醒的是，由于技术原因，这项特殊任务可能会夸大过度自信的程度，但其他（更复杂的）方法表明这种效应是真实存在的，参见

Moore, D. A., & Healy, P. J. (2008). The trouble with overconfidence. *Psychological Review*, 115, 502–517。

8. 研究人员对这类"二项迫选"任务中的典型校准模式做出了其他解释，参见 Koriat, A. (2012), The self-consistency model of subjective confidence, *Psychological Review*, 119, 80–113。不过，过度自信效应的一般发现已在其他许多实验程序中得到广泛复现。

9. 置信区间是本书第 4 章讨论的误差棒的一种形式。

10. Deaves, R., Lüders, E., & Schröeder, M. (2010). The dynamics of overconfidence: Evidence from stock market forecasters. *Journal of Economic Behavior & Organization*, 75, 402–412 .

11. Tetlock, P. E. (2006). *Expert political judgment: How good is it? How can we know?* Princeton University Press.

12. Birge, R. T. (1941). The general physical constants: As of August 1941 with details on the velocity of light only. *Reports on Progress in Physics*, 8, 90–135.

13. Henrion, M., & Fischhoff, B. (1986). Assessing uncertainty in physical constants. *American Journal of Physics*, 54, 791–798.

14. Murphy, A. H., & Winkler, R. L. (1977). Reliability of subjective probability forecasts of precipitation and temperature. *Journal of the Royal Statistical Society*, Series C (Applied Statistics), 26, 41–47. 我们应该指出，有一项研究发现，在判断 21 点的选择时，21 点发牌员并不比普通人更善于校准，尽管发牌员可能像气象学家一样拥有一些专业领域知识的优势。参见 Wagenaar, W., & Keren, G. B. (1985). Calibration of probability assessments by professional blackjack dealers, statistical experts, and laypeople. *Organizational Behavior and Human Decision Processes*, 36, 406–416。

15. Wakeman, N. (2011, Feb. 11). IBM's 'Jeopardy!' match more than game playing. *Washington Technology*.https://washingtontechnology.com/articles/2011/02/10/ibm-watson-data-uses.aspx. 即便如此，新的分析结果表明，沃森也有些过于自信，而不是完美校准。无论如何，沃森在提出观点时还是比人类选手更加谨慎。参见 Moore, D. (2023), Overprecision is a property of thinking systems, *Psychological Review*, 130, 1339–1350。

16. Wells, G. L., Lindsay, R. C. L., & Ferguson, T. J. (1979). Accuracy, confidence, and juror perceptions in eyewitness identification. *Journal of Applied Psychology*, 64, 440–448.

17. Tenney, E. R., MacCoun, R. J., Spellman, B. A., & Hastie, R. (2007). Calibration

trumps confidence as a basis for witness credibility. *Psychological Science*, 18, 46–50. Tenney, E. R., Spellman, B. A., & MacCoun, R. J. (2008). The benefits of knowing what you know (and what you don't): Fact-finders rely on others who are well calibrated. *Journal of Experimental Social Psychology*, 44, 1368–1375.

18. Sah, S., Moore, D., & MacCoun, R. (2013). Cheap talk and credibility: The consequences of confidence and accuracy on advisor credibility and persuasiveness. *Organizational Behavior and Human Decision Processes*, 121, 246–255.

19. www.theguardian.com/books/2015/jul/18/daniel-kahneman-books-interview

第 6 章

1. 全球年平均地表温度测量数据和图表来自 Rohde, R. A., & Hausfather, Z., (2020). The Berkeley Earth Land/Ocean Temperature Record, *Earth System Science Data*, 12, 3469–3479。

2. 格陵兰岛冰芯的数据来自 Vinther, B.M., Buchardt, S. L., Clausen, H. B., Dahl-Jensen, D., Johnsen, S. J., et al. (2009), Holocene thinning of the Greenland ice sheet, *Nature*, 461, 385–388。

3. 参见 Rohde R., Muller R. A., Jacobsen, R., Muller, E., Perlmutter S., et al. (2013). A new estimate of the average earth surface land temperature spanning 1753 to 2011, *Geoinformatics & Geostatistics: An Overview*, 1。

4. 我们应该考虑前文探讨过的信号与噪声的概念与因果关系概念之间的关系。当你试图确定是什么原因导致了什么结果时，因果变量就是你应该分离出来的变量，这样你就能清楚地看到它在促成你的研究结果时发出的信号。其他变量是产生噪声的现象，因为它们与你正在研究的关系无关，却存在于系统中（而且往往使人难以分辨因果变量的影响，即信号）。

第 7 章

1. 这个曲线源自一张发现图，发布于 "Latest Results from ATLAS Higgs Search," 4 July 2012, by the ATLAS Collaboration, atlas.cern/updates/press-statement/latest-results-atlas-higgs-search。

2. 这个曲线源自一张发现图，发布于 "CMS Higgs Seminar: Images and plots from the CMS Statement," 4 July 2012, by the CMS Collaboration, cds.cern.ch/record /1459463。

3. 也许是出于显而易见的原因，基金经理的相对成功是否具有持续性这一问题，多年来一直被反复讨论。最近的一项分析再次表明，你不应该赌基金经理的表现卓越，参见Choi, J. J., & Zhao, K. (2021), Carhart (1997) mutual fund performance persistence disappears out of sample, *Critical Finance Review*, 10, 263–270. cfr.pub。

4. Hodis, H. N., & Mack, W. J., (2013), The timing hypothesis and hormone replacement therapy: A paradigm shift in the primary prevention of coronary heart disease in women. Part 1: comparison of therapeutic efficacy, *Journal of the American Geriatrics Society*, 61, 1005–1010; Hochberg, Y., & Westfall, P. H. (2000), On some multiplicity problems and multiple comparison procedures in biostatistics, in P. K. Sen & C. R. Rao (Eds.), *Handbook of statistics,* vol. 18, Elsevier Science, pp. 81–82.

5. 读到这里，你可能会感到困惑，那么到底要不要获取更多数据呢？如果你使用一组数据来寻找不同的可能因果因素（研究变量），如前所述，你必须提前设定好拟研究变量的数量（而不是在研究过程中临时编造），而且拟研究的变量越多，你就越需要更多的数据来抵消"查看别处效应"。在此之前，我们也提到，有了更多的数据，意味着你很可能会在噪声中看到更多看起来像信号的特征。那么更多的数据到底是好是坏？如果你确实看到了一种模式，并且看起来像是证明了一些你此前没有预料到的东西，你是否应该直接视而不见？（例如，在一项医学试验中，研究人员发现正在测试的药物对一种疾病有治疗作用，而这种疾病并不是该药物研究的初始目标。他们该怎么办？）

    正是这些问题让我们更深入地、定量地思考我们对信号和噪声的概率理解。首先，当我们在噪声中寻找信号时，我们真正要做的是比较我们在数据中看到类似信号的频率，以及在没有真正的信号、只有在噪声中偶尔出现虚假模式的情况下，我们期望看到类似信号的频率。那么，收集更多数据的好处就在于你可以更好、更准确地预测虚假噪声模式出现的频率，然后将这个数字与你在数据中看到的真实加虚假模式的数量进行比较。通过比较，我们就能知道看到的模式只是噪声的概率，或者反过来说，在噪声中出现真正信号的概率。这就是大多数统计技术帮助我们做的事情。

    接下来，如果你确实看到了一些信号的证据，比如某种因果关系（而你并没有事先计划去测试它），这只能说明你把过滤器设置得太过宽泛，它没有过滤掉那么多的噪声，这将导致误报率远高于真实信号。因此，相对于真实信号，你更有可能只看到杂乱无章的噪声模式。如果你想获得找到真实信号的更高概率，现在就需要收集更多的数据。同样，这也是统计学能够帮助我们解决的问题。

6. 仪器的使用与在噪声中寻找信号的问题有非常直接的关系。仪器的设计通常是为了放大或夸大自然界中的事物，以便人们可利用有限的感官能力观察到它们。然而，在没有任何过滤装置的情况下，仪器无法区分信号和噪声，它们会将两者都放大。因此，你必须知道信号是什么，以及如何过滤掉噪声，才有可能充分利用仪器可能带来的好处。好消息是，有些仪器专门为我们提供了滤波选项。

第8章

1. 参见 MacCoun, R. J. (2024.) Standards of proof: Theory and evidence. In R. Hollander-Blumhoff (Ed.), *Research handbook in law and psychology*. Elgar。
2. 可以说，最佳阈值（被称为"p^*"）应基于以下公式：p^* = 对假阳性的厌恶 /（对假阳性的厌恶 + 对假阴性的厌恶），其中厌恶的范围可能从 0（对这一误差无动于衷）到 100（最大厌恶）。
3. 在其他条件相同的情况下，这意味着 p^* 为 10/(10+1) = 0.91。
4. 即使你发现了新的基本粒子的证据，在不确定的情况下，也要对宣布发现进行价值判断，因为如果这一发现被证明是不正确的，那么可能会导致很多理论家对它的论证努力变得徒劳无功。
5. 当然，在现实生活中，高校不会为了搞清楚学生的潜力情况录取所有申请入学的学生，这是一个不切实际的做法（大多数学校能够容纳的学生人数有限），也是残酷的（因为很多被录取的学生将无法通过课程考试）。因此，现实世界中的院校很少能看到这些数字所描绘的全貌，他们不得不使用其他信息（例如，被拒绝的学生在最终就读的院校取得的成绩）作为替代信息。
6. 参见 Kliff, S., & Bhatia, A. (2022, Jan. 1). When they warn of rare disorders, these prenatal tests are usually wrong. *The New York Times*。
7. 贝叶斯法则（有时也称为贝叶斯定理）与本书的许多主题相关。它告诉我们，如果你想知道在出现了一些新的相关数据的情况下，某个陈述正确的概率是多少，你还必须知道人们之前认为该陈述正确的概率是多少，因为通常情况下，我们肯定已经事先对某个陈述的正确概率有了一些了解！贝叶斯法则（对我们来说其实只是一个公式）告诉我们，在获得新数据后，得到更新的正确概率是多少。你可以在网上找到这个公式的几个不同（但同等有效的）版本，但大致上看，它要求你将之前对概率的最佳估计值，乘如果陈述为真，你会看到新数据的可能性，再除以无论陈述为真与否，你在任何情况下都会看到新数据的可能性，然后对其进行修正。

有趣的是，有研究表明人们并不总是遵循贝叶斯定理更新自己的正确概率。你可能会想："好吧，我知道我就不会这么干，我以前甚至从来没见过这个公式。"但人类的大脑肯定能够进行类似的贝叶斯式更新。例如，有证据表明，蜜蜂的小脑袋就能让它们进行"最优贝叶斯式觅食"，人类的推理在某些任务中也能很好地利用近似贝叶斯定理的原则。但我们有时也会依赖非贝叶斯的启发法或推理策略，这大概是因为它们带来的好处（如速度、易用性或交流方便性）远远超过了准确性下降所带来的影响。

优兔上有很多关于贝叶斯定理的视频介绍。关于贝叶斯思想，一个传播广泛且易于理解的介绍是 Sharon Bertsch McGrayne 的 *The theory that would not die: How Bayes' rule cracked the Enigma code, hunted down Russian submarines, & emerged triumphant from two centuries of controversy* (Yale University Press, 2011)。

第 9 章

1. 特定的噪声源既可以是统计不确定性，也可以是系统不确定性，这取决于它们如何进入你的测量。例如，体重秤的误差可以导致统计不确定性（如果你用了很多台秤且每台秤都存在随机误差），也可以导致系统不确定性（如果你反复使用同一台秤）。
2. 图 9–1 中的飞镖来自 vecteezy.com/free-vector/dart，飞镖盘来自 vecteezy.com/free-vector/dart-board。
3. 统计学家为这两类不确定性想出的术语可能是词源学上最随意的术语，因为他们用"更好的精度"来指代"更好的系统不确定性"，用"更好的准度"来表示"更好的统计不确定性"。
4. 更糟糕的是，随机成分（应该是我们最容易处理的部分）会欺骗我们，让我们看到不存在的模式，正如我们在第 7 章中论述的那样。
5. 为了应对统计不确定性，样本大小由你所期望的置信区间及你可接受的误差棒的大小来决定。例如，你想要了解在一个有 20 万人口的城市，有多少人会投票给某位市长候选人，你需要对大约 2 400 人进行民意调查，才能获得 95% 的置信度，认为实际数据与民意调查结果的误差在 2% 以内。

第 10 章

1. 显然，据研究人员测量，人们认真思考时所消耗的能量，其数值只比大脑持续消耗的能量值略高一些。然而，大脑是一个耗能大户，即使在我们放松的时候，大脑的耗能也占到人体耗能的 1/5 左右。因此，即使是增加很小比例的脑力耗能，也是明显可察的。或许也可能是因为我们在紧张思考（如参加学校的考试）时经常处于压力状态，我们观察到的能量上升正是我们在压力反应中消耗的能量。

2. 如果有一小部分读者和索尔一样，在高中选修了物理课，然后又继续在大学选修了物理课，那么你很可能会发现这个现象：在习惯了几分钟就能解决高中物理问题之后，解决大学物理问题需要的时间长度可能会让你大吃一惊，因为每道题都需要几个小时的反复思考。如果你不确定自己最终能否解决这些问题，你很可能倾向于在找到可行的解决方法之前过早地放弃。

3. 这些优良的科学传统往往通过言传身教的方式在科学家身上代代相传。比如说，索尔是从他的研究导师理查德·穆勒那里学到的，而穆勒又是从他的研究导师、诺贝尔物理学奖获得者路易斯·阿尔瓦雷斯那里学到的。我们应该看看是谁向路易斯·阿尔瓦雷斯传授了这种"敢做能为"的科研精神，也许是他的研究顾问阿瑟·康普顿（他也是诺贝尔物理学奖获得者）。

4. 要想实现这一目标，资金提供者也必须明白这一点，尤其是公共科学资助机构！

第 11 章

1. 甚至连"干劲十足"（cooking with gas，直译为"用煤气煮饭"）这个俚语也暗示着科学进步的理念。这个俚语起源于 20 世纪 30 年代末，当时煤气炉正逐渐取代燃烧效率较低的木柴炉，它成为一个喜剧口头禅。显然，燃气行业对这个口头禅在广播喜剧节目中被广泛使用感到非常欣喜。

2. 与物理学科中的许多术语一样，"对问题的一阶理解"是源自数学领域的行话，如果你上过微积分课，就会知道它与泰勒级数展开有关。

　　其基本思想是，对于任意函数，你可以在某个点 x 处对其进行近似运算。首先，考察该函数在临近点 a 处的值 $f(a)$，然后加上该点的一阶导数 $f'(a)$ 乘以 x 与该点的距离 $(x-a)$，接着加入二阶导数 $f''(a)$ 乘以 $(x-a)^2$，以此类推，每增加一项，就为近似增加了一个高阶项。通过这种方式，你可以构建一个多项式序列来近似原函数。随着你将越来越多的项纳入近似中，这个多项式就越能精确地反映函数的真实形态。当你进行一阶近似时，意味着你仅使用了包含一阶导数的首项，二阶近似则额外包含了二阶导数项，三阶近似则进一步加入了三阶导数项。逐步地，这个多项式近似会越来越接近你试图近似的函数的实际情况。

　　因此，对事物的一阶解释捕捉到了最显著的因果关系——是什么真正促成了这件事的发生。二阶解释是首次捕捉到一些微妙之处的解释，是对第一个近似解释的例外或细微补充。三阶解释则是对上一个近似值做出更小的修正，以此类推。（人类有时会忽略一阶解释，这是有原因的。例如，纵火案调查人员不会在报告中写：房屋着火的主要原因是氧气的存在。有时，当我们想强调某件事情是显而易见的主要原因时，我们称之为零阶解释。)
3. 失眠的例子还提出了这样一个问题：对于任何特定现象，低阶因素和高阶因素的构成都会因环境而异。例如，如果一只饥饿的狮子开始在你的卧室外徘徊，这可能很快就会成为让你睡不着的一阶因素。
4. 政策分析师将这些快速估算称为 BOTEC（back-of-the-envelope calculations）判断。
5. 如果你想尝试更多估算案例，或进一步了解估算的方法，市面上已经有专门讨论估算问题的图书，你可以参考下面这两本：Lawrence Weinstein 和 John A. Adam 的 *Guesstimation: Solving the world's problems on the back of a cocktail napkin*(Princeton University Press, 2009)；Rob Eastaway 的 *Maths on the back of an envelope: Clever ways to (roughly) calculate anything* (Harper Collins, 2019)。

第 12 章

1. 参见 McDaniel, M. A., Schmidt, F. L., & Hunter, J. E. (1988). Job experience correlates of job performance. *Journal of Applied Psychology*, 73, 327–330，以及 Dokko, G., Wilk, S. L, & Roth bard, N. P. (2008). Unpacking prior experience: How career history affects job performance. *Organization Science*, 20, 51–68。
2. 关于这个问题的详细探讨，参见 MacCoun, R. J., (1998), Biases in the interpretation and use of research evidence, *Annual Review of Psychology*, 49, 259–287。
3. https://en.wikipedia.org/wiki/List_of_cognitive_biases.
4. 参见 Gigerenzer, G., & Goldstein, D. G. (2011). The recognition heuristic: A decade of research. *Judgment and Decision Making*, 6, 100–121。
5. 不过，瑟斯博士在写到字母 X 时，倒是表示两种学习方法的差距不大："如果你叫 Nixie Knox（尼克斯·诺克斯），X 就非常有用。此外，在拼写 ax（斧头）和 extra fox（额外的狐狸）时，它还能派上用场。"
6. 参见 Lichtenstein, S., Slovic, P., Fischhoff, B., Layman, M., & Combs, B. (1978). Judged frequency of lethal events. *Journal of Experimental Psychology: Human Learning and Memory*, 4, 551–578。
7. 参见 Bailis, D. S., & MacCoun, R. J. (1996). Estimating liability risks with the media as your guide: A content analysis of media coverage of civil litigation. *Law and Human Behavior*, 20, 419–429。
8. 参见 Ellman, I. M., Braver, S., & MacCoun, R. J. (2009). Intuitive lawmaking: The example of child support. *Journal of Empirical Legal Studies*, 6, 69–109。

9. 参见 Fischhoff, B. (1975). Hindsight is not equal to foresight: The effect of outcome knowledge on judgment under uncertainty. *Journal of Experimental Psychology: Human Perception and Performance*, 1, 288–299。

10. 参见 Tajfel, H., Flament, C., Billig, M. G., & Bundy, R. P. (1971). Social categorization and inter-group behavior. *European Journal of Social Psychology*, 1, 149–177。

11. "通过将对某一风险或类似事实的争议立场与对立的群体身份相融合，对抗性记忆体有效地将有关立场转化为竞争群体成员资格和忠诚的标志。" Kahan, D. M., Jamieson, K. H., Landrum, A., & Winneg, K. (2017). Culturally antagonistic memes and the Zika virus: An experimental test. *Journal of Risk Research*, 20, 1–40。

12. 参见 MacCoun, R. (1993). Blaming others to a fault? *Chance*, 6, 18, 31–33。

13. 参见 Ross, L. D. (1977). The intuitive psychologist and his shortcomings. In L. Berkowitz (Ed.), *Advances in Experimental Social Psychology* (vol. 10, pp.174–220). Academic Press。

14. 参见 Menon, T., Morris, M. W., & Chiu, C. (1999). Culture and the construal of agency: Attribution to individual versus group dispositions. *Journal of Personality and Social Psychology*, 76, 701–717。

15. 参见 Merton, T. (1965). *The way of Chuang Tzu*, chapter 20, published by New Directions。

16. 参见 Lord, C. G., Lepper, M. R., & Preston, E. (1984). Considering the opposite: A corrective strategy for social judgment. *Journal of Personality and Social Psychology*, 47, 1231–1243。

第 13 章

1. 欧文·朗缪尔 1953 年的演讲录音后来被罗伯特·N. 霍尔（Robert N. Hall）转录并编辑成 1966 年通用电气实验室的报告。这份报告经常被复制并在科学家中广为流传，直到很久以后才正式出版。参见 Langmuir, I., & Hall, R. N. (1989), Pathological Science, *Physics Today*, 42, 36–48。

2. 朗缪尔的定义显然与我们在第 14 章中提到的"失证偏差"有关——这是证真偏差的必然结果，即人们只在证据似乎与他们的假设不一致时才去寻找证据的缺陷。

3. 参见 Fanelli, D. (2009). How many scientists fabricate and falsify research? A systematic review and meta-analysis of survey data. *PLoS ONE*, 4: e5738。

4. 奇怪的是，许多论文被发现伪造结果的方式是使用一张显示同一作者的另一项不同的、已发表的科学研究结果的照片，然后声称这是当前研究的结果。当然，这是典型的你追我赶游戏：当一些科学家学会了发现造假行为的方法，其他科学家就会开发出更隐蔽的造假方法，直到这些造假行为被发现为止……如此循环往复，永不停歇。

5. 显然，有一类词是受过良好教育的人从阅读中学到的，但他们并不知道这个词的发音，所以他们总是会将这个词（误）读成他们心目中的发音；"epitome"就是一个典型的例子。在一本专门探讨人类自欺欺人的多种方式的书中，我们在使用"misled"（误导）这个词时，不能不专门评论一下它被误读为不存在的动词"to misle"的过去式的明显倾向（这个动词本身应该读作"mizz-le"还是"my-zle"尚不明确）。一些讨论这种现象的作家甚至直接用"misle"这个词来指代这种发音错误的词语。

6. 参见 Langone, J. (1988, Aug. 8). Science: The water that lost its memory. *Time*。

7. 参见 The Editors (1988). When to believe the unbelievable. *Nature*, 333, 787。

8. 参见 Maddox, J., Randi, J., & Stewart, W., (1988). "High-dilution" experiments a delusion. *Nature*, 334, 287–290。

9. 参见 Goldacre, B. (2007, Nov. 17). Benefits and risks of homoeopathy. *Lancet*, 370, 9600, pp. 1672–1673。请注意，所提到的"益处"仅使用任何安慰剂（假药片）所获得的益处。

10. 参见 Stolberg, M. (2006 Dec.). Inventing the randomized double-blind trial: The Nuremberg salt test of 1835. *Journal of the Royal Society of Medicine*, 99(12): 642–643。

11. 值得我们警醒的是，在纳粹党执政之前，德国已经制定了一些全球最先进的政策来保护个人免受医学实验的剥削。这也充分表明，除了协议，监督结构也在防止虐待方面发挥了至关重要的作用。

第14章

1. 参见 Wason, P. C., & Johnson-Laird, P. N. (1972). *The psychology of reasoning: Structure and content*. Harvard University Press。

2. 参见 Edwards, K., & Smith, E. E. (1996). A disconfirmation bias in the evaluation of arguments. *Journal of Personality and Social Psychology*, 7, 5–24l。

3. 宇宙膨胀率的测量，也就是所谓的哈勃常数的测量，取决于你观察到的宇宙中两点之间的距离。如果这两点目前相距20亿英里，那么它们相互远离的速度，大约是如果它们相距10亿英里时速度的两倍，即相距越远，相互远离的速度越快。因此，我们以每距离［兆帕秒（约为2×10^{19}英里）］的速度（千米/秒）为单位来测量宇宙膨胀率。

4. 参见 Klein, J. R., & Roodman, A. (2005). Blind analysis in nuclear and particle physics. *Annual Review of Nuclear and Particle Physics*, 55, 141–163。也可参见 MacCoun, R., & Perlmutter, S. (2015). Hide results to seek the truth. *Nature*, 526, 187–189。

5. 其他使用盲法分析的例子包括：教师批改的学生作业上只写学生的学号，不写学生的姓名；哈勃太空望远镜的使用时间申请上也不写科学家的姓名。

6. 参见 MacCoun, R. J. (2020). Blinding to remove biases in science and society. In R. Hertwig & C. Engel (Eds.), *Deliberate ignorance: Choosing not to know*. MIT Press。

7. 参见 Committee on Identifying the Needs of the Forensic Sciences Community (2009). *Strengthening forensic science in the United States: A path forward*. National Research Council, National Academies Press; President's Council of Advisors on Science & Technology (2016). *Forensic science in criminal courts: Ensuring scientific validity of feature-comparison methods*. Report to the President, Executive Office of the President。

8. 参见 Dror, E., Charlton, D., & Péron, A. E. (2006). Contextual information renders experts vulnerable to making erroneous identifications. *Forensic Science International*, 156, 1, pp. 74–78。

9. 比如，凯泽建议病人将第一次诊疗的意见方案提前发给二次诊疗的医生。参见 https://healthy.kaiserpermanente.org/health-wellness/health-encyclopedia/he.getting-a-second-opinion.ug5094。

10. 有关开放科学运动的概述，参见 Munafò, M. R., Nosek, B. A., Bishop, D. V. M., Button, K. S., Chambers, C. D., et al. (2017), A manifesto for reproducible science, *Nature Human Behaviour*, 1, 1–9, 以及 Jussim, L., Stevens, S. T., & Krosnick, J. A. (Eds.) (2022), *Research integrity in the behavioral sciences* (pp. 295–315), Oxford University Press。

11. 想要了解早期的案例，参见 Latham, G. P., Erez, M., & Locke, E. A. (1988), Resolving scientific disputes by the joint design of crucial experiments by the antagonists: Application to the Erez Latham dispute regarding participation in goal setting, *Journal of Applied Psychology*, 73, 753–772。近期案例是 Melloni, L., et al., (2023), An adversarial collaboration protocol for testing contrasting predictions of global neuronal workspace and integrated information theory, *PLoS ONE*, 18: e0268577。

12. 请注意，这是对"标识"一词的截然不同的用法（此处为赞美性的用法，即

"徽章"），它应当与我们在本书其他地方提到的"标识"现象区分开来，后者是指人们在某一问题上采取的立场，其目标只是为了宣传他们对政党或其他团体的承诺。

13. 参见第5章注释6。

第15章

1. 关于去个体化，参见 Postmes, T., & Spears, R. (1998), Deindividuation and antinormative behavior: A meta-analysis, *Psychological Bulletin*, 123, 238–259。关于情绪传染，参见 Herrando, C., & Constantinides, E. (2021), Emotional contagion: A brief overview and future directions, *Frontiers in Psychology*, 12, Article 712606。

2. 1993年，罗伯特在兰德公司为国防部开展的一个项目中，有机会实践了贾尼斯关于防止群体思维的一些想法。兰德公司受命研究军队是否可以取消对公开同性恋身份人员的服役禁令。当时，民众在这个问题上的态度两极分化严重，兰德公司的团队极力表现出公正的研究态度。经过几天的内部简报后，研究团队审查了所有收集到的证据，然后分成了几个不同的小组，每个小组都由受过不同学科（包括法律、医学、组织行为学、社会心理学、经济学、人类学）培训的军方和非军方研究人员组成。然后，每个小组用一天的时间审查所有证据，并就证据是否表明解除禁令会损害军事单位的表现达成共识。每个小组都独立得出了答案，所有答案都是趋同的——没有影响。克林顿总统听取了这一结论，但他没有取消禁令，而是采取了"不问不说"的折中处理方案。数年后，兰德公司的团队再次集结，帮助奥巴马总统重新审视这一问题，最终促成了禁令的取消，而且几乎没有发生任何戏剧性冲突事件，也没有证据表明该禁令对部队的军事效率造成了损害。

3. 参见 Laughlin, P. R. (2011). *Collective induction*. Princeton University Press。

4. 有关这种社会决策方法的论述，参见 Stasser, G., Kerr, N. L., & Davis, J. H. (1989), Influence processes and consensus models in decision-making groups。出自 P. B. Paulus (Ed.), *Psychology of group influence* (pp. 279–326), Lawrence Erlbaum Associates。请注意，简单多数胜出和真理获胜过程可被视为更常见的群体影响力逻辑阈值模型的特例，参见 MacCoun, R. J. (2012), The burden of social proof: Shared thresholds and social influence, *Psychological Review*, 119, 345–372。

5. 在讨论真理获胜的过程时，给"真理"一词加上引号可能更为准确，因为群体成员共享的概念系统并不一定被群体外的其他人接受。

6. 参见 Kerr, N., MacCoun, R. J., & Kramer, G. (1996). Bias in judgment: Comparing

individuals and groups. *Psychological Review*, 103, 687–719。

7. 斯科特·佩奇的理论和实证分析详细阐述了这一点，他在 2007 年由普林斯顿大学出版社出版的《多样性红利：工作与生活中极具价值的认知工具》（*The difference: How the power of diversity creates better groups, firms, schools, and societies*）一书中做了简明易懂的介绍。

第 16 章

1. 参见 Hammond, K. R., & Adelman, L. (1976). Science, values, and human judgment. *Science*, 194, 389–396。
2. 参见 MacCoun, R., Reuter, P., & Schelling, T. (1996). Assessing alternative drug control regimes. *Journal of Policy Analysis and Management*, 15, 1–23，以及 MacCoun, R., & Reuter, P. (2001). *Drug war heresies: Learning from other vices, times, and places*. Cambridge University Press。
3. 参见 Schwartz, S. H. (1992). Universals in the content and structure of values: Theoretical advances and empirical tests in 20 countries. *Advances in Experimental Social Psychology*, 25, 1–65。当然还有许多其他类似的框架（包括施瓦茨最近提出的方案），但他提出的价值观系统似乎是对调查数据进行统计性描述的最佳方案。
4. 参见 Tetlock, P. E., Peterson, R. S., & Lerner, J. S. (1996). Revising the value pluralism model: Incorporating social content and context postulates. In C. Seligman, J. M. Olson, & M. P. Zanna, *The psychology of values: The Ontario symposium* (vol. 8). Lawrence Erlbaum Associates。
5. 参见 Steele, C. M. (1988). The psychology of self-affirmation: Sustaining the integrity of the self. *Advances in Experimental Social Psychology*, 21, 261–302。
6. 参见 Sherman, D. K. (2013). Self-affirmation: Understanding the effects. *Social Psychology and Personality Compass*, 7, 834–845。
7. 这个术语来自 Rawls, J., (1971), *A theory of justice*, Harvard University Press。
8. 参见 Strawson, P. F. (1980). Review of Ryle, G., On thinking. *Mind* 30, 365–367。

第 17 章

1. 要了解人们渴望显得学识渊博、表达自我见解的戏剧性案例，参见 Bishop, G., Oldendick, R., Tuchfarber, A., & Bennett, S. (1980), Pseudo-opinions on public affairs, *Public Opinion Quarterly*, 44, 198–209。主教和他的同人们进行了一项民意调查，询问人们对"废除《1975 年公共事务法案》"的看法。尽管所谓

的《公共事务法案》纯属捏造，实际上并不存在，但仍有 1/3 的受访者就此话题表达了意见。
2. 对情景规划的最佳介绍可能是施瓦茨 1996 年出版的《前瞻的艺术》一书。《未来》(*Futures*) 杂志经常报道最新进展和变化，包括瓦鲁姆和梅洛（2009 年）及埃默和同事（2013 年）的全面文献综述。
3. 参见 Tetlock, P. E., Mellers, B. A., Rohrbaugh, N., & Chen, E. (2014). Forecasting tournaments: Tools for increasing transparency and improving the quality of debate. *Current Directions in Psychological Science*, 23, 290。
4. 公共编辑项目始于索尔与尼古拉斯·布里格姆·亚当斯（当时在伯克利数据科学研究所工作）的对话。亚当斯一直在开发众包技术和软件，这些技术和软件使得大众能够对文本进行注释。他后来成立了古德利实验室，使像公共编辑这样的项目成为可能，并一直在与伯克利数据科学研究所的索尔合作推动这项工作。

第 18 章

1. 20 世纪末，一场被称为"后现代主义"的思想运动呼吁人们关注科学权威被当作特洛伊木马的方式，即作为一种来推进特权阶层和权势集团利益的隐蔽手段。然而，后现代主义将科学家描绘为对这样一个教条的天真追随者：在这个教条中，科学由一系列不容置疑的"事实"构成，这些"事实"通过数学和由演绎逻辑提供的证明机制相互联系。据我们所知，这样的描述并不符合从事实际工作的科学家谈论他们工作的方式。科学家们承认"证明"是逻辑和数学的基石，但他们也深感实证科学是由易错且暂时性的观察构成的网络，这些观察时刻都可能面临修正。到了 21 世纪初，后现代主义似乎已经走到末路。但令我们惊讶的是，当左翼学术界的后现代主义逐渐走向衰落时，在学术界之外，右翼却出现了一种新形式的民粹后现代主义。突然间，新的"事实"可以在没有确凿证据的情况下被断言，任何相反的主张都可能轻易地被驳斥为"假新闻"。尽管后现代主义者无疑会因这种联系而感到沮丧，但民粹主义似乎正是他们所描述的那种方法的忠实体现，即"客观真理"的概念被抛到了九霄云外，人们只能根据群体意识形态来评估各种假设。

　　有时，我们对这些趋势，及其对公共讨论和共同解决公共问题所带来的损害感到失望。然而最终，我们认为民粹后现代主义并不会比它在学术界的前身更持久。归根结底，人们希望解决现实世界中的实际问题，而这只能通过艰苦的努力来实现：仔细筛选可能出错的证据和暂时性的假设，寻找可复制的结果，以期获得为他们的生活带来具体益处和改善的实际成果。在科学的第三个千年，新兴的工具和态度摒弃了关于科学神职人员对"真理"拥有垄断权的观念，我们正朝着权力分散、积极的事实核查和公民集体参与的方向发展。但这些工具若仅由学术界的科学家使用，便无法站稳脚跟，它们需要全社会的参与。这也是我们撰写本书的原因。

2. 本文最初写于1971年，后经多次更新。参见 Dunn, W. N. (Ed.) (1998). *The experimenting society: essays in honor of Donald T. Campbell*, published by Transaction Publishers。

3. 我们对社群习惯的理解在很大程度上要归功于科学社会学的先驱罗伯特·K. 默顿（Robert K. Merton），他明确提出了科学应追求的四个规范（形成了缩写词"CUDOS"）：C 为共产主义（科学知识应属于所有人），U 为普遍主义（真理必须由客观标准来判断），D 为无私性（个人私利在科学探究中不应发挥作用），以及 OS 为有组织的怀疑（科学界应严格审查所有科学主张）。参见他1973年出版的著作《科学社会学：理论与实证研究》(*The sociology of science: Theoretical and empirical investigations*，芝加哥大学出版社），这本书的前几章（以及社会科学对科学实践的大量研究）均阐释了科学家是如何实现（以及常常未能实现）这些追求的。

4. 参见 Axelrod, R. (1984). *The evolution of cooperation*. Basic Books。阿克塞尔罗德研究的那种互惠性只是支持（或阻碍）人类合作的众多机制之一。更广泛的综述请参阅 Heinrich, J., & Muthukrishna, M. (2021), The origins and psychology of human cooperation, *Annual Review of Psychology*, 72, 207–240。

5. 当然，任何共同决策的尝试都要取决于人们是否愿意通过协商解决问题。有时，党派冲突可能会达到一种不可能协商和对话的极端地步。如果你向你的对手提议进行商议式投票，而对方以暴力回应，你该如何继续协商与合作呢？我们在本书中提供的所有思考都是为了实现真正的共同决策，避免本能的原始冲突。

6. 参见 Tomasello, M. (2009.) *Why we cooperate*. MIT Press。

7. 这种激励措施在现实世界中的实现并不像看起来那么不可靠。例如，欧盟委员会的《数字服务法》已经为主要在线平台制定了一套审核制度，可以采用本书建议的调查概念。更广泛地说，行为经济学家和博弈理论家对如何设计拍卖和其他程序以促进真诚竞价和诚实的信息交流提出了许多见解。相关综述参见 Haaland, I., Roth, C., Wohlfart, J. (2023), Designing information provision experiments, *Journal of Economic Literature* 61, 3–40。